1 MONTH OF
FREE
READING

at

www.ForgottenBooks.com

By purchasing this book you are eligible for one month membership to ForgottenBooks.com, giving you unlimited access to our entire collection of over 1,000,000 titles via our web site and mobile apps.

To claim your free month visit:

www.forgottenbooks.com/free987617

ISBN 978-0-260-92103-1
PIBN 10987617

ÉTUDES

MORALES ET HISTORIQUES

SUR

LA LITTÉRATURE ROMAINE,

DEPUIS SON ORIGINE JUSQU'A NOS JOURS.

PAR

J. P. Charpentier (de Saint-Prest),

PROFESSEUR DE RHÉTORIQUE AU COLLÉGE ROYAL DE LOUIS-LE-GRAND.

PARIS.

LIBRAIRIE DE L. HACHETTE,

RUE PIERRE-SARRAZIN, N° 12.

1829.

PAбч.
`ɡ

ÉTUDES

MOR... ...S ET HISTORIQUES

SUR

LA LITTÉRATURE ROMAINE.

INTRODUCTION.

L'histoire d'un peuple est dans sa littérature ;
non pas cette histoire trop souvent incertaine
qui raconte les guerres, les traités, les prospérités,
les revers, la grandeur ou la décadence d'une
nation, mais l'histoire réelle et animée de ses
sentimens, de ses mœurs, de ses opinions, en
un mot sa vraie physionomie, et, pour ainsi dire,
sa vie intérieure. Ce que les événemens publics
laissent obscur et inconnu dans les annales d'un
pays, la littérature souvent le révèle : un re-
frain populaire, une tradition nationale conservée dans la mémoire des hommes, sert à
deviner, à remplir des lacunes que laissaient des
époques effacées. Tel, de nos jours, un jeune
écrivain, plein de talent et de cette patience qui

crée, a su, dans quelques vers échappés à la
grossièreté des premiers temps des empires modernes, retrouver l'existence presque entièrement oubliée de plusieurs peuplades, reconstruire leur histoire, répandre un jour nouveau
sur des faits auparavant inaperçus ou défigurés,
et, renouant la chaîne interrompue du passé,
conduire jusqu'à nous et représenter sous leurs
véritables couleurs, et dans leur véritable esprit, des révolutions jusque alors mal connues
et mal jugées. Si les faits matériels s'enchaînent
et s'expliquent mutuellement, on concevra sans
peine que les faits intellectuels aient entre eux
une liaison encore plus étroite, et que, dans
l'histoire de l'esprit humain, un siècle ne puisse
se bien comprendre que par le siècle qui le
précède. Il y a dans la pensée générale d'un
peuple, dans le développement de ses facultés,
une progression non moins intéressante à étudier que dans l'intelligence d'un homme. Il est
curieux de saisir une nation dans son berceau
et au moment où ses yeux s'ouvrent à la lumière ; de la suivre dans ses efforts pour sortir
de la barbarie, dans les premiers essais de son
imagination, dans sa jeunesse, sa maturité, sa
vieillesse. Utile pour le goût, cette étude l'est
aussi pour la morale. En effet, de cet examen on
retire cette conviction que la noblesse de la

pensée ne saurait exister sans la liberté, et que le talent, comme les vertus, tient à la pureté de l'âme.

Considérées sous ce point de vue, on voit quel intérêt peut s'attacher aux études littéraires. Si le peuple dont on veut retracer la vie intellectuelle a étendu sur l'univers le double empire de sa langue et de ses armes, on sentira que ces recherches auront une plus grande importance : or tel a été le peuple romain. L'étude de sa littérature doit donc mériter notre attention.

C'est le privilége du génie romain d'avoir conservé un caractère original au milieu d'une perpétuelle imitation. Les Romains empruntèrent tout et leurs erreurs même. Les Grecs de la Sicile, de la Calabre et de la Campanie, leur donnèrent leurs divinités, leurs fables, leur alphabet et la forme de leurs lettres; les Étrusques, leurs superstitions, leurs augures et leurs combats de gladiateurs; les Volsques, leur tactique militaire; Athènes, Sparte et la Crète, leurs lois des douze tables; des artistes toscans et samnites, leurs temples grossiers et leurs dieux de bois ou de terre cuite. Ainsi, idiome, institutions politiques, civiles et religieuses, Rome a tout pris des autres nations; et elle a imprimé à tout un cachet qui lui est particulier, un sens juste et profond. Malgré toutes ces imitations, son langage, son génie guerrier, ses cérémonies religieuses lui appartiennent bien; elle a de ces mélanges divers formé un tout national.

La mission de Rome était de conquérir l'univers; ses commencemens ne furent qu'une lutte pénible contre les peuples voisins; son esprit fut un esprit de durée et de guerre. A côté de ce premier trait de son caractère doit s'en placer un autre, le respect religieux; ces deux traits forment la marque distinctive de sa physionomie. Aussi des chants sacrés, destinés à relever l'éclat ou à fixer le souvenir de quelques cérémonies religieuses, telles sont les premières traces, les documens que nous présente d'abord la littérature latine. Bientôt elle se montrera sous une autre face; l'éloquence politique va naître, rude encore et grossière, mais vive, animée, puissante : car elle a pour but et pour conquête le pouvoir et la popularité : toutefois de ces vigoureux essais il ne nous restera rien. Dans un temps où la langue était à peine formée, ces victoires fugitives de la parole disparaissaient avec les circonstances qui les avaient produites. Rome d'ailleurs, attentive à la conquête du monde, n'accordait à ces luttes de la tribune qu'une admiration secondaire. Cependant cette soumission de l'univers s'achève, Carthage est tombée, et la Grèce expire avec Philopœmen; les esprits se portent vers des tra-

vaux plus paisibles, vers des triomphes non moins
glorieux; la littérature commence à naître; la distinction des genres s'établit. Alors se présente à
Rome la littérature grecque avec toutes ses richesses; Rome la reçoit comme une partie du
butin et le prix de la conquête. Je ne sais toutefois
si cette littérature étrangère, qui s'offrit toute
faite, ne fut pas un malheur pour le génie latin.
Rome ne vit plus dans les lettres qu'un art d'imitation, et non une inspiration naturelle; elle
reproduisit avec soin, mais avec timidité, les formes pures et simples de son admirable modèle.
Tous les premiers ouvrages du génie latin furent
des copies du génie grec.

Rome crut que cette sagesse qui l'avait si bien
servie dans la politique ne lui serait pas nuisible
dans les arts, et qu'elle pouvait adopter la littérature d'un peuple comme elle en adoptait les
dieux.

L'épopée se perdit par une double faute; tantôt elle demanda ses inspirations à l'ordre méthodique de l'histoire nationale, tantôt à l'étude de
sujets étrangers. La tragédie suivit cette fausse
route et s'égara pareillement.

Plus mal avisée encore, la comédie reproduisit
des mœurs et des formes grecques; cette faiblesse
de la Thalie romaine, si l'on y réfléchit, paraîtra
moins étonnante. La comédie, telle que l'ont

créée les modernes, ne pouvait exister chez les
anciens, à Rome surtout. La vie sociale n'y était
point assez active et assez variée ; la distinction
des classes exactement maintenue, en ôtant aux
caractères le moyen de se mêler, leur ôtait aussi
le jeu qui, en faisant naître les ridicules ou les
travers, fournit à la comédie ses censures les plus
piquantes. Cet inconvénient, moindre il est vrai,
existait aussi à Athènes ; c'est pourquoi la comédie politique y réussit mieux que la comédie de
mœurs. A Rome on essaya le premier genre ; la
fierté aristocratique des Romains fut moins indulgente que la démocratie grecque ; elle se vengea
par des lois sévères.

L'histoire se traîna également sur des traces étrangères. Seule l'éloquence apparut avec un caractère
plus original, plus élevé, plus neuf ; et quand Rome,
vaincue par le luxe et les arts de la Grèce, va
bientôt passer de l'empire des lois sous l'empire
du citoyen le plus habile, l'éloquence livrera de
généreux combats. Quoique soutenue de l'audace
et du génie, des vertus et du sang des Gracques,
la liberté ne se peut relever. Dans cette dernière
lutte paraît Marius : ignorant, rude dans ses mœurs
et dans son langage, il représente le vieux génie
guerrier de Rome, assez fort encore pour arrêter
aux portes de l'Italie ce torrent de barbares qui,
déjà semblent la presser, et lui annoncer les en-

nemis qui la détruiront. Vaincu par Sylla, Marius a disparu, et Rome a reconnu en tremblant son tyran dans son libérateur.

Cette époque, qui vit les derniers efforts de la liberté, fut très-remarquable par le mouvement des esprits, qui déployèrent une chaleur, une verve de pensées qu'avec plus d'élégance ils n'eurent pas au siècle d'Auguste. Alors se réunissait dans les écrivains un double caractère, qui plus tard, en s'effaçant, ôta à la pensée de sa force et de sa vivacité : les écrivains mêlaient les affaires aux lettres ; l'homme d'état fortifiait l'orateur, et l'orateur prêtait à l'homme d'état une autorité non moins grande : cette alliance de la vie politique et de l'étude, trop rare dans les temps modernes, et qui ne régna guère que dans notre seizième siècle, siècle d'agitations fécondes et de grands ébranlemens dans l'imagination des hommes ; cette alliance, fréquente dans Athènes, moins commune à Rome, donna surtout à l'éloquence cette inspiration, ces élans qu'elle ne trouva plus dans la suite.

La Grèce a porté dans Rome les doutes de sa philosophie en retour de son asservissement. Ces semences ont fructifié.

Lucrèce va détrôner les dieux qui ont permis les cruautés de Marius et de Sylla. Seule plus pure, plus élevée, l'éloquence se soutient, animée par

le patriotisme, dernière religion des Romains : elle
tombera enfin immolée sur le tombeau de·César,
comme une victime de la liberté. Heureux tyran,
Octave a saisi l'empire : il offre, en dédommage-
ment de la république, le repos ; les Romains
l'acceptent. Un cortége de grands·écrivains l'entoure, et la poésie couvre de son éclat les crimes
du triumvir. Virgile veut rappeler les Romains à
toutes les vertus des champs; il veut réveiller les
vieilles gloires et les noms antiques; mais le nom
d'Auguste, invoqué au milieu de ces noms, annonce assez que le poète d'Octave n'est pas le
poète de Rome. Ovide achève de livrer à la mali-
gnité publique ces divinités qu'avait déjà renver-
sées le doute de Lucrèce. Catulle, Tibulle cor-
rompent les mœurs par la douceur de leurs chants;
et le despotisme s'accommode de cette corruption.
La littérature change avec le gouvernement. Auguste cherche à distraire les esprits par de brillantes mais frivoles occupations : les soins d'une
poésie souvent vide remplacent l'activité politique : la comédie de mœurs est remplacée par
des farces grossières : l'orgueil du despotisme craint
une censure importune. Tout est calme. Ne vous
y trompez pas, cette tranquillité cache une dégradation profonde et cette indifférence morale
et politique, maladie incurable d'une extrême civilisation. Pénétrons plus avant, et, sous les formes

majestueuses d'un fantôme de république, découvrons le despotisme avec toutes ses horreurs. Il n'y a point là d'exagération : rien n'atteste mieux la corruption réelle de Rome, sous une apparence d'ordre, que la rapide décadence dans les lettres qui suivit le siècle d'Auguste. L'éloquence disparaît sans retour avec la liberté, qui cherche un instant dans l'épopée une consolation et une matière à ses regrets. L'histoire montre Tacite comme une protestation contre la tyrannie: la mémoire des Néron, des Claude, des Vitellius, consacrée à l'immortalité, est la dernière vengeance et le dernier hommage que reçoit la liberté. Vainement et Sénèque et Quintilien demandent qu'il se forme, et des sages et des orateurs, leurs plaintes n'attestent que l'absence de la morale et de l'éloquence; une autre éloquence paraît, l'éloquence du panégyrique : heureuse d'abord, elle louera Trajan; mais bientôt, prostituée, elle deviendra un des ornemens obligés du despotisme. Vainement quelques hommes se montreront dignes d'un siècle meilleur; leurs efforts seront impuissans; car il y a pour le talent, comme pour la vertu, une fatalité; s'il ne paraît pas à des époques favorables, il s'affaiblit ou demeure inconnu.

Une grande révolution travaille en secret la société : une religion nouvelle s'est élevée et a créé un genre nouveau d'éloquence. Tournons nos

regards vers une lumière plus pure, vers une liberté qu'il n'est pas donné au despotisme d'étouffer; quittons le forum, où nous n'apercevons plus
que les traces sanglantes d'une soldatesque effré-
née, et les cadavres des empereurs mêlés aux débris d'un sceptre éphémère; courons vers ces ba-
siliques où s'élève une tribune nouvelle : là se fait
entendre la voix de la liberté évangélique. Qu'ils
sont touchans ces orateurs qui puisent leurs mouvemens dans leur foi et leur génie dans leur conviction! Avec quelle force leur parole retentit au
fond des cœurs! L'éloquence politique, toujours
froide dans son enthousiasme, toujours égoïste
dans son but, ne veut la liberté que pour Rome,
et pour l'univers l'esclavage! L'éloquence chrétienne, au contraire, a pour auditeurs et pour but
le monde tout entier. Spectacle curieux que celui
de cette révolution religieuse et littéraire qui va
changer la face de l'Europe! Pour le mieux juger,
jetons un coup-d'œil sur l'état moral de la société.

La liberté était à Rome le principe et l'âme de
toutes les grandes choses : tant qu'elle subsista,
Rome étonna l'univers par des prodiges de courage et de vertu ; mais, avec la dégradation politique, elle subit bientôt toutes les dégradations
morales. Les mœurs perdirent leur pureté, les
âmes leur énergie, le cœur ses croyances. En
vain, le portique et l'académie étalaient de fas-

tueuses sentences, le monde ne se réveillait point à leur voix; l'ignorance et la pauvreté ne pouvaient atteindre ces hauteurs de la pensée; la science en apercevait le vide, et la richesse s'en détournait avec mépris. Quelle main reconstruira l'édifice écroulé de la société? Une croix s'élève, et le monde est sauvé. Au milieu du silence général de l'esclavage et de cet étonnement où la gloire de l'antique Rome tenait encore les nations; lorsque l'univers tout entier, devenu le partage de quelques tyrans, ne présentait plus que l'affligeant contraste d'une misère sans courage et d'une criminelle prospérité, la lumière de l'Évangile vint luire sur les hommes, et la chaire chrétienne remplacer la tribune politique. Toutefois ces natures puissantes et vigoureuses des orateurs chrétiens ne pourront entièrement résister au torrent du mauvais goût: si leur pensée ne perd rien de son énergie, leur expression sera souvent obscure; elle aura quelque chose du mauvais goût de l'époque, et, par un singulier destin, la littérature latine, née de la littérature grecque, périra avant elle : les pères de l'église latine, derniers représentans de l'éloquence romaine, offrent bien moins de pureté que les pères de l'église grecque. Bientôt Rome elle-même va s'anéantir avec sa littérature; tous les maux réunis dans son sein ne semblent s'y être rassemblés avec tous les vices qu'afin que toute cette civilisation corrompue fût en même temps régénérée par la barbarie. Tout périt : les lettres vont chercher un refuge dans cet orient qui les a vues naître, et où elles doivent nourrir l'étincelle sacrée qui ranimera le génie moderne. Une nuit profonde couvre l'Europe ; les idiomes, les peuples se mêlent et se confondent ; la lumière qui doit éclairer le chaos n'a point encore lui. Cependant, féconde jusque dans ses ruines, la langue romaine va former les langues de l'Europe moderne, comme les débris de l'empire en forment les monarchies ; son code sera long-temps le code souverain, et la majesté du peuple-roi, se perpétuant dans ses lois, lui assurera une immortalité que ne lui auraient point donnée ses armes.

CHAPITRE PREMIER.

Recherches sur les origines de la langue latine.

Le berceau de la littérature latine est, comme celui de Rome même, entouré de ténèbres : pour les dissiper, la critique n'offre que de faibles lumières et d'incertaines conjectures; il est difficile en effet de saisir, au milieu des races diverses qui se sont établies et remplacées sur le sol de l'antique Italie, des vestiges manifestes de la langue primitive, et de distinguer le caractère et l'étendue des influences que chaque peuple a pu exercer sur sa formation, et des germes qu'il a dû déposer dans l'idiome romain.

Les Illyriens, les Ibériens ou Espagnols, les Celtes ou Gaulois, les Pélasges ou Grecs, les Étrusques, telles sont les premières peuplades que l'histoire puisse sûrement reconnaître à travers l'éloignement des temps, peuplades parlant des idiomes et des dialectes divers. Autour de ces races se groupent d'autres races : les Illyriens se composaient des Liburnes, des Sicules ou Dalmates, des Hénètes ou Venètes; à ces tribus mêmes se rattachaient d'autres tribus qui

donnèrent naissance à toutes ces divisions, à
toutes ces variétés de nations qui se réunirent au
centre de l'Italie, entre le Tibre et le Lyris, et
dont les élémens divers formèrent le fond de la
population et de la langue latines. En effet, le
mélange des races produisit les langues om-
brienne, étrusque, latine, les divers dialectes des
Osques, des Volsques et des Samnites, et autres
qui disparurent successivement dans la langue latine, idiome primitif des peuples du Latium.
Le dialecte des Osques domina surtout dans la
formation du nouveau langage : ce que l'on doit
reconnaître, puisque plus tard il se jouait à Rome
des mimes dans le vieux langage des Osques, et
que ces mimes étaient compris. Cette langue primitive était peut-être la langue de ces trente mille
dieux dont Varron avait rassemblé les noms ;
langue dont le riche vocabulaire permettait aux
nations du Latium d'exprimer tous les besoins de
la vie. A cette langue, sans doute, doivent se rap-
porter ces *Fables divines* qui étaient pour les Latins les caractères sacrés de cette langue divine dont
parlent les Égyptiens. Romulus, en effet, fonda sa
cité au milieu d'autres cités plus anciennes : lorsque
Rome s'éleva, faible encore et inaperçue, les langues vulgaires du Latium avaient fait de grands
progrès ; et, s'il est vrai que les mots soient les
expressions des idées d'un peuple, et que la marche

de l'esprit humain s'y réfléchisse, on devra reconnaître dans la langue latine une haute antiquité;
car si les degrés de la civilisation peuvent être indi-
qués dans cet ordre, forêts, cabanes, villages,
cités, on trouvera une grande vieillesse dans cette
langue du Latium, dont tous les mots ont des origines agrestes et sauvages. Par exemple, *lex* (*legere*,
cueillir) dut signifier d'abord récolte des glands,
d'où l'arbre qui les produit fut appelé d'abord *ilex*.
Cette observation de *Vico* semblerait confirmée par
cette remarque d'un auteur italien moderne : Aujourd'hui encore beaucoup de mots, dans la langue
italienne, indiquent une origine latine, ainsi que
beaucoup de villes ou villages dont les noms mêmes,
en rappelant la physionomie particulière des pays
où ils sont situés, rappellent une antique origine, et
ces temps où les hommes nommaient les lieux
d'après les objets qui les y avaient frappés : ainsi,
de ces villages, les uns expriment le voisinage des
eaux, des bois, des prairies, des montagnes, etc.
(Scipion Maffey, *Verona illustrata*.)

.A cet idiome national vint se mêler l'influence de
la langue grecque : il faut reconnaître qu'il y a eu sur
le rivage du Latium une colonie grecque qui, vaincue et détruite par les Romains, est restée ensevelie
dans les ténèbres de l'antiquité : de là les traditions
d'Hercule, d'Évandre, d'Arcadiens, de Phrygiens,
établis dans le Latium; d'un Servius Tullius d'o-

rigine grecque, d'un Tarquin l'Ancien, fils du
Corinthien Démarate. Les lettres latines étaient
semblables aux anciennes lettres grecques (Pline);
ce qui est une forte preuve que les Latins ont reçu
l'alphabet grec de ces Grecs du Latium, et non
de la grande Grèce, encore moins de la Grèce
proprement dite. Au fond même, comme nous le
dirons plus bas, de la langue latine, et sous les
mots qu'elle a reçus du grec, se cache un autre
idiome, plus ancien que l'idiome latin. La plupart
des mots de la langue latine trahissent encore, par
leurs formes indécises et variables, cette origine
étrangère et cette physionomie native : la langue
romaine se forma donc des débris et sur les ruines
des autres langues. Ainsi, aux treizième et quatorzième siècles, l'Italie moderne se fit un idiome
nouveau des restes altérés du latin et des lambeaux enlevés aux différens peuples du nord, qui
apportaient successivement sous son ciel leurs
mœurs, leurs patois, leur génie particulier; alors
aussi l'on vit plusieurs dialectes régner dans une
même contrée, et se conserver en quelque sorte
comme une manifestation de la physionomie primitive et des libertés locales de chaque peuplade.
Cette langue romaine, si vieille pour nous, couvrait, on le voit, des langues plus anciennes
qu'elle, comme la population du Latium cachait
des populations effacées.

Toutes ces premières races du Latium peuvent, du reste, se ramener à deux divisions principales. Dans les temps les plus reculés, l'Italie se partagea en deux grandes nations, les habitans du nord et ceux du sud de la péninsule : le Tibre en formait la limite : depuis la rive droite de ce fleuve jusqu'aux bords du Pô, on parlait une langue; on en parlait une autre depuis la rive gauche jusqu'à la côte opposée à la Sicile. Cette distinction ne s'effaça entièrement qu'après la guerre sociale; du temps d'Annibal elle existait encore; alors on voit les villes du nord séparer leur cause de celles de l'Italie méridionale. La race du nord peut se placer sous la désignation générale de race thyrrhénienne ou étrusque, la race du midi sous celle de race ausonienne. Entre ces deux races en apparaît une autre avec un langage et une physionomie particulière : ce sont les Sabelliens, ou Sabins, qui, après avoir subjugué les Ausoniens, que de nombreuses analogies montrent comme une race pélasgique ou épirote, se divisèrent en plusieurs bandes, sous les noms de Samnites, de Campaniens, de Lucaniens et de Brutiens. Ainsi divisée, cette race perdit son caractère primitif, qui se maintint néanmoins plus marqué dans les Samnites que dans les autres peuplades; les Samnites conservèrent la langue maternelle, exilée du berceau premier de la nation; ils la parlaient en-

core sous la république, et elle ne s'éteignit complètement que sous Tibère. Dans les races itali-
ques, les traits principaux sont, au nord, une noblesse héréditaire et une civilisation théocratique;
au sud, quelques traces de liberté, quelques vestiges de la civilisation grecque.

Cette variété de caractères et de nations, que l'on
trouve dans les peuplades primitives de l'Italie, n'a
jamais entièrement disparu; peut-être faut-il attribuer à ce mélange ancien de tant de races diverses
les différences qui, au moyen âge, se sont montrées
dans la physionomie des républiques italiennes,
images elles-mêmes de ces anciennes confédéra-
tions du Latium, de ces villes souveraines qui luttèrent contre la puissance de Rome. On vit les
flottes des républiques modernes parcourir les
mers, comme autrefois les flottes étrusques allaient
portant en Sicile, en Corse, en Sardaigne, les arts
et le commerce; car l'Étrurie poussait jusque
dans l'Archipel son activité et son industrie. Cette
Venise des temps anciens était puissante par le
commerce, et, comme la Venise moderne, elle
appuyait sa grandeur sur une aristocratie forte
et ombrageuse; comme elle aussi elle périt par
cette liberté même dont elle avait fait un privilége,
au lieu d'une propriété publique. Le quatorzième
siècle était, en quelque sorte, la résurrection de
ces nations guerrières et libres du Latium, qui

en formaient le fond si varié et si pittoresque.

Auquel de ces peuples que nous avons nommés Rome doit-elle les premiers élémens de sa langue et de sa civilisation? C'est ce que l'on ne saurait fixer d'une manière nette et précise. Cependant, on s'accorde généralement à regarder les Étrusques comme ayant exercé sur les coutumes et les arts de Rome la plus grande influence. Quelques écrivains ont, il est vrai, exagéré la perfection où ce peuple avait conduit les arts et les sciences, et dans ce que nous savons de ses mœurs et de ses institutions politiques la fable se mêle souvent à la vérité; car, pour bien juger, les monumens nous manquent. Riche des trésors et des connaissances qu'elle avait puisées chez les Étrusques, Rome en détruisit les traces; c'était orgueil autant que politique. Là se voit le commencement de cette habileté profonde qui imposait aux vaincus l'esclavage de la pensée, et cherchait à détruire tout esprit national en détruisant l'idiome qui se liait aux souvenirs de la gloire et de la patrie. En effet, pour les peuples comme pour les individus, il y a dans les accens de l'enfance quelque chose qui remue puissamment le cœur. Néanmoins, malgré les Romains, l'idiome étrusque se maintint dans les basses classes jusqu'au temps des premiers Césars; à cette époque il s'éteignit. En 665, lorsque les alliés essayèrent de secouer le joug de

Rome, ils reprirent leurs langues primitives, tant
le langage de Rome leur paraissait la marque et la
condition de l'esclavage. Toutes les histoires nous
offrent des exemples de cet attachement des peuples à leur ancien idiome: dans les Gaules, la langue celtique se maintenant sous les invasions des
Gaulois; plus tard, la langue vulgaire des Gaules
subsistant sous la domination romaine. On sait
qu'en Angleterre la race des rois normands ne se
crut affermie que quand elle eut fait disparaître
avec les Bardes les vieilles traditions des Saxons.

Les Étrusques, d'où venaient-ils? à qui devaient-
ils leurs lois, leurs arts et leur civilisation? Suivant Denys d'Halicarnasse, les Étrusques n'appar-
tiendraient pas aux nations pélasgiques; ils n'auraient non plus avec les Lydiens aucun rapport
de langue ni de mœurs. Cette dernière opinion est
contredite par des savans modernes qui ont trouvé
entre les Étrusques et les Lydiens des analogies
de mœurs et de coutumes, indices d'une commune origne. En se rangeant à cette dernière con-
jecture, il faudrait admettre que les Lydiens et les
Étrusques seraient issus également de ces grandes
émigrations qui, à des époques antérieures à toute
tradition, parties de l'Asie centrale, se sont successivement établies dans tous les pays intermédiaires, et ont séjourné dans la Thrace; car c'est
à la nation des Thraces, répandue dans l'Asie mi-

neure, et dont les Phrygiens, les Mysiens, les Cariens et les Lyciens formaient des branches collatérales, que se rattachent les Lydiens. Suivant Denys d'Halicarnasse, au contraire, le peuple que les Grecs nommaient Τυῤῥηνοι, les Romains *Etrusci* ou *Tusci*, s'appelait dans sa langue *Rasena*. Les Étrusques auraient alors pénétré en Italie par les défilés du pays de Trente; poussant devant eux les *Umbri* : les monumens étrusques trouvés dans le Tyrol confirmeraient cette supposition. D'autres écrivains pensent que les Étrusques se sont d'abord fixés dans l'Étrurie actuelle : les monumens que l'on peut rencontrer dans le Tyrol ne seraient que des témoignages et des débris de leurs conquêtes postérieures chez les Rhétiens. Enfin on conciliera tout à la fois les analogies qui se trouvent dans la langue et les mœurs des Étrusques avec les mœurs et la langue des Lydiens, et les difficultés que la critique éprouve à marquer le point précis de départ entre ces deux peuples, si l'on admet qu'à une époque qui nous échappe, l'Étrurie, déjà peuplée, reçut de quelque race méonienne, et avec elle, ses arts, ses lois et sa civilisation. C'est à cette race nouvelle, venue du nord, ou plutôt de l'orient, qu'appartiendrait véritablement le nom d'*Etrusques* ou *Tusques*, peut-être celui de *Tyrrhéniens* ou *Tyrrhènes*; traduction du nom primitif *Rasena*. Ainsi, au fond de la population étrusque, il faut reconnaître, à côté des races celtiques ou tudesques des Alpes, les races pélasgiques et lydiennes, et les dialectes slaves et germaniques, à côté des idiomes de la Haute-Asie. Plusieurs mots latins ont leurs racines, non pas dans le grec, mais dans une langue plus ancienne que le grec, le latin et tous les idiomes de l'ancienne Étrurie, dans une langue aussi vieille que l'origine même des langues, le *sanskrit* et le *zend*, source primitive des antiques idiomes de la Grèce et de l'Italie. En un mot, sous une empreinte septentrionale perce le cachet de l'orient. Cette influence orientale éclate surtout dans le culte, la langue, les arts et la physionomie générale de la civilisation étrusque. Il faut donc reconnaître que l'Étrurie a été peuplée par terre, et non par mer.

Suivant d'autres auteurs, les Étrusques trahissent une origine égyptienne, et non une race grecque, comme on l'a prétendu. Leurs lettres à demi hiéroglyphiques, leur constitution politique empreinte des formes et de la domination religieuse, leurs édifices gigantesques, qui ne peuvent être comparés qu'aux pyramides, tout semble le prouver. Les vases étrusques, que l'on voit au musée Charles X, offrent dans leurs formes des ressemblances très-grandes avec les vases égyptiens.

Le patronat, la prohibition des alliances entre certaines classes, le nombre déterminé et invariable des noms de famille, toute la partie aristocratique de la constitution romaine, étaient d'origine étrusque : c'est à l'école des Étrusques que les Romains apprirent l'architecture, la ciselure, la musique, l'art des aruspices. Du temps de Cicéron, c'était encore en Étrurie que la jeunesse patricienne allait s'initier aux mystères de la divination. « Du temps de nos ancêtres et de la gloire de cet empire, le sénat avait sagement ordonné que six enfans des premières familles seraient confiés à chaque peuple d'Italie pour y étudier la doctrine des aruspices, de peur qu'un si grand art, s'il était exercé par des hommes de basse naissance, ne perdît sa majesté religieuse, et ne dégénérât en profession mercenaire. » (Cicéron, *de Divinat.*)

En Étrurie, les tremblemens de terre, les apparitions effrayantes, les miasmes nuisibles, favorisèrent le triomphe du sacerdoce, transplanté dans cette contrée par des colonies de Pélasges, qui étaient sorties de Grèce avant les temps héroïques. (*De la Religion*, liv. 4, chap. 5.)

Valère-Maxime appelle l'Étrurie la *mère de toute superstition*. Le mot destiné à exprimer les formes du culte, le mot *cérémonies*, vient de *Cæres*, en Étrurie. L'orient, dit un ancien, lisait la destinée dans les astres, l'Étrurie dans les éclairs et les phénomènes fortuits qui frappaient ses regards. Beaucoup de superstitions, au-dessus desquelles les Grecs s'étaient élevés depuis le départ des Pélasges qui émigrèrent, furent portées par ceux-ci en Étrurie. La divination, les augures, les extispices, les aruspices, la recherche des présages dans les événemens les plus ordinaires, tiennent une bien moins grande place en Grèce que chez les Étrusques ou les Romains, héritiers de la discipline des Étrusques, qui, comme eux, les conservèrent dans leur autorité primitive. Suivant Sophocle et Thucydide, les noms de *Pélasges* et d'*Etrusques* désignent le même peuple.

La religion astronomique des Étrusques n'excluait ni l'adoration de leurs pierres bétyles ou animées, ni les hommages rendus au pivert prophétique, à la lance guerrière et aux chênes couverts de mousse dans les forêts de l'ancien Latium. Cette adoration des arbres dans le Latium avait donné naissance à un singulier usage. Lorsqu'un fugitif trouvait le moyen de couper une branche dans la forêt d'Aricie, près de Rome, forêt consacrée à Diane, il la présentait au prêtre de la déesse, qui était obligé de se battre avec lui, et dont il prenait la place s'il le tuait. L'adoration des oiseaux, des chênes et des lances chez les Étrusques, à côté de leur Tina, le Dieu suprême, la nature, la cause première et la destinée immuable, et de Janus, le conservateur, le médiateur qui préside au temps et qui est le temps lui-même; l'astrologie dans les livres de la nymphe Bigoïs, offrent plus d'un trait de ressemblance avec les combinaisons des cosmogonies indiennes. Comme la doctrine égyptienne et indienne, la doctrine étrusque semble avoir flotté entre le théisme et le panthéisme [1].

Parmi les emprunts que la langue latine fit aux Étrusques, se trouvent les chiffres que nous nommons romains, chiffres d'origine étrusque, et dont les monumens de ce peuple offrent de nombreux modèles. Ces caractères sont des hiéroglyphes, système d'écriture antérieur à l'écriture alphabétique. Dans la médecine, la physique et l'astronomie, sciences que cultivèrent les Étrusques, on remarque un caractère particulier et une physionomie originale. Un système chronologique parfait, des périodes déterminées par des observations astronomiques, une année lunaire corrigée par une année cyclique, tels sont les faits que l'histoire scientifique signale avec admiration. On doit reconnaître dans ces connaissances le caractère de l'orient, dans la langue étrusque quelque chose qui trahit une origine asiatique, singulièrement la suppression des

---

[1] *De la Religion considérée dans sa source, ses formes, etc.*

voyelles brèves et l'absence de consonnes re-
doublées.

Bientôt Rome subjugua les peuples voisins, et
la langue latine remplaça successivement toutes
les autres langues en conservant quelque chose de
chacune d'elles ; néanmoins on retrouve dans la
langue latine deux idiomes fondamentaux, le
celte et le grec des dialectes éolien et dorien, qui
avaient, avec l'ancienne langue des Pélasges, des

ces traces étrangères disparurent, et les divers
dialectes se fondirent dans la langue romaine ;
l'étrusque seul survécut, nous l'avons dit, grâce
au respect que le gouvernement romain, fidèle
dès lors à sa politique, affecta pour les rits secrets
de l'Étrurie.

CHAPITRE II.

Premiers monumens de la langue latine.

Nous possédons plusieurs monumens de l'ancienne langue latine, telle qu'elle se parlait quelques siècles après que le mélange de ces dialectes
se fut opéré. Le plus ancien monument de ce
genre est une *chanson des frères arvales;* elle remonte au temps de Romulus. Ces *frères arvales*
étaient un collége de douze prêtres qui, tous les ans,
au commencement du printemps, promenaient
dans les champs une truie pleine pour obtenir des
dieux d'heureuses moissons. Il est difficile, dans
ces vers encore barbares, de saisir, je ne dirai pas
le caractère, mais quelques indices de la langue
latine : cependant on y distingue quelques mots
qui, légèrement modifiés, se sont conservés.
Viennent ensuite quelques fragmens des *lois de
Numa.* Malgré le court espace de temps qui sépare ces lois du règne de Romulus, on y reconnaît un progrès, faible, il est vrai, mais réel; la
langue du peuple-roi semblait déjà prendre cette
majesté des lois et du commandement qu'elle
ne perdit plus dans la suite. On trouve dans

Varron quelques mots tirés des *chants des prêtres saliens;* du temps de Varron personne ne les
comprenait plus. Le quatrième monument est
une loi de *Servius Tullius*, cinquième roi de Rome.
Enfin se présentent les *lois des douze tables*, postérieures d'un siècle à Servius Tullius; il en reste
des fragmens assez considérables. Le progrès que
l'on aperçoit dans ces fragmens doit nous faire
craindre quelques altérations de la part des copistes.
Pendant un siècle et demi, la critique littéraire
ne nous offre aucun monument; seulement, dans
la seconde moitié du cinquième siècle de Rome,
on rencontre l'*inscription du tombeau de Scipion*,
la plus ancienne de la langue latine. Trente ans
environ après la mort de Scipion Barbatus, on
éleva au consul C. Duillius Nepos une colonne
rostrale, souvenir de sa victoire navale sur les
Carthaginois. Une inscription fut gravée sur le
piédestal; cette inscription existe encore, ainsi
que le piédestal, dans une des salles du Capitole.
Dans cette inscription, l'on remarque un progrès
assez sensible. A mesure que le goût s'épurait,
on s'éloignait de la rudesse des formes celtiques
pour se rapprocher de la douceur des formes
grecques.

Le huitième monument de la langue latine est
postérieur de quelques années seulement à l'inscription de la colonne duillienne; c'est l'inscrip-

tion du *tombeau de L. Cornelius Scipio*, fils de celui dont nous venons de parler. Le style de cette inscription est moins pur que celui du tombeau du père. De même chez nous l'écriture du quinzième siècle est plus difficile à lire que celle du treizième. La même chose se remarque dans les vieilles ballades écossaises, qui se déchiffrent plus facilement que l'anglais de la même période. Il n'y a rien là d'étonnant : dans une littérature non encore fixée, le génie d'une langue se perfectionne ou s'affaiblit avec quelques hommes distingués qui seuls le soutiennent : le goût général n'est pas encore formé.

Environ soixante ans après, l'an 568 de Rome, fut rendu un *sénatus-consulte sur les Bacchanales*: le temps nous a enlevé ce monument précieux, le neuvième de la langue latine ; la pureté, la clarté du texte indiquent un progrès remarquable ; la langue latine a dépouillé toutes les formes rudes et étrangères pour paraître avec des traits plus réguliers et un génie plus original. Soyons moins surpris toutefois de ce progrès : lorsque ce sénatus-consulte parut, Ennius habitait Rome depuis quelques années ; Plaute avait fait jouer la plus grande partie de ses pièces, et Térence était né.

Nous venons de parcourir cinq siècles ; nous avons vu dans la langue quelques progrès ; mais tout encore est à créer ; aucun genre de littérature n'apparaît distinct : les poésies barbares, connues sous le nom de *fescéniennes*, ne méritent pas le nom de poésies. Ces chants grossiers et indécens durent leur origine à la célébration annuelle de la fête de la moisson, pendant laquelle les gens de la campagne se livraient à tous les excès d'une joie bruyante : origine qui rappelle celle de l'art dramatique en Grèce. Nous n'avons aucune idée du genre de vers que les campagnards romains chantaient en ces occasions. Nous voyons, par le passage d'Horace qui nous en a conservé le souvenir, qu'ils étaient barbares sous le double rapport du mètre et du sujet. On les appelait *vers saturniens*. Ce titre, qui rappelait la liberté qui existait sous le règne de Saturne, indiquait peut-être aussi l'extrême licence que ce genre permettait aux poètes : les lois du rhythme et de l'harmonie y étaient peu observées; on mesurait moins que l'on ne comptait les syllabes. Quelques auteurs ont attribué au vers saturnien une origine plus ancienne. Les Latins, selon eux, auraient appelé *vers saturnien* le *vers héroïque* destiné à transmettre les réponses des oracles, et nommé chez les Grecs *vers pythien;* ce vers aurait été inventé en Italie dans l'*âge de Saturne*, qui répond à l'*âge d'or*. Les faunes d'Italie auraient rendu en cette forme de vers leurs oracles, *fata*. Quant à la dénomination de poésies fescéniennes, elle a été donnée à ces vers soit parce qu'ils avaient été inventés à *Fescennia*, ville d'Étrurie, soit d'après *Fascinus*, le dieu des sortiléges, que ces chants avaient la vertu d'expulser. Des vestiges de ces poésies grossières se conservèrent à Rome jusque dans les derniers temps, dans ces couplets que les jeunes gens chantaient le jour des noces de leurs amis, et dans ces chansons satiriques qui retentissaient autour du char des triomphateurs. Une autre espèce de poésies barbares remonte à l'origine de Rome; ce sont les *axamenta*, que les prêtres de Mars, appelés *saliens*, chantaient à cette procession annuelle où l'on portait, par la ville les *ancilia*, gages de la durée de l'empire, confiés à la garde des vestales. Au temps d'Horace ces chants existaient perpétués par la tradition; on ne les comprenait plus.

Nous pouvons placer ici un autre genre de poésie, jusqu'ici oublié. Caton, dans ses *Origines*, dit que c'était l'usage dans les festins de chanter, avec l'accompagnement d'une flûte, les exploits des grands hommes. On voit par là, remarque Cicéron, que dès lors nous avions une poésie et une musique. On voit encore plus formellement par les *douze tables* que les vers étaient connus, puisque la loi défend les vers satiriques.

A cette époque nous trouvons encore deux

espèces de poésies dramatiques : l'une, originaire
d'Étrurie, et introduite à Rome pour apaiser les
dieux irrités, l'an 390, pendant une maladie épi-
démique; c'étaient de grossières bouffonneries,
accompagnées de mimes : les acteurs étaient nommés *histrions*, mot étrusque. L'autre, espèce de
drame, prit son nom d'Atella, chef-lieu des
Osques. Ces atellanes se rapprochaient un peu
de la comédie véritable : plus régulières, elles
étaient aussi moins licencieuses ; à part le chœur
des satyres qui y manquait, elles rappelaient les
drames satyriques des Grecs.

Nous voyons à Rome, comme dans tous les
pays, la poésie devancer l'éloquence, non, comme
on l'a prétendu, qu'elle soit le premier langage
de l'homme, mais parce qu'elle consacre mieux
les événemens, et qu'elle est la première histoire
d'un peuple; toutefois, bien que l'éloquence ne
nous offre pas ou très-peu de monumens, elle
avait dû aussi exister : non pas cette éloquence
qui se produit sous des formes élégantes et harmonieuses, mais cette éloquence que font naître
les luttes du forum et les commotions populaires.
Comment en effet ce combat opiniâtre des tribuns contre les patriciens n'aurait-il pas enflammé
les imaginations? Dans une république, le talent
de la parole, étant toujours une puissance, doit
être aussi une des gloires. Quoi qu'il en soit, nous

ne possédons qu'un monument de cette éloquence
naissante ; c'est la fable de Ménénius Agrippa.

Un autre monument historique de cette époque
qui offre un grand intérêt, est un traité de commerce conclu, l'an 5o8 avant J.-C., entre les Romains et les Carthaginois. Chose remarquable! le
premier monument de la langue française est un
traité entre Charles le Chauve et Louis le Ger-
manique.

Nous ne citerons point ici les *Commentaires des
Pontifes*, simples listes des magistrats de chaque
année : les *livres des magistrats*, divisés en deux
classes ; la seconde contenait les formalités à observer dans les sacrifices ; on les appelait *libri lintei*,
livres écrits sur la toile ; ils furent détruits par les
Gaulois : les prétendus livres de Numa, cachés
pendant plus de cinq siècles, et retrouvés, dit-on,
181 ans avant J.-C.; on sait l'histoire de ces livres.
Une femme inconnue, que le peuple crut être la
sibylle de Cumes, vendit fort chèrement à Tarquin le Superbe huit livres de prétendus oracles:
le roi, qui probablement avait lui-même suscité
la prophétesse et fait fabriquer les livres, en con-
fia la garde à deux citoyens du plus haut rang.
L'an de Rome 387, le nombre des gardiens fut
porté à dix; enfin Sylla voulut qu'il y eût quinze
décemvirs. Ces livres étaient enfermés dans un
coffre de pierre placé sous une voûte du Capi-

tole : on ne les ouvrait que dans les grandes calamités publiques, ou lorsqu'il éclatait quelque
sédition dangereuse. On pense bien qu'alors les
chefs de l'état n'y trouvaient que des prédictions
utiles à leur politique. On ne pouvait lire les livres
sibyllins, dit Montesquieu, sans la permission
du sénat, qui ne la donnait même que dans les
grandes occasions et lorsqu'il s'agissait de consoler les peuples: toutes les interprétations étaient
défendues; ces livres mêmes étaient toujours renfermés; et par une précaution si sage on ôtait les
armes des mains des fanatiques et des séditieux.

Nous le voyons, la poésie, l'histoire, la philosophie ne sont pas nées; on les soupçonne à peine:
une science seule, qui est réellement le plus beau
titre de gloire des Romains, jetait quelque éclat,
la jurisprudence. Fondée sur quelques lois politiques empruntées aux Albains, elle s'accrut des
ordonnances de Romulus, des lois de Numa, de
Tullus Hostilius, d'Ancus Martius, de Servius
Tullius. Le premier, Caius Papyrius, forma un
recueil des différentes lois rendues par les rois
sur les choses sacrées : ce recueil fut nommé
Droit Papyrien. Plus tard, l'an 3oo de Rome, huit
députés furent envoyés en Grèce; ils devaient s'y
procurer une copie des lois de Solon, et prendre
connaissance de celles des autres cités grecques:
deux ans après, on nomma des décemvirs qui

promulguèrent les *lois des douze tables*. Dans ce code, ils empruntèrent des lois grecques, des lois rendues sous les rois, ou tirées du code des Falisques, les dispositions convenables au génie romain. Cette belle simplicité s'altéra bientôt, et le nombre des lois augmenta en proportion de la corruption des mœurs, des rivalités de l'ambition et des troubles politiques. Nous donnerons dans un chapitre particulier l'histoire de ces variations du droit. Suivant Vico (*Philosophie de l'Histoire*, livre I, chap. II), il serait faux que les lois des douze tables eussent été apportées de la Grèce à Rome ; elles ne seraient autre chose, au jugement de ce philosophe, que les coutumes en vigueur chez les peuples du Latium, coutumes qui, toujours mobiles chez les autres tribus, furent fixées par les Romains sur le bronze, et gardées religieusement par leur jurisprudence : monument remarquable de l'ancien droit naturel des peuples du Latium.

Ici se terminent les notions préliminaires que nous avons dû tracer, et s'ouvre la première des quatre époques dans lesquelles nous partageons l'histoire de la littérature latine. La première s'étendra depuis la moitié du troisième siècle avant J.-C. jusqu'à la mort de Sylla ; c'est l'enfance de la littérature romaine. La seconde ne dépassera pas un siècle ; ce sera le siècle ordinairement appelé siècle d'Auguste. La troisième embrassera le temps qui s'est écoulé entre la mort de ce prince et le siècle des Antonins; époque brillante encore, quoique altérée. La dernière nous présentera les écrivains des trois siècles qui ont précédé la prise de Rome par les barbares du nord. Cette période, la moins connue, appellera notre attention. En effet, s'il est curieux de connaître la pensée de l'homme dans sa vigueur et sa beauté parfaites, il n'est pas moins instructif de rechercher comment elle s'altère et se dégrade. Cette époque d'ailleurs a pour nous un autre intérêt : alors commencent à se former les langues de l'Europe, et cette étude, qui touche à l'étude de nos littératures modernes, servira peut-être à les éclairer.

CHAPITRE III.

PREMIÈRE ÉPOQUE.

Causes du développement rapide de la littérature romaine.

La destinée des Romains était de conquérir l'univers; fidèle à cette mission qu'elle avait reçue des dieux et surtout de son courage, Rome resta long-temps étrangère à la gloire des lettres; mais quand la soumission de l'univers eut laissé plus de loisir aux esprits, quand la conquête de la Grèce surtout eut fait connaître aux Romains une grandeur qu'ils dédaignaient, la supériorité intellectuelle, ce peuple, jaloux de toutes les gloires, voulut aussi obtenir cette gloire nouvelle pour lui. Les circonstances favorisèrent merveilleusement ce goût naissant pour la littérature; l'incertitude même et la rudesse, qui jusque là s'étaient fait remarquer dans la langue latine, ne nuisirent point à son développement. Sans caractère prononcé, elle put choisir celui qui lui convenait le mieux. Les différens idiomes dont le mélange formait le fond même de son vocabulaire et dont aucun cependant ne prédominait, lui permirent de ne prendre que ce qui s'alliait le

mieux à sa physionomie grave et solide : le commerce des Grecs acheva cette heureuse révolution,
qui toutefois ne pénétra que lentement dans le peuple. Au temps de Plaute, on distinguait encore à
Rome deux dialectes, l'un *noble* (*nobilis*), et l'autre
plébeien (*plebeia*); le premier appelé plus tard
classique (*urbana*) [1], le second *rustique* (*vulgaris*),
langue qui, après s'être conservée sous la domination des barbares, et après avoir formé les langues
modernes, subsiste encore de nos jours dans les
patois italiens, français et espagnols du bassin de
la Méditerranée. C'est à peu près là l'histoire de toutes les littératures naissantes : la langue du peuple
et la langue savante sont long-temps à se fondre,
si tant est qu'elles se mêlent jamais complètement.
La France eut aussi pendant long-temps sa langue
vulgaire ou langue *romane*, altération du latin
d'où sont sortis tous les idiomes du midi de l'Europe, et la langue de la cour, ainsi que la langue
savante. Si d'un côté l'influence de la littérature
grecque fut utile aux Romains, elle eut ses inconvéniens : elle étouffa quelquefois le vrai génie
national; elle arrêta cette sève, cette fraîcheur
d'imagination qui doit éclater dans la jeunesse
d'une littérature comme dans celle d'un peu-

---

[1] Mot emprunté à une division politique de la bourgeoisie
romaine, dans laquelle les principaux habitans de Rome
étaient ainsi nommés.

ple. L'art, dans son enfance, imitait les chefs-
d'œuvre littéraires d'Athènes à peu près comme
en Egypte la sculpture naissante reproduisait les
admirables proportions du corps humain, raides
et immobiles : tout y était, excepté la vie et le mouvement. Dans les premières productions de la langue latine nous reconnaissons la sagesse, il est vrai,
mais aussi l'empreinte d'une physionomie étrangère ; on voudrait dans les premiers essais d'une
littérature plus d'abandon et de naïveté. Ce
fut pour la littérature latine un malheur de
s'être trouvée dans l'enfance quand elle accueillit
la littérature grecque, qui, plus forte, l'écrasa,
et lui enleva ce caractère particulier, ce cachet
original qui marque les productions de sa rivale.

L'époque dans laquelle nous entrons, et qui
forme la première des quatre que nous devons
parcourir, est plus intéressante par le mouvement
même qui fut donné à l'esprit de la littérature
que par les productions qu'elle vit s'élever. Ce
qu'il faut donc ici surtout remarquer, c'est le travail secret, le développement graduel de la langue qui préparait le grand siècle des lettres latines.
Nous trouverons que, malgré ses progrès, elle re-
tenait encore l'âpreté des siècles passés : les écrivains
de cette époque se servent de plusieurs substantifs
dont ne se servirent pas les écrivains du bon
siècle ; d'autres substantifs qui se conservèrent

furent employés dans une acception différente; des mots grecs, ou imités du grec alors en usage, furent dans la suite abandonnés; d'autres mots bizarrement forgés furent rejetés. Les auteurs voulaient parler grec en latin, à peu près comme chez nous Ronsard voulut parler latin et grec en français; des compositions étranges de mots assez fréquentes alors disparurent. Dans la suite Sénèque se plaint que cette sévérité ait été poussée trop loin, et qu'en polissant la langue on l'ait affaiblie. Fénélon exprime à l'égard de notre vieux français les mêmes regrets.

Mais ce qui distingue surtout le langage de cette époque, c'est la différence des terminaisons des substantifs de celles qui prévalurent dans les siècles suivans; une remarque non moins singulière, c'est qu'alors on avait la manie des diminutifs, comme on l'eut en Italie et en France au commencement de notre littérature. L'esprit humain doit-il donc toujours passer par les mêmes erreurs, et ne peut-on arriver au goût, ainsi qu'à la sagesse, qu'après de nombreuses méprises? Les littératures, que l'on ne compare ordinairement que dans leurs époques brillantes, n'offrent pas dans leur jeunesse et leur décadence des rapprochemens d'un moindre intérêt. Les écarts de la pensée sont aussi utiles à étudier que ses plus pures inspirations.

Les autres parties du mécanisme grammatical, les adjectifs, les pronoms, les verbes, subirent de grandes modifications; l'orthographe changea ou plutôt se perfectionna également.

Ces observations préliminaires étaient nécessaires : pour bien apprécier le génie d'une langue il en faut étudier les détails.

CHAPITRE IV.

Influences de la Grèce sur l'Italie.

AVANT d'entrer dans l'examen de la littérature latine, il est bon peut-être de présenter sous un même coup-d'œil les influences que la littérature grecque exerça sur elle.

Les traces de l'influence grecque en Italie, bien que rares et obscures aux premiers temps de Rome, sont incontestables et nombreuses'; on en trouve des preuves dans les anciens mots de la langue aussi bien que dans les débris des arts. Les fouilles récentes pratiquées dans le sol du Latium, qui renferme plus de trésors qu'il ne nous en a livré, nous ont montré sur les vases étrusques une civilisation élégante, copie et reflet de la civilisation grecque; civilisation couverte, détruite par la rudesse et la domination romaines, ainsi que les dialectes de l'Ionie, qui, bien que très-altérés, percent dans l'idiome primitif des Latins. Plus tard cette influence de la Grèce, ou plutôt ces souvenirs, agissaient encore sur Rome; c'est à la Grèce qu'elle va demander des oracles, des lois : elle en reçoit même des rois; elle élève des statues à ses grands hommes; c'est déjà, sinon le sentiment, du moins le culte et l'admiration vague de la sagesse et du génie. Bientôt Rome est, pour ainsi dire, entourée d'une nouvelle influence, d'une nouvelle civilisation grecque; autour d'elle s'élevait une multitude de villes grecques, qui, plus tard lui fournirent ses premiers poètes, ses premières renommées littéraires : la grande Grèce, et, au milieu d'elle, l'école italique se développe et grandit; Rome en recevra la lumière. Ainsi, dans la suite, des colonies grecques portèrent dans la Sicile et les îles riantes qui l'avoisinent les débris de la langue, et l'enthousiasme du génie grec. L'influence de ces colonies grecques sur la langue et la littérature romaines, qui finirent par l'étouffer dans la Sicile et la grande Grèce, fut très-grande. Sur cette terre singulière on retrouve dans les esprits un dépôt de diverses connaissances enfoui sous les décombres des âges et de l'ignorance; de même qu'au fond de ses entrailles, et sur sa surface incertaine, on aperçoit, au milieu des laves refroidies, des cendres accumulées, les traces d'une végétation vive et animée.

Les fables de la mythologie grecque pénétrèrent aussi dans Rome, mais altérées, mais dépouillées de cette gracieuse imagination des peuples de l'orient; elles prirent quelque chose de la sévérité du génie romain. L'influence même de la Grèce

sur la pensée et la littérature des Romains ne fut
pas moins prompte et moins manifeste : sous
Ancus Marcius, nous voyons pour la première
fois Rome s'enrichir d'une instruction étrangère:
ce ne fut pas à cette époque un faible ruisseau
des arts de la Grèce qui fut détourné jusqu'à
Rome; ils s'y répandirent à grands flots. Un Corinthien nommé Démarate vint chercher un asile
à Tarquinies, et changea son nom en celui de
Tarquin. Là, ayant eu deux fils d'une épouse originaire de sa nouvelle patrie, il les éleva dans les
arts et dans toutes les connaissances de la Grèce.
Nous saisissons surtout cette influence vers l'année
567; alors elle est attestée par les efforts même
que Rome fait pour la repousser : efforts inutiles !
avec Andronicus, le théâtre romain reçoit la première empreinte du génie grec; Ennius fait entendre, rudes et affaiblies, les inspirations d'Homère; Polybe étudie, analyse la politique romaine,
et perce le secret de ses victoires et de sa force.
Les conquêtes dans la Grèce et l'Asie facilitèrent
encore l'introduction de la civilisation et de la littérature grecque; et elles continuaient à s'y répandre
lorsque, l'an 593, un sénatus-consulte ordonna que
les écoles ouvertes par les rhéteurs à la manière
des Grecs seraient fermées. Mais ce fut en vain
que le génie des anciens Romains s'opposa à cette
tendance qu'ils croyaient nuisible à la républi-

que, la jeunesse en était déjà trop charmée, et l'ambassade des trois philosophes envoyés d'Athènes à Rome en 599 compléta si bien la victoire de cette introduction du goût et de la littérature grecque, que Caton lui-même se vit obligé, malgré sa vieillesse, d'apprendre le grec. Cette direction littéraire fut évidemment favorisée, d'un côté, par le luxe et par les richesses, qui de toutes les parties de l'ancien monde se précipitaient dans Rome, et de l'autre par les efforts ambitieux des Romains, qui voyaient surtout dans une étude suivie et régulière de l'éloquence et de la philosophie un moyen d'arriver à leurs fins dans le gouvernement. La haine des républicains contre l'admission, selon eux si nuisible, de la civilisation et de la littérature grecques, s'était changée en un goût vif, et même en un véritable enthousiasme pour les lettres grecques. Elles seules dès lors furent en faveur : aux yeux des Romains rien n'eut de prix, que ce qui eut pour base ou pour modèle le goût des Grecs; les savans de la Grèce, ses artistes en tout genre, affluèrent à Rome et remplirent les palais ou les *villa* des principaux Romains. Auguste lui-même se montre fauteur de cette impulsion littéraire qui enchaîne le génie des Romains et lui ôte l'activité politique. Ce qui restait des anciens Romains ne put éviter de s'amollir sous l'influence de la doctrine des Grecs.

L'éducation des Romains devint entièrement grecque; pour instituteurs ils prirent des Grecs, et le
jeune Romain alla achever son éducation dans là
Grèce, où Apollonie, Rhodes, Mytilène, et Athènes
surtout, ouvraient à la noblesse romaine ses doctes
écoles. Un grand nombre de citoyens que le ser-
vice militaire ou d'autres circonstances et relations
politiques amenaient en Grèce en rapportaient
à Rome l'amour de la littérature grecque. Dès
lors l'influence de cette littérature sur la littérature latine ressort de toutes parts : elle a pénétré dans les productions de l'esprit , dans les
mœurs , dans les habitudes ; Rome est une ville
grecque ; Athènes est pour elle le modèle , le.foyer
unique' de toute beauté intellectuelle. Cette éducation littéraire , que les orateurs allaient chercher
dans l'Attique ; contribua beaucoup à teindre la
littérature latine de la couleur grecque; comme
la ressemblance de la mythologie grecque avec
la mythologie romaine facilita singulièrement et
accrédita dans les esprits les imitations que les
poètes de Rome firent des poètes d'Athènes. Catulle, Ovide, Horace , et les autres poètes, reproduisent, nous le verrons ; toutes les fictions de la
Grèce ; tout l'olympe d'Homère fut transporté
dans Rome. Sous les empereurs cette invasion
de la Grèce fut encore plus générale. Ainsi
s'établissaient entre les deux peuples, ce com-

erce intellectuel, ces échanges de la raison, ces ommunications de la pensée, qui, suspendues, étruites par la barbarie, devaient se renouveler la renaissance des lettres et du génie de l'Italie oderne.

CHAPITRE V.

Poésie. — Tragédie.

C'est un singulier penchant que celui de l'homme pour les spectacles. Dans toutes les littératures, c'est la tragédie informe et grossière qui se présente à nous : dans Athènes, Thespis et son tombereau; à Rome, nous l'avons vu, les histrions; en France, en Angleterre, en Italie, les mystères.

Les premiers drames représentés à Rome furent traduits du grec; ainsi encore en Italie, à la renaissance des lettres, on joua des poésies latines. Ces tentatives exercèrent sur la langue et le goût des Romains une influence plus funeste que salutaire à l'art tragique, qui, plus que toutes les autres productions d'une littérature, doit être l'expression des mœurs et des passions nationales. Il faut peut-être attribuer à cette absence d'un intérêt local et immédiat la médiocrité de la tragédie latine : ajoutons que le peuple de Rome, nourri aux guerres et aux séditions, n'était pas aussi bien disposé que le peuple délicat de la Grèce à jouir de ces plaisirs de l'esprit. Pour les Grecs, la tragédie était à la fois un spectacle religieux et politique, un plaisir et une leçon ; tous les grands événemens de leur histoire passaient devant leurs yeux : à Rome, au contraire, quel intérêt pouvaient inspirer des malheurs étrangers ou imaginaires ?

Une autre raison de la faiblesse de la Melpomène latine : à l'époque où elle commença à paraître, les inquiétudes de l'ambition, le désir des richesses occupaient trop les esprits pour qu'ils pussent être attentifs à ces représentations théâtrales. Il n'est pas jusqu'à la grandeur même des salles de spectacle qui n'ait pu nuire à l'art dramatique. La magnificence des jeux du cirque, des pompes triomphales, s'opposa chez les Romains au développement de la tragédie : le plaisir des yeux absorbait celui des oreilles. Ajoutons que la tragédie grecque, transportée à Rome, subit, par suite de l'ordonnance théâtrale, une grande altération : le chœur, qui à Athènes occupait l'orchestre, fut obligé de monter sur le théâtre. Dans les monodies, morceaux lyriques, le chant fut séparé de la danse ; chez les Grecs ces deux parties restèrent toujours unies.

La première tragédie donnée à Rome le fut par un Grec, natif de Tarente, et nommé Andronicus. Il florissait immédiatement après la première guerre punique, au commencement de la période que nous parcourons. Il est le plus ancien de tous les poètes latins; avec lui naît la littérature latine. Andronicus traduisit du grec dix-neuf pièces de théâtre dont nous connaissons les titres: dans ce nombre se trouvait-il quelques comédies? on l'ignore. Il ne reste de ses œuvres dramatiques que quelques passages insignifians. La diction de ce poète est rude, et telle qu'on la devait attendre du premier écrivain qui ait entrepris de composer un ouvrage de longue haleine dans une langue presque barbare.

Le style d'Ennius, plus poli, a encore la rudesse du siècle où il vivait; ce défaut de pureté et d'élégance est racheté chez lui par la force des expressions. Ennius tira la poésie du fond des forêts pour la transporter dans les villes. Au jugement de Lucrèce, Ennius est le premier d'entre les Latins qui ait obtenu sur le Parnasse une couronne immortelle.

« Primus amœno
« Detulit ex Helicone perenni fronde coronam
« Per gentes italas. »

Révérons, dit Quintilien, cet homme célèbre comme on révère les bois sacrés pour leur propre vieillesse, dans lesquels nous voyons de grands chênes que le temps a respectés, et qui pourtant nous frappent moins par leur beauté que par je ne sais quel sentiment de religion qu'ils nous inspirent.

Ennius a mis en vers *héroïques* les annales de la république romaine; il a composé en outre quelques satires et quelques comédies qui annonçaient une profonde connaissance du cœur humain. Ennius était tellement convaincu de son talent pour la poésie épique, qu'il s'appelait l'Homère des Latins. Il contribua beaucoup à répandre le goût de la littérature dans son pays; ses connaissances étaient variées et étendues; il possédait trois langues, le grec, le latin et l'osque. Le peu de fragmens qui nous restent de ce poète sont remplis d'une sévérité vraiment républicaine. Parmi plusieurs tragédies qu'il traduisit librement du grec, on cite l'*Hécube* et la *Médée* d'Euripide; nous possédons des fragmens de ces deux dernières traductions.

Un troisième Grec, Marcus Pacuvius, neveu d'Ennius, perfectionna la tragédie romaine. Les anciens citent de ce poète dix-neuf tragédies, dont nous n'avons que les titres et des fragmens peu considérables : le style en est obscur et peu harmonieux. Quintilien vante la profondeur de ses sentences, la force de son style et la vérité de ses caractères.

Enfin, un Romain, fils d'un affranchi, Lucius Attius, poursuivit la carrière ouverte par Livius Andronicus, Ennius et Pacuvius. Parmi un grand nombre de tragédies qu'il avait composées, se

trouvait une pièce originale et nationale, *Brutus* :
noble inspiration de la muse tragique, que cette
consécration de la liberté naissante! Velleius Paterculus le compare aux tragiques grecs; Horace
lui attribue de la grandeur. Il ne nous reste de ce
poète que quelques fragmens sur lesquels nous
ne saurions juger son mérite.

Tels sont les quatre poètes que la littérature
romaine produisit pendant cette époque : tous
imitèrent des tragédies grecques. Moins heureux
que les poètes d'Athènes, les poètes de Rome ne
trouvèrent pas dans les épopées nationales de ces
grandes et majestueuses figures qui animent et
remplissent la scène, de ces traditions de gloire
ou de malheur si fécondes en pathétiques tableaux : aussi toutes leurs tragédies sont em-
preintes de la gêne de l'imitation; leur allure est
pénible; il y a plus de travail que d'enthousiasme.

CHAPITRE VI.

Comédie. Plaute. Térence. Considérations générales.

Nous avons vu quelle fut l'origine du théâtre à Rome. Les *jeux scéniques* furent, comme les autres jeux, consacrés aux dieux de la république. Leur nom fut pris du mot grec σκηνη, qui signifie un lieu ombragé, une tente, des branches d'arbres, dont anciennement on couvrait les théâtres pour procurer de l'ombre aux acteurs. Cependant, bien avant l'institution des jeux scéniques, les Romains avaient une sorte de poésie dont les fêtes et la débauche furent le berceau; cette poésie ne fut autre que les vers *saturniens* et *fescéniens*. La jeunesse romaine accueillit avec joie les *jeux scéniques*. On parvint à ôter peu à peu à ce spectacle une partie de sa grossièreté. De là ces troupes réglées dont les acteurs furent appelés, nous l'avons dit, *histrions*, parce que, en langage toscan, un baladin s'appelait *hister*. Ces premiers essais, connus sous le nom de *satyres*, durèrent environ deux cent vingt ans, c'est-à-dire jusqu'au consulat de C. Claudius et de M. Tuditanus, temps auquel parut le poète Livius Andronicus, qui le premier a su traiter des sujets suivis.

La comédie latine se divise en plusieurs genres. Certaines satyres, assez semblables à celles des Grecs, non seulement par le choix des sujets, mais encore par les caractères des acteurs, des danses et de la musique, furent appelées *atellanes*, d'Atella, ville du pays des Osques, ancien peuple du Latium; genre d'abord sérieux, elles dégénérèrent en farces ridicules. Les *atellanes*, dont nous avons déjà parlé, et que l'on a quelquefois confondues avec les *mimes*, en différaient sous plusieurs rapports. Les *atellanes* étaient jouées par plusieurs acteurs et par des personnes libres; les *mimes*, par un seul, et par des esclaves, des affranchis ou des étrangers. Ordinairement gaies, les atellanes n'excluaient pas tout sujet noble ou sérieux. Les acteurs se nommaient *atellans* ou *exodiaires*, parce que, dit-on, ils n'entraient qu'à la fin des jeux, afin que les émotions pénibles de la tragédie fussent tempérées par la joie qu'inspiraient les *atellanes*, appelées aussi *exodia*, issue, fin du spectacle. Le principal personnage de ces pièces était le *manducus*, nom que l'on donnait à certaines figures hideuses, que l'on présentait sur la scène pour faire rire les uns et pour épouvanter les autres. Dans la suite, la licence des atellanes les fit reléguer à Atella, d'où elles étaient sorties, et le sénat finit même par en interdire les représentations.

On a, dans des fouilles récentes, reconnu dans
une peinture antique représentant une scène des
atellanes, une figure de Polichinelle. Polichinelle
se voit aussi sur plusieurs de ces vases grecs en
terre auxquels on donne vulgairement le nom
d'Étrusques. Enfin, on a reconnu cette figure de
Polichinelle, parfaitement ressemblante, dans les
peintures à fresque de Pompéia; de même, dans
les marionnettes de l'Italie actuelle, on entrevoit
les coutumes de Rome et son génie antique, mais
dégradé, mais avili. On peut saisir dans les pantomimes le premier germe de la *comedia dell'arte*,
parade jouée impromptu par des personnages
masqués, et où les dialectes populaires, pareillement employés pour exciter la gaîté, offrent un
trait de ressemblance bien frappant avec les fables *atellanes*.

L'esprit qui domine dans les dialogues de *Pas-
quin* et de *Marforio*, c'est-à-dire une raillerie populaire, tout à la fois vive et mordante, sur les
événemens publics, cet esprit aujourd'hui la seule
liberté publique de l'Italie, la seule protestation
contre l'esclavage, se montrait déjà du temps des
empereurs, alors que la comédie ancienne se perdait en bouffonneries et en vaines représentations.
Ainsi, dans le carnaval actuel, renaissent les saturnales, et, dans l'opéra et le ballet, la pantomime, pour lesquelles les Romains montrèrent

toujours un goût très-vif, et qui, sous Auguste, parvint à sa perfection.

Après les atellanes nous trouvons les mimes, dont nous parlerons plus bas. Il y avait aussi les *dicélies*, scènes licencieuses.

Viennent ensuite les *comédies mixtes*, celles dont une partie se passait en récit, et l'autre en action, *partim statariæ*, *partim motoriæ* (*l'Eunuque* de Térence appartient à la première classe, l'*Amphitryon* à la seconde) : les *palliatæ*, celles dont les sujets, les personnages et les habits étaient grecs, du *pallium*, manteau à la grecque, appelées aussi *crepidatæ*, de la chaussure commune des Grecs; les *plani-pediæ* qui se représentaient pieds nus, selon certains auteurs, et, selon d'autres, sur un théâtre de plain-pied avec le rez-de-chaussée; les *prætextatæ*, pièces dont le sujet et les personnages étaient pris dans la noblesse et parmi ceux qui portaient la robe *prétexte*; les *rhintonicæ*, *hilaro-tragœdiæ*, *comœdiæ italicæ*, tous mots désignant certaines comédies du genre larmoyant, dont l'invention est attribuée à un certain Rhintus, qui vécut peu de temps après Alexandre; les *statariæ*, celles où il y avait plus de dialogue que d'action; les *motoriæ*, celles ou il y avait plus d'action que de dialogue; les *tabernariæ*, ou *tunicatæ*, celles dont le sujet et les personnages étaient tirés des tavernes ou de la classe du peuple. Les acteurs jouaient en robes longues et sans manteaux; Afranius et Ennius se distinguèrent en ce genre. Enfin les *trabeatæ* et les *togatæ*, qui tenaient le milieu entre les *prætextatæ* et les *tabernariæ*, et dont les acteurs, revêtus de *trabées*, espèce de robes ou toges, plus ornées et plus riches que la toge ordinaire, jouaient des triomphateurs, des chevaliers, des rois.

Livius Andronicus hasarda le premier de composer une fable en vers qu'il déclama lui-même, et qu'il chanta avec beaucoup d'action, tandis qu'un joueur de flûte préludait et lui donnait le ton. Les ouvrages dramatiques de Livius devaient être d'une grande simplicité, puisqu'il les représentait lui seul avec son accompagnateur ; suivant les différentes scènes, il changeait d'habillement et de caractère. Viennent ensuite Cneius Nævius, Quintus Ennius, Licinius, Tegula, Cæcilius de Milan, Pacuvius, Lucius Attius; les fragmens de leurs ouvrages dramatiques ne suffisent point à en donner une idée.

Nævius, qui avait reçu une éducation grecque, crut plaire à la majorité du public en imitant la licence de l'ancienne comédie grecque; il traduisit sur la scène les chefs du gouvernement. La fierté romaine ne goûta pas cette liberté : Nævius expia par la prison la hardiesse de ses satyres. Cicéron, *de Republica*, chap. 10, blâme l'extrême

licence de la comédie grecque; il approuve la sévérité des douze tables contre ceux qui récite-
raient publiquement ou composeraient des vers
injurieux ou diffamatoires. Rien de plus sage,
dit-il; car notre vie, soumise à l'examen légitime ·
des juges et des magistrats, ne doit pas l'être aux
caprices des poètes. Les anciens Romains avaient
défendu qu'aucun homme vivant fût loué ni
blâmé sur la scène.

Des diverses comédies de Nævius, il ne reste
que peu de fragmens.

Plaute naquit, et avec lui la véritable comédie.
Du temps de Varron, on avait cent trente comédies
attribuées à Plaute : Varron n'en reconnaît comme
authentiques que vingt et une; nous en possédons
vingt : *Amphitryon; Asinaria*, ou le Père indulgent,
imitée du grec de Démophyle; *Aulularia*, ou la Cas-
sette; *Captivi*, comédie de caractère, remarquable
par un ton de décence rare dans les pièces de Plaute;
Curculio, ou le Parasite; *Casina*, ou le Sort, imitation de Diphile; *Cistellaria*, comédie d'intrigue;
Epidicus, ou le Querelleur; *les Bacchides*, pièce
incomplète; *Mostellaria*, ou le Revenant; *les
Ménechmes*, ou les Frères jumeaux; *Miles gloriosus*, ou le Capitan; *Mercator*, le Négociant;
Pseudolus, l'Imposteur; *Poenulus*, ou le jeune
Carthaginois; *Persa*, le Persan; *Rudens*, le
Câble ou le Naufrage; *Stichus*, pièce riche en

sentences morales ; *Trinummus* , ou le Trésor caché ; *Truculentus* , ou le Grossier ; cette pièce nous manque.

Ces pièces ont souvent été imitées, à savoir : l'*Amphitryon*, en italien, par Lodovico Dolce ; en anglais, par Dryden ; en français, par Rotrou et Molière : lès *Ménechmes*, en italien, par Le Trissin (*i Simillimi*) ; en anglais, par Shakespeare (*les Méprises*) ; en français, par Rotrou, puis par Regnard : la *Mostellaria*, presque traduite par P. Larrivey dans sa comédie des *Esprits*, et par Regnard dans le *Retour imprévu : les Captifs*, imités par Rotrou. On retrouve dans *les Folies amoureuses*, et même dans *le Mariage de Figaro*, et la *Elizia* de Machiavel, quelques traits de la *Casina*. Le *Mariage interrompu* est en partie emprunté tant de l'*Epidicus* que des *Bacchides*. *Miles gloriosus* est le modèle de tous les fanfarons mis sur la scène ; Corneille, dans la comédie de l'*Illusion*, en a pris le personnage de Matamore. *Trinummus* est la source du *Trésor* d'Andrieux. Quelques traits comiques du *Mercator* ont été reproduits en divers ouvrages modernes.

La muse comique, veuve de Plaute, vit bientôt s'élever un rival, et peut-être un vainqueur, Térence. Nous n'avons de ce poète que six comédies : l'*Andrienne*, empruntée à deux ouvrages de Ménandre, l'*Andrienne* et la *Périnthienne*. Il en résulté une fable un peu compliquée, mais conduite et développée avec beaucoup d'habileté, embellie surtout par la pureté, l'élégance et les grâces du style, genre de beauté dont il n'existait encore à Rome aucun modèle : des maximes ou des observations morales y étaient exprimées avec une précision énergique. Baron, ou, sous son nom, le P. Delarue, a imité *l'Andrienne*, et en a conservé le titre et plusieurs détails sur notre théâtre.

L'*Hécyre*, *ou la Belle-Mère*, empruntée d'un drame grec d'Appollodore ; sujet intéressant, exécution froide et dénuée de force comique. La fable de l'*Hécyre* se retrouve modifiée dans l'une des nouvelles de Cervantes.

L'*Héautontimorumenos*, sujet appartenant à Ménandre ; intrigue compliquée par Térence ; exposition habile, heureux détails, expression vive de quelques sentimens naturels ; défaut d'unité dans l'action, d'intérêt dans les nœuds et dans le dénouement.

Phormion. On retrouve dans *les Fourberies de Scapin* sept scènes empruntées de l'auteur latin, supérieur peut-être à Molière dans cette pièce par l'art de préparer l'action, la variété des caractères, mais non la gaîté et la verve comique : la pièce de Térence atteste les progrès de l'art.

L'*Eunuque*, sujet emprunté à Ménandre ; pièce remarquable par la force et la combinaison des

ressorts, la vérité des caractères, la pureté des expressions, la délicatesse des pensées. D'heureux
détails de cet ouvrage ont été transportés dans *le
Muet* de Brueys et Palaprat. La Fontaine l'avait
traduit en partie.

Les Adelphes, pièce originairement grecque,
empruntée à Ménandre ou à Diphile; c'est peut-
être celle où le style de Térence atteint le plus
haut degré de perfection. On y reconnaît l'habile
moraliste et le grand écrivain. Imitation peu heureuse dans *l'Ecole des Pères* de Baron.

Térence peint moins encore que Plaute les mœurs
romaines; ses prologues sont monotones, ses dé-
nouemens amenés par des apparitions soudaines,
des révélations imprévues. Inférieur à Plaute dans
le dialogue, à Cæcilius dans l'invention et la conduite de l'action théâtrale, il est supérieur à tous
deux comme moraliste.

Passons aux considérations générales. Dans son
origine, la comédie ne fut qu'une parodie saty-
rique plus ou moins personnelle : de la Grèce elle
passa chez les Latins, qui n'imitèrent que faiblement ces hautes formes qu'elle avait reçues de
Ménandre, et qui ne s'attachèrent qu'à traduire
les comédies d'intrigue proprement dites.

En effet, la comédie grecque eut trois époques,
distinguées par les noms de comédie ancienne,
comédie moyenne et comédie moderne : la pre-

mière, alors que, pleine d'une ironie amère, d'une liberté excessive, elle attaquait ouvertement les personnes; c'est la comédie d'Aristophane, dont Beaumarchais offre chez nous l'image : la seconde, lorsque la satyre, arrêtée par la sévérité des lois, moins violente, mais plus délicate, moins forte, mais plus ingénieuse, ne porta plus que sur les généralités : la troisième enfin, la plus parfaite, puisqu'avec plus d'obstacles elle atteignit des ré-sultats plus utiles, est celle que traitèrent Mé-nandre d'Athènes et Épicharme de Syracuse.

Les entraves multipliées qui chargeaient la haute comédie grecque contraignirent les poètes à créer les pièces d'intrigue. De cette révolution naquirent les fables que les poètes latins tradui-sirent d'Épicharme et de ses imitateurs. Il serait donc injuste de reprocher à Plaute d'avoir choisi préférablement ce genre, puisque ce choix fut une nécessité. Admirons, au contraire, son adrésse à manier des aventures communes, à reprendre gaîment les désordres de la bourgeoisie romaine par un tissu plaisant de risibles hasards et de sur-prises agréables. La sévérité du peuple romain contint la verve des auteurs en des bornes bien resserrées; elle s'opposait à ce que l'on représen-tât sur la scène des sénateurs, des patriciens, des plébéiens; elle ne voulait voir que des Grecs as-servis, ou d'autres étrangers; la dignité nationale ne souffrait rien de ce qui la pouvait dégrader.

Les imitations de Plaute et de Térence attestent qu'ils reçurent les formes animées de la comédie d'intrigue de Diphile, auteur grec, de qui fut empruntée *la Cassine;* de Philémon, autre Grec, de qui fut tiré le sujet des *Bacchides*, et enfin du Sicilien Épicharme. Les anciens, au témoignage d'Aulu-Gelle, donnaient le premier rang à Cæcilius, le second à Plaute, le troisième à Nævius, le quatrième à Licinius, le cinquième à Atilius, et le sixième à Térence : nous ne possédons que Plaute et Térence, quel devait être le talent de ceux qu'on leur préférait !

Les prologues de Plaute sont vifs et gais, et pleins de fortes interpellations aux spectateurs, à la manière athénienne : ceux de Térence sont plus réservés, plus froids, et presque attristés par le chagrin que lui causaient les critiques de son temps. Plaute, en toutes ses pièces, est plus énergique, plus nerveux, plus enjoué que Térence. Les prologues de Plaute, qui contiennent presque entièrement l'exposition, font une partie intégrante de ses comédies : ceux de Térence ne semblent que des hors-d'œuvre qu'il eût pu supprimer; ses fables ne commencent pourtant à se développer que dans le dialogue de la première scène, ainsi que dans nos drames modernes. Jamais nul personnage de Térence ne rompt le fil de l'action

en adressant la parole au public durant le cours
de l'acte.

C'est surtout par cette qualité de régularité,
jointe à un style élégant et pur, que Térence ré-
généra les modèles de la haute comédie. Plaute au
contraire garde encore le désordre et la licence de
la comédie ancienne : il use de prologues expli-
catifs pour exposer ses fables ; il ne les jette quelquefois qu'au travers de l'intrigue , subsidiaire-
ment au dialogue des acteurs. Souvent Plaute
interrompt la suite des choses, et les acteurs adres-
sent la parole au public. Au surplus, son imagination varie de mille manières ces mêmes exposés
préliminaires; et la gaîté préparatoire qui les anime,
leur élégance , et quelquefois leur élévation , les
font regretter, si une plus sévère régularité les a
retranchés. Il nous reste des comédies de Plaute
sans prologue, soit qu'il s'exemptât quelquefois
d'en composer, soit qu'on les ait perdus.

Plaute embrassa les deux espèces de comédies ,
la comédie moderne, et la comédie d'intrigue,
ainsi que Térence. L'*Aulularia* et le *Miles gloriosus*
de l'un, et *les Adelphes* de l'autre, en font également foi.

L'âpreté hardie de Plaute , et ses plaisanteries
si vantées , se ressentent de son commerce avec
la classe populaire, tandis qu'on remarque dans
le langage de Térence une teinte de bonne com-

pagnie. Plaute a du goût pour la gaîté exagérée et souvent choquante : Térence est naturellement porté à tracer des peintures finement caractérisées ; son enjouement est plus tempéré, et il tend à rapprocher la comédie du drame instructif et même touchant. Quelques-unes de ses pièces sont tirées de celles de Diphile et de Philémon : nous ne connaissons pas les modèles des autres. Peut-être a-t-il emprunté le sujet de l'*Amphitryon* du Silicien Épicharme. Térence a tiré deux de ses pièces d'Apollodore et les quatre autres de Ménandre.

Indiquons en finissant une différence essentielle entre la comédie latine et la comédie grecque. Le chœur y était remplacé par des prologues, quelquefois aussi par la troupe des acteurs ou celle des danseurs qui avaient joué dans les intermèdes ; ces intermèdes remplissaient les entr'actes. On en peut voir une image dans quelques pièces de Molière.

CHAPITRE VII.

Satire.

THESPIS et Amphion, dans deux parties différentes de la Grèce, inventèrent, pendant la saison
des vendanges, la *satyre*, ou tragédie antique jouée
par des satyres. La tragédie dut commencer par
un chœur de satyres ; et la satyre conserva pour
caractère originaire la licence des injures et des
insultes, *villanie*, parce que les villageois, gros-
sièrement déguisés, se tenaient sur les tombe-
reaux qui portaient la vendange, et avaient la
liberté de dire de là toutes sortes. d'injures aux
honnêtes gens, comme le font encore aujourd'hui
les vendangeurs de la *Campanie*, appelée prover-
bialement *le séjour de Bacchus*. Telle ne fut point
l'origine de la satire latine, dont l'invention comme
genre appartient tout entière aux Romains. De
tous les ouvrages de la littérature latine, aucun
autre n'a reproduit plus fidèlement les mœurs et
les couleurs locales. Il y a en effet dans la satire
une physionomie nationale. Créée par Ennius,
mais rude et indécise, plus vive, plus mordante
sous Lucilius, élégante et polie sous Horace, énergique mais obscure dans Perse, vigoureuse et

animée dans Juvénal, la satire romaine est toujours une image piquante des vices ou des folies de la capitale du monde. Cependant, comme presque tous les genres de littérature, elle dut sa naissance à un incident fortuit, et ne revêtit des formes régulières que successivement, et en passant par divers changemens. Un tableau rapide de son origine et de ses variations est donc nécessaire.

Le mot *satura* signifiait toutes sortes de mélanges : *leges saturæ* ou *per saturam* désignaient les lois qui contenaient plusieurs chefs ou plusieurs titres ; de là, dit-on, les satires de Lucilius et d'Horace ont emprunté leur nom.

Nous avons vu qu'une peste étant survenue, on eut recours aux jeux scéniques pour fléchir les dieux. Les Toscans excellaient dans ces jeux ; ils furent appelés à Rome. A leurs jeux la jeunesse romaine mêla les vers *fescenniens* ; de là un spectacle moins grossier. Les vers *fescenniens*, espèce d'improvisation, furent remplacés par des pièces un peu moins irrégulières, qui furent appelées *satyres* : ces drames grossiers durèrent jusqu'en 514. Alors parut Livius Andronicus ; à cette époque, les satyres bannies de la scène ne s'y montrèrent plus que dans les intermèdes et à la place du chœur. Dans la suite, on les joignit aux pièces atellanes, et elles y prirent le nom d'exodes, *exodia*, issue ou fin. Ces satyres ou exodes étaient encore représentées en Sicile après la mort d'Horace; elles conservèrent une liberté qui n'existait plus ailleurs.

L'acteur était appelé *exodiarius*, l'exodiaire. Il restait sur le théâtre à la fin des pièces sérieuses pour dissiper la tristesse causée par la tragédie, et il jouait cependant la pièce comique avec le même masque et le même habit qui lui avaient servi dans la pièce sérieuse : c'est chez nous la petite pièce.

Deux autres sortes de satires sortirent de celle-ci : 1° la satire d'Ennius.

Ennius composa des discours ou satires qui ne différaient de celles qu'Horace publia plus tard que par le mélange des vers. Imitateur d'Ennius, Pacuvius cultiva ce genre qu'agrandit Lucilius en y mêlant la vieille comédie et les poésies satyriques grecques.

2°. La satire *varronienne* ou *ménippée*, ainsi appelée parce que Varron en fut l'auteur, ou parce qu'il a, sous plusieurs rapports, imité Ménippe, philosophe cynique : c'est un mélange de prose et de vers.

Les *sylles* des Grecs avaient beaucoup de rapport avec la satire romaine; la plus grande différence, c'est que les *sylles* n'étaient qu'une parodie continuelle.

La satire romaine n'a que trois formes :

1°. Le poète parle seul, ou fait parler une seule personne; 2° il soutient un double personnage, le sien et celui d'un ami; 3° le poète disparaît entièrement, et établit entre deux personnages étrangers le dialogue et l'intérêt : de ces trois formes cette dernière est la plus rare. L'erreur qui a fait confondre les *satires romaines* avec les satyres grecques est une erreur de mots entre deux expressions qui n'ont aucun rapport. Les *satyres grecques* étaient des danses, et par suite des représentations champêtres et populaires dont les *satyres* faisaient d'abord les frais. Ce mot désigna ensuite toute espèce de scènes et de spectacles populaires. En latin, au contraire, le mot *satire* désignait des pièces dans lesquelles sont réunies divers sujets : ces pièces étaient jouées à la place des chœurs par les jeunes gens qui s'en distribuaient des parties dans les intermèdes des pièces régulières.

Jusque là, mêlée à la comédie, la satire n'existait pas par elle-même. Ennius la retira du théâtre, et, en la séparant de ce voisinage dangereux qui l'étouffait, il en fit un poème à part, et la marqua dès lors du caractère particulier qui lui est resté, la malice. Cependant il ne la fit point telle qu'elle fut dans la suite; il lui laissa une grande liberté de rhythme et le privilége d'admettre toutes les espèces de vers. Plus réguliers, ou moins hardis, les successeurs d'Ennius la réduisirent à un mètre uniforme. Nous verrons cependant la satire se reproduire sous des formes plus variées et plus larges, et dans Varron, dans Pétrone, ne point se refuser le mélange des vers et de la prose.

Pacuvius n'est point supérieur à Ennius; ce fut C. Lucilius qui eut la gloire de perfectionner ce genre. Lucilius composa trente livres de satires; il nous en reste de nombreux fragmens : le premier il donna à la satire la forme qu'elle a retenue. Il a plus de finesse et d'urbanité qu'Ennius; son vers est plus châtié et plus pur : on peut toutefois y trouver quelque incorrection et quelque obscurité. Lucilius dirigeait ses attaques contre les personnes, et raillait le coupable autant que le vice. Il offre quelque chose de la finesse d'Horace et de la chaleur de Juvénal. Ses pensées sont nobles et hardies; elles ont toute la fierté d'un homme libre : c'est la vieille comédie dans sa verve mordante et son indignation généreuse.

CHAPITRE VIII.

Prose. — Éloquence.

MALGRÉ les rares monumens d'éloquence que cette époque nous présente, on doit penser qu'elle était cultivée, sinon avec beaucoup de succès, du moins avec ardeur. Nous allons tracer le tableau des orateurs qui ont rempli cette période, moins de leurs ouvrages, que de leur réputation.

Cicéron range au nombre des premiers orateurs de Rome L. J. Brutus, dont la sagacité sut pénétrer un oracle obscur et préparer l'expulsion des Tarquins; M. Valérius, qui ramena par son éloquence la concorde au sein du peuple; L. Valérius Pætitus, dont les lois et les harangues calmèrent la multitude soulevée contre le sénat; Appius Claudius; C. Fabricius; Tib. Cornutus, dont le génie est attesté par les livres des pontifes; M. Curius, qui triompha de l'inter-roi Appius malgré son éloquence; enfin, C. Flaminius, puissant sur le peuple par la parole. La renommée de ces orateurs, parmi les Romains mêmes, et au temps de Cicéron, n'était que vaguement attestée : leur éloquence sans doute était rude et grossière; elle dut aussi être vive et animée. M. Céthégus laissa le premier des monumens authentiques de son éloquence; mais Céthégus touchait à la naissance des lettres romaines : Ennius avait pu l'entendre. Caton avait été questeur pendant son consulat. De Caton à Cicéron il s'écoula cent quarante ans. Ainsi, dans cette république où l'éloquence était la condition et la force du pouvoir, il fallut, pour qu'elle se perfectionnât, un aussi long intervalle : preuve de sa difficulté. Caton, nous venons de le dire, forma le premier degré de ces quatre classes d'orateurs par lesquelles nous devons passer pour arriver à Cicéron, et qui forment des divisions bien marquées. Art de louer noblement, énergie mordante dans la censure, pensées fines et ingénieuses, exposition simple des faits et des argumens : telles étaient les qualités de Caton. Ses périodes manquent de nombre; les différentes parties de son discours de liaison et de symétrie; son style, peu châtié, brille d'images et de figures. Ses *Origines*, dit Cicéron, renferment toutes les fleurs et tous les ornemens de l'élocution.

Du temps de Caton, et plus âgés que lui, vécurent d'autres orateurs aujourd'hui inconnus; le plus jeune d'entre eux, Sextus Elius, se distinguait par l'étendue de ses connaissances. L'élocution était dès lors plus nourrie et plus brillante. A la suite de ces orateurs s'élevaient des orateurs

plus jeunes, qui doivent commencer la seconde
époque de l'éloquence romaine, et former la transition entre Caton et Galba, qui représente cette
seconde époque. Parmi ces auteurs on distingue
Q. Métellus, Cotta, et surtout Lélius et Scipion
l'Africain; et au-dessus d'eux Servius Galba. Remarquable par ses mouvemens pathétiques, d'heureuses digressions, et tous les charmes de la parole, Galba, si renommé de son vivant, perdit
beaucoup de sa réputation; son style ne soutenait
pas la lecture : sec et empreint d'une teinte antique, il ne ressemblait pas à la parole improvisée.
Galba négligeait l'art d'écrire, et rien, dit Cicéron,
n'apprend mieux à bien penser que d'écrire. Nous
ne parlerons point de quelques orateurs moins
connus, qui se placent entre Galba et les Gracques, troisième développement de l'éloquence
latine.

Tibérius Gracchus mourut l'an de Rome 620,
âgé de trente ans. Il ne nous reste absolument
rien de lui; ainsi on ne peut juger de son style.
Mais on peut juger de son éloquence par l'extrait
que Plutarque a fait d'un grand discours que Tibérius prononça devant le peuple pour se justifier
d'avoir fait déposer son collègue Octavius. Plutarque déclare expressément qu'il rapporte des
traits et des argumens de ce discours pour faire
voir quelle était la force de l'éloquence de Tibérius.

C. Gracchus était encore plus éloquent, c'était de plus un très-grand administrateur : il fit exécuter d'utiles et de grands travaux. Amyot, se récriant sur la beauté de ces travaux, qui devraient être imités par tout bon administrateur, ajoute : « Mais les mœurs et les chemins sont tellement rompus qu'il faudrait beaucoup de Caïus, de temps et d'argent pour y mettre ordre. »

La politique des Gracques, leur projet de ressusciter la liberté par l'établissement de la loi agraire, leur ambition si diversement jugée, la loi agraire elle-même dans ses rapports avec la constitution de Rome, tous ces sujets ont été discutés d'une manière aussi neuve que profonde, aussi solide qu'impartiale, dans un mémoire de M. de La Malle, mémoire lu à l'Académie des Inscriptions et Belles-Lettres en 1828. Il montre qu'en ressuscitant les lois liciniennes, Gracchus rendait au peuple une existence nécessaire à la tranquillité de la république; que ces lois étaient un droit ancien et non une conquête des tribuns; qu'elles avaient fait la prospérité d'Athènes et long-temps la force de la république, et que seules elles pouvaient peut-être éviter à Rome le despotisme qui naquit plus tard du partage inégal des biens. Les Gracques sans doute se trompaient quand ils pensaient qu'on rend à un peuple sa vertu avec des lois; mais leur erreur généreuse ne saurait être un crime, et la postérité, qui trop long-temps se rangea du parti de leurs accusateurs, leur devait bien une tardive réparation.

A la suite des Gracques parurent quelques orateurs estimables par diverses qualités ; aucun n'eut l'inspiration de l'éloquence. Occupés moins à tracer la table chronologique des orateurs qu'à peindre l'histoire même de l'éloquence, nous les passerons sous silence pour arriver à Crassus et à Antoine, quatrième degré de l'éloquence, et les premiers Romains dont le génie ait égalé la hauteur du génie grec. Antoine, remarquable par l'habile disposition des moyens, la verve, la soudaineté de son éloquence, l'éclat des images, le choix, la grâce et la combinaison des mots, bien qu'incorrect dans l'ensemble de son élocution, était puissant surtout par l'action. Crassus brillait par les mérites opposés : plus châtié, plein d'une gravité noble et d'un enjouement fin et ingénieux, admirable de pureté et de goût, large dans les développemens oratoires, pénétrant et profond dans les discussions, plus parfait peut-être sinon plus éloquent qu'Antoine. Enfin, par un dernier contraste, Antoine semblait mieux convenir au barreau qu'à la tribune, Crassus à l'éloquence populaire. Autour de ces deux hommes supérieurs se groupe une foule d'orateurs moins célèbres, qui établirent cependant entre eux et le siècle

d'Hortensius et de Cicéron une glorieuse tradition
de talens et de connaissances, une chaîne non
interrompue dont Cotta et Sulpicius sont le dernier et brillant anneau. Tous deux imitateurs,
le premier d'Antoine, le second de Crassus, et
tous deux, comme il arrive, copies inférieures à
l'original, Cotta ne reproduisit point la force
d'Antoine, Sulpicius la grâce de Crassus. A côté,
et un peu au-dessus de ces orateurs, se place
Curion. Enfin paraît Hortensius, qui lie cette
époque au siècle de Cicéron, dernier terme et
perfection de la parole. C'est là que nous en étu-
dierons le caractère général.

CHAPITRE IX.

Philosophie. Histoire. Mémoires. Grammaire. Résumé
de la première époque.

Long-temps la philosophie fut inconnue à
Rome; cette science des peuples vieillis ne devait
guère plaire à l'austère ambition de ces fiers républicains. Vainement Rome voulut la repousser
toujours de son sein; elle y pénétra. Sans doute
cette innovation avait ses dangers; la religion de
l'état, sur laquelle reposaient les destinées de la
ville éternelle, pouvait en être altérée; mais cette
altération la philosophie n'en fut point la cause,
elle n'en était que le signe; les mœurs antiques
avaient déjà disparu, et la corruption commençait
à s'introduire avec les dépouilles de l'univers. Il est
pour les peuples une invincible fatalité; il faut
qu'ils périssent par quelque endroit.

Trois orateurs athéniens, l'académicien Carnéades, le stoïcien Diogène, et Critolaüs le péri-
patéticien, venus à Rome en qualité d'ambassadeurs, y amenèrent la philosophie. Pendant
leur séjour, ils firent des lectures publiques sur
des matières de philosophie. Leur succès fut pro-

digieux ; ils excitaient l'enthousiasme de la jeunesse, et Carnéades plus que tous les autres. Dès
lors commença l'étude de la philosophie, et se développa l'étude de l'éloquence, que les anciens ne
séparaient point de la philosophie.

Cependant le sénat ne voyait point sans inquiétude se propager dans Rome les discussions de la
Grèce oisive, et cet usage de la parole dans lequel la
conscience n'entrait pour rien. On sait que les
rhéteurs se vantaient de soutenir avec un égal
succès le *pour* et le *contre* d'une question. Caton
combattit vivement ces dangereuses nouveautés ; il
obtint le renvoi des ambassadeurs ; mais il ne put
aussi facilement éteindre dans la jeunesse romaine
le zèle pour la philosophie grecque, et, comme il
arrive toujours, la persécution augmenta l'intérêt
et la passion de cette étude. Les ordonnances
rendues à cet effet furent impuissantes. Depuis la
troisième guerre punique principalement, les arts
et les sciences de la Grèce pénétrèrent dans Rome.
Scipion fut un des partisans de la nouvelle philosophie : il s'attachait de préférence aux principes
de Zénon. Cette secte trouva surtout de zélés disciples dans les jurisconsultes. Mais l'homme de cette
époque qui contribua le plus à introduire dans
Rome la philosophie fut L. Licinius Lucullus, qui
aima les lettres et singulièrement la philosophie.
Sans s'attacher exclusivement à aucun système,

il préféra l'académie, non la moyenne, ni la nouvelle qu'Arcésilas et Carnéades avaient fondée,
mais l'ancienne, qui avait encore ses partisans.

L'histoire fut moins cultivée que la philosophie.
Les deux premières histoires de Rome furent
écrites en grec. « L'histoire, dit Cicéron, l'histoire
manque à nôtre littérature; car après les annales
des grands pontifes, composition sans contredit
des plus agréables, si nous passons à Fabius, à
Caton, ou bien encore à Pison, à Fannius, à Ven-
nonius, en admettant que parmi eux l'un soit
plus fort que l'autre, quoi de plus mince cependant que le tout ensemble? Le contemporain de
Fannius, Célius Antipater, éleva bien un peu le
ton; il montra une certaine vigueur rude et in-
culte, sans éclat, sans art; et du moins pouvait-il
avertir les autres d'écrire avec plus de soin. Mais
voilà qu'il eut pour successeurs des Gellius, un
Clodius, un Asellion, qui se réglèrent moins sur
son exemple que sur la platitude et l'ignorance
des anciens. Sisenna a sans doute surpassé tous
nos historiens; cependant il laisse bien voir à sa
petite manière qu'il n'a pas lu d'autre Grec que
Clitarque, et que c'est le seul qu'il veut imiter.
Les histoires que nous avons, ajoute Cicéron,
sont telles qu'on ne les lit seulement pas. »

Æmilius Scaurus écrivit les mémoires de sa vie;
P. Rutilius Rufus donna aussi l'histoire de la

sienne; enfin Sylla avait laissé des mémoires qui sont perdus. Montesquieu, dans un immortel dialogue, a fait revivre la fierté et la politique du dictateur.

Caton écrivit un grand nombre d'ouvrages presque tous dans sa vieillesse, et, selon l'observation d'un ancien, il n'y a rien d'utile au peuple romain qu'il n'ait su, qu'il n'ait consigné. Ses écrits étaient nombreux et variés. Celui qui a pour titre *De Re rusticâ* est le seul qui nous reste. « Son style est trop vieux, dit Cicéron, et les termes quelquefois barbares ; mais arrangez les mots, rendez-les nombreux, et vous ne trouverez personne au-dessus de Caton. »

La grammaire, qui chez nous se perd dans la littérature, formait à Rome un art à part. La science grammaticale chez les anciens renfermait toutes les différentes parties qu'on nomme aujourd'hui philologie; savoir : la grammaire proprement dite, la critique littéraire, et l'interprétation ou l'art de commenter les auteurs à l'aide de l'histoire, de la géographie, de la philosophie, etc.

Toutefois cette étude ne fut suivie que très-tard ; ce fut encore Cratès qui inspira aux Romains le goût des recherches sur leur littérature nationale; quelques hommes se firent en ce genre une assez grande réputation : il ne nous reste rien de leurs travaux.

Nous avons., à travers les débris dispersés du berceau de Rome., et sur les vestiges des antiques populations de l'Ausonie , cherché les origines et les premiers monumens de la langue. latine. Pour retrouver sa physionomie effacée et ses traits altérés, il nous a fallu remuer toutes les ruines du vieux Latium. La religion et les lois nous ont offert les premiers , les rares témoignages du développement d'un idiome âpre encore et sauvage. Arrêtée par les guerres extérieures et les dissensions intestines, la langue commence enfin à se former et à grandir ; le premier siècle de la littérature se lève, remarquable par un caractère général d'imitation, qui cependant lui laisse son originalité native et sa couleur romaine. La première des créations que nous avons rencontrée , les *fables atellanes*, sont un fruit du sol de l'Italie; production tellement indigène, que nous l'avons aperçue dans les temps modernes, sous les dégradations de la servilité italienne. L'épopée prend aussi un caractère et un intérêt national. Avant d'être écrites par Ennius., les guerres puniques le sont, par Nævius, en vers *héroïques*. Livius Andronicus écrit un poëme héroïque, *la Romanide*, dans lequel il résume les annales des anciens Romains, rendant à l'histoire son caractère primitif, qui était la poésie : car chez tous les peuples de l'ancien comme du nouveau monde , et chez les

Romains particulièrement, l'histoire fut d'abord
écrite par des poètes. En France au commencement
de notre littérature, le génie patriotique de nos
vieux poètes redisait les exploits de la chevalerie;
leurs merveilleuses fictions sont les véritables épopées des temps modernes. La tragédie latine,
au milieu des souvenirs grecs qui l'assiégent, a
cherché à ressusciter des souvenirs populaires, et,
à côté des anciennes douleurs d'Ajax, elle a fait
entendre les mâles accens et le sacrifice immense
de Brutus. La satire, autre production du génie
latin, la satire déploie une indignation généreuse,
qui, tempérée par le goût d'Horace, et aussi par
la mollesse d'un siècle plus poli ou plus corrompu,
ne se retrouvera que dans Juvénal. Image de la
pensée et des mœurs, le style des écrivains conserve une rudesse énergique : la langue rebelle
trahit surtout dans la poésie son indigence et sa
fierté. Les auteurs les moins incorrects de ce temps
se plaignent de ce défaut de souplesse et de grâce
dans le langage national. Plaute, comparant l'â-
preté de son idiome à l'harmonieuse richesse de
la langue grecque, la nomme *barbarie : Plautus
barbare vertit.* On aime cependant cette rudesse,
on l'aime comme expression fidèle des traits et
des mœurs nationales. Mais ce cachet de l'antique
physionomie romaine, on ne l'aperçoit pas de
suite : pour le découvrir, il faut percer l'enveloppe

grecque qui le couvre. Romains par le fond de
la pensée et des sentimens, les écrivains de cette
époque sont, nous l'avons dit, Grecs par la forme.
Ils allaient demander à la muse d'Homère, à la
muse d'Euripide et de Sophocle, les secrets de
leur art. Ils puisaient aux sources abondantes de
la langue la plus riche ces expressions, ces tours
qui manquaient à l'enfance de leur idiome ; à peu
près comme, chez nous, nos vieux écrivains s'en-
richissaient, quelquefois aussi s'embarrassaient,
des dépouilles de l'antiquité. Mais, de même
qu'Amyot conserve, dans le tour souvent grec de la
phrase, la naïveté gauloise, et cette fraîcheur
d'une littérature naissante, ainsi ces premiers
poètes de Rome retiennent la couleur de leur
siècle et l'empreinte des sentimens romains. La
teinte grecque adoucit, sans les effacer, leurs traits
originaux. Ce travail d'une langue qui se règle sur
une imitation étrangère, et cherche à fixer ses
formes indécises et brusques, attache et plaît
comme les premiers essais de l'intelligence dans
l'homme.

CHAPITRE X.

DEUXIÈME ÉPOQUE.

Poésie.—Tragédie. Drames.

Nous avons parcouru la première époque de la tragédie latine, celle de Livius Andronicus, Næ-vius, Ennius, et même Pacuvius et autres : tous ne donnaient guère que des traductions plus ou moins fidèles des Grecs. La seconde époque fut aussi une époque d'imitation, mais d'une imitation plus libre et plus hardie : les poètes latins, en tra-duisant les Grecs, ne s'asservissaient point à les suivre; ils se contentaient d'en prendre l'idée, la modifiant à leur gré. Les Romains empruntèrent des Grecs les principes d'unité de temps, d'action et de lieu. Toutefois on ne trouve la loi de la di-vision des actes que dans l'épître d'Horace aux Pi-sons : elle date du théâtre latin, calqué sur les mêmes règles que les tragédies grecques; mais ces règles y sont faiblement appliquées.

Parmi les changemens que les latins firent subir, en le copiant, au théâtre grec, il faut sur-tout placer l'altération du chœur : cette partie im-portante de la Melpomène grecque, cette vive peinture de l'humanité mise sur la scène, ne fut plus qu'un simple personnage sans intérêt et sans grandeur. Ainsi dégradé, le chœur antique est venu se perdre dans les confidens modernes.

Cette seconde époque de la tragédie latine, beaucoup plus éclatante que la première, est encore bien au-dessous du théâtre grec. Cette infériorité de la tragédie romaine tient à l'absence d'un intérêt national : tous les sujets, ceux du moins que nous connaissons, sont empruntés à l'histoire et à la littérature grecques ; et, pour nous expliquer l'éloge qu'Horace donne aux poètes tragiques de Rome, nous devons croire qu'il existe en ce genre une lacune que la critique littéraire n'a point encore découverte. En effet, à l'époque que nous examinons, la tragédie manque complètement ; les faibles débris qui nous en restent ne nous permettent même pas de la reconstruire en idée, et d'en tracer une image légère. Tous les ouvrages de ce siècle ont péri. Du reste, ce que nous savons, c'est que, bannie de la scène, la tragédie ne fut plus cultivée que dans le silence du cabinet par quelques hommes d'esprit. C. Julius César Strabon fut un des bons poètes tragiques de son temps. César, ce dictateur non moins remarquable par son génie que par ses victoires et son ambition, laissa une tragédie intitulée *OEdipe* ; Auguste, dit-on, défendit de la publier. P. Asinius Pollio, immortalisé par les vers et l'amitié de Virgile, composa aussi des tragédies, et L. Varius, un des meilleurs poètes de son temps, fit une tragédie intitulée *Thieste*, qui, au jugement de Quintilien pouvait être mise à côté des plus belles productions de la muse grecque. Quintilien parle encore avec éloge de la *Médée* d'Ovide. Auguste avait travaillé à une tragédie intitulée *Ajax*. Quelqu'un lui ayant demandé ce qu'il en avait fait : « Mon Ajax est tombé sur l'éponge; » indiquant ainsi qu'il avait détruit cet ouvrage. Mécène avait laissé deux tragédies, *Octavie* et *Prométhée*; ces deux pièces et la *Médée* sont perdues.

Depuis Térence la comédie n'avait point fait de progrès. Cela devait être : les institutions qui plaçaient toute la société dans le forum et dans le Champ-de-Mars, et reléguaient les femmes dans la solitude, en les dérobant aux observations et aux leçons des moralistes, devaient laisser moins d'intérêt aux scènes de la vie : ajoutons que cette séparation des hommes et des femmes dans les habitudes de la vie sociale ne donnait pas lieu à ces nuances de caractères, à ce jeu des passions, qui, chez les modernes, forment la base et l'intrigue des pièces. La comédie fut, ainsi que la tragédie, remplacée par un nouveau genre de spectacle propre aux Romains, les *mimes*; genre qui ne doit être confondu ni avec la pantomime, ni avec les mimes

grecs. La pantomime était une espèce de ballet
dans lequel une fable était représentée par des
gestes, les attitudes et la danse; c'est notre ballet-
pantomime. Les mimes grecs étaient de petites
pièces en vers qui contenaient une fable dont la
durée ne suffisait pas pour une comédie. Les mimes des Romains, au contraire, tenaient à la fois
du ballet, ou plutôt du jeu mimique, et de la
poésie dramatique; ils se composaient de simples
scènes détachées. Les mimes grecs, toujours écrits
en prose, n'étaient point destinés à la scène : les
pièces latines, au contraire, constamment versi-
fiées, soit qu'elles fussent improvisées ou composées d'avance, n'avaient d'autre but que la représentation. Sous cette dénomination de mimes, il
faut comprendre et les pièces de ce genre, et les
acteurs et les actrices. Une plaisanterie plus forte
et mordante, beaucoup d'indécences et de pensées
et d'expressions, beaucoup d'incohérence et de libertés : tel était le caractère de ces pièces. On pourrait retrouver dans nos mélodrames, à part la poésie, et dans nos petits théâtres, une image assez
exacte de cette espèce de comédie. Les farces grossières qui avaient d'abord remplacé les atellanes,
et ensuite toute espèce de spectacle dramatique,
prirent elles-mêmes une forme plus régulière, peu
avant le temps de Jules César. Le plus célèbre auteur
de mimes fut Décimus Labérius : dans ses pièces, il

châtiait, par une satire mordante, les vices et les ridicules de ses contemporains. Il avait vécu jusqu'à soixante ans, irréprochable dans ses mœurs, noble dans son caractère, lorsque César exigea de lui qu'il concourût à un combat théâtral, et qu'il jouât lui-même un de ses mimes. Labérius, en se chargeant d'un rôle indigne de sa naissance, adressa au peuple un prologue, monument de courage, autant que d'esprit et d'adresse.

Dans cette lutte, soit justice, soit mécontentement de César, Labérius fut vaincu par Publius, surnommé *Syrus;* les mimes que composa Syrus se distinguent par là justesse des sentences morales plus que par leur finesse ou leur profondeur. Il nous reste de cet auteur cent cinquante sentences morales. Vint ensuite Cn. Mattius, ami de César, et qui resta fidèle à sa mémoire : les pièces qu'il composa étaient intitulées *Mimiambes.*

La pantomime, introduite à Rome par Mécènes, finit par y remplacer toutes les autres représentations : le goût de ce divertissement dégénéra en fureur. Pour maintenir la tranquillité dans la ville, Tibère se vit obligé de chasser les pantomimes : rappelés sous ses successeurs, Trajan les fit disparaitre de la scène. Ils reparurent sous Antonin le Pieux, et furent totalement bannis par Marc-Aurèle; voici à quelle occasion : les Romains célébraient en grande pompe, le 14 de mai, la fameuse fête de Cybèle, mère de tous les autres dieux. Les flamines de Jupiter voulaient que les baladins vinssent ajouter à l'éclat de leurs cérémonies; et, d'un autre côté, les flamines de Vesta les réclamaient. Chaque parti voulut employer la force : le peuple se partageant entre l'un et l'autre, il s'ensuivit un grand tumulte, qui se termina par une lutte des plus sanglantes, accident qui remplit la fête de deuil, changea le plaisir en tristesse, et le chant en cris plaintifs. Marc-Aurèle ne parvint qu'avec beaucoup de peine à apaiser la fureur du peuple; cependant il y réussit. Après quoi il donna ordre de rechercher avec le plus grand soin et les bouffons qui se trouvaient à Rome et ceux qui étaient répandus dans toute l'Italie, pour leur infliger un châtiment, afin que la ville se trouvât libre; et que cet exemple servît à tout l'univers. Il les fit conduire au port d'Ostie, les fit mettre sur une galère, et ensuite leur donna l'Hellespont pour limite perpétuelle. Ils ne reparurent pas de tout son règne; mais, deux ans après sa mort, son fils Commode les rappela.

CHAPITRE XI.

Poésie didactique.—Lucrèce. Géorgiques.

La littérature romaine commençait à naître;
elle avait reçu d'Ennius la vigueur, de Térence la
grâce : toutefois la poésie noble, la poésie de l'i-
magination, n'était point créée : la langue se prêtait difficilement aux inspirations de la pensée.
Dans un tel état de rudesse, j'ai presque dit de
pauvreté, l'œuvre la plus difficile, sans doute,
était un poème didactique, un poëme dont le
fond était étranger aux idées comme au langage
des Romains, qui furent toujours mal habiles à
reproduire les idées philosophiques et abstraites.
C'est encore un autre accident singulier que celui
d'une littérature et d'une poésie qui marquent
leur premier développement par une de ces pro--
ductions qui semblent réservées à une littérature
qui a passé de la sève de l'imagination à la sagesse
de la raison; le genre descriptif, en un mot, et le
poème de Lucrèce, sous beaucoup de rapports,
rentre dans ce genre, appartient au second siècle
d'une littérature, et en porte tous les défauts :
correct, mais froid, épuisant dans les détails des

couleurs qui ne devraient être répandues que sur les objets principaux, substituant aux vives images les pâles descriptions, le poëme descriptif n'est, en quelque sorte, que l'analyse minutieuse, l'anatomie exacte, et non la physionomie vivante et animée de la nature. Dans Lucrèce, il n'en est point ainsi : sa poésie a toute l'énergie, l'éclat, la fraîcheur d'une poésie âpre, il est vrai, mais pleine de verdeur et d'avenir. Chez lui, la fécondité native d'une langue neuve et vierge corrige heureusement les défauts d'un genre ordinairement froid et monotone. Il y a quelque chose de piquant dans ce contraste de la forme et du fond, dans cette abondance d'imagination, de vie et de mouvement, appliquée aux questions les plus abstraites, les plus relevées, les plus pénibles de l'intelligence. La nature tout entière, avec ses mystères physiques et moraux les plus impénétrables, le monde matériel et le monde des idées : tel est, en effet, le vaste sujet qu'embrasse le poème de Lucrèce. Nous avons cru qu'une analyse approfondie de ce poème était nécessaire, et pouvait éclairer le caractère de la poésie latine que nous cherchons à fixer.

Lucrèce, comme tous les poètes latins que nous avons examinés, emprunta aux Grecs le fond de son poème : rival d'Empédocle, disciple d'Épicure, il en reproduit fidèlement la doctrine, et ses vers

ne sont souvent qu'une paraphrase brillante du
système du maître. Malgré cette exactitude à suivre les traces du philosophe grec, Lucrèce conserve un caractère éclatant d'originalité, et nul
poète latin n'est empreint d'un cachet plus profondément national. C'est, avec le contraste que
nous avons déjà remarqué, un second trait de sa
physionomie. On conçoit cette indépendance de
l'esprit, cette liberté de l'imagination sous des
idées et un système étranger : la doctrine d'Épicure n'est entre les mains du poète, qu'une matière qu'il tourne et façonne à son gré. Ajoutons
qu'à côté de cette création première, de cette
idée primitive qui forme la base de tout ouvrage,
il y a une autre création non moins puissante,
non moins féconde : celle qui, pénétrant jusqu'aux
extrémités des choses, les anime, les développe,
les agrandit par l'expression, les images, et cette
vie secrète et intime du génie qui ne se décompose point, mais se sent et agit dans tous ses ouvrages immortels. Or, cette seconde création se
manifeste chez Lucrèce avec un éclat et une force
extraordinaires : elle percera, elle brillera à travers l'analyse bien incomplète que nous allons
tracer de cette étonnante production, à travers
cette esquisse faible et décolorée d'un tableau si
riche et si animé.

Le poème *de la Nature* se compose de six livres :

le premier s'ouvre par une brillante invocation
à Vénus ; invocation doublement remarquable ,
puisque Vénus est tout à la fois l'emblème de la
vie et de la fécondité, et pour les Romains une
divinité nationale et protectrice.

Le poète expose ensuite le but de son poème :
il chante la Nature, les dieux, et les premiers élémens qui, du sein des chaos, ont fait jaillir le
monde. Avant d'entrer dans la carrière, il commence par détrôner tous ces dieux du paganisme,
qui semblaient alors plus que jamais abandonner
le monde aux caprices des tyrans et aux violences
de la force ; puis, attaquant la superstition, il
la montre vivante dans le supplice d'Iphigénie ,
dont il trace le vigoureux tableau. Après quelques autres tableaux, il aborde directement son
sujet : rien ne sort du néant, rien n'y saurait rentrer; sources de tous les êtres, éternels et indestructibles , les élémens échappent quelquéfois
aux sens par leur extrême petitesse, mais non pas
à l'esprit. L'espace et la matière seuls existent
dans la nature : les systèmes qui lui assignent
d'autres principes sont faux. Les élémens, l'espace, l'univers, sont infinis, aussi bien que la nature, qui n'a point de centre. Ces opinions de Lucrèce sur la matière ont trouvé dans la théologie
moderne des partisans comme des adversaires ;
celles sur le vide, sur la divisibilité de la matière

à l'infini, comptent dans l'antiquité et chez les modernes, pour elles et contre elles, de grandes autorités. Ainsi l'esprit humain roule dans un cercle perpétuel de contradictions; la vérité du jour n'est guère que l'erreur de la veille.

Le début célèbre du second livre, et des tableaux frais et gracieux, pleins d'une douce, d'une profonde philosophie, coupent heureusement les détails qui ont rempli la seconde partie du premier livre, et vont remplir tout le reste de celui que nous examinons. L'essence, la modification et le mouvement de la matière, le mécanisme de la vie chez les êtres animés, l'infinie variété des mondes, leur formation simultanée ou successive, leur future destruction, et la jeunesse éternelle de l'univers, entretenue par cette destruction même, telles sont les matières de ce chant : matières sèches et ingrates, mais vivifiées, mais embellies par d'intéressantes digressions, et par cet art si admirable dans Virgile, d'allier une idée morale à un détail physique, de réveiller un sentiment ou un souvenir dans un précepte ou l'explication d'un phénomène naturel, et de passer d'un tableau à une description, d'un contraste à un autre contraste. Lucrèce frappe l'esprit par la grandeur et l'opposition des images, par des tableaux pleins de grâce, de naturel et de fraîcheur.

Au milieu de beaucoup d'erreurs de physique,

on doit à Lucrèce cette justice qu'il a parfaitement deviné et peint la gravitation.

Le troisième livre est le plus fameux. Après une invocation à Épicure, le poète, résumant la matière de ses deux premiers chants, annonce qu'il va rechercher la nature de l'âme : question immense, abîme sans fond où est venue se perdre toute la philosophie ancienne, et dans laquelle la philosophie moderne, au milieu de ses incertitudes, ne peut être sûrement éclairée que par une lumière supérieure. L'âme, suivant Lucrèce, est une partie réelle du corps, un composé de l'esprit et de l'intelligence, qui en sont cependant distincts. Unie au corps, elle périt avec lui. Ce néant dans le tombeau, cette vie sans avenir, était le désespoir de toute félicité chez les anciens. Au milieu des plaisirs, la mort se présentait toujours comme terme inévitable ; elle venait corrompre toutes les joies : vainement la philosophie voulait endormir doucement les hommes dans le néant; l'instinct moral plus puissant se révoltait contre cette destruction. Combien étaient faibles, même revêtues des plus brillantes couleurs de la poésie et du génie, ces consolations que le paganisme offrait à la raison contre la mort !

Mieux inspiré, Lucrèce montre que le premier supplice du coupable est dans sa conscience ; et sous les ingénieuses allégories de la mythologie,

il trouve un sens réel et profond et une haute leçon, le tourment dans le crime même et la honte
dans le vice : il termine par une énumération des
grands hommes et des sages qui nous ont devan-
cés dans la mort, et doivent nous apprendre à la
regarder sans pâlir.

Le commencement du quatrième livre, remarquable par l'éclat des expressions et des comparaisons, a depuis souvent été imité. Le poète
nous expose ensuite la théorie de la vision, des
simulacres, de la voix, de l'odorat, de la cause et
du mécanisme de la pensée, des songes ; et à cette
occasion il trace de l'amour une peinture pleine
de verve et de cette franchise de termes que notre
langue et nos mœurs, plus chastes ou plus cor-
rompues, ne sauraient reproduire dans toute leur
naïve énergie : peinture dont le poète se hâte de
corriger le danger par le tableau non moins vigoureux des maux que les passions entraînent à leur
suite. La théorie de Lucrèce sur les simulacres, sur
la vision, théorie faible, quoique très-ingénieuse,
est présentée avec une élégante et admirable
clarté : les détails les plus difficiles, les plus ingrats,
sont animés par l'heureuse variété et la netteté
précise de l'expression. Dans l'explication de la
sensation du goût, le poète est près de la vérité
et de la physiologie moderne : dans les causes
finales, avec plus d'erreurs, il contient cependant

des germes fécondés par la science du dix-huitième siècle. Tout ce chant, moins riche de tableaux que les précédens, ne leur est point inférieur par le charme du style et la beauté des détails. On sait que Molière, qui avait entrepris une traduction de Lucrèce, l'a reproduit.

OEuvre informe du hasard, le monde, soumis à la destruction, ne trahit point la main créatrice des dieux. Composé de parties diverses qui se sont rangées selon leurs degrés de pesanteur, exposé à toutes les révolutions des astres, aux inégalités des nuits, aux éclipses, il a, à diverses époques, été bouleversé par d'horribles catastrophes qui en ont anéanti les peuples et renouvelé la face. C'est sur les débris de tous les systèmes religieux du paganisme que Lucrèce élève lui-même ce système qu'il développe dans le cinquième livre. Il, nous fait assister à la création de l'univers : vierge encore, et recélant dans son sein tous les germes d'une fécondité inépuisable, la terre enfante les plantes, les arbres, les oiseaux ; se revêtant elle-même de verdure et de fraîcheur, elle étale toute sa magnificence primitive. L'homme naît faible et plus malheureux que tous les animaux. C'est l'idée de Pline. Il y a dans cette philosophie de dédain plus d'amertume que de vérité ; car la grandeur véritable de l'homme n'est point et ne doit pas être dans son corps : elle est dans sa pensée ; là elle se révèle avec autant de force que de majesté.

Nous voyons ensuite la vie incertaine et sauvage des premiers humains, l'origine du langage
et de la société. Les usurpations de la force sur
la faiblesse, les violences de la tyrannie, amènent
la rébellion, et bientôt l'ordre est rétabli par les
excès mêmes de la liberté et par l'indestructible
besoin des sociétés. Les premiers arts, enfans de
la nécessité, les découvertes de l'industrie, tout
ensemble nuisibles et utiles, toutes ces scènes enfin du monde naissant, si agréables à l'imagination, sont dignement couronnées par un résumé
brillant des efforts et des conquêtes de l'homme.

Buffon, dans ses pages les plus éloquentes,
semble plus d'une fois inspiré par le génie du poète
latin. Si, comme Buffon, Lucrèce se trompe dans
ses hypothèses, il est toujours admirable par le
style et le coloris; comme lui il supplée quelquefois à la science à force de génie, et quelques-
unes de ses plus belles inspirations se sont trouvées des pressentimens des découvertes modernes.

Les progrès et les conquêtes de l'industrie devaient s'étendre avec la civilisation en même temps
qu'elles la hâtaient : mais l'industrie ne suffit pas
aux sociétés; la sagesse, qui est la vie morale des
peuples, peut seule, en bannissant les vices du
milieu d'eux, assurer leur bonheur. Cette gloire
de la sagesse épurant la société, c'est Athènes qui

la réclame, Athènes qui a vu naître Épicure, auquel, dans le cinquième livre, Lucrèce a consacré un magnifique éloge ; telle est l'introduction du sixième livre qui ne prépare pas assez les objets qui en doivent faire le fond. Les phénomènes célestes, le tonnerre, les trombes, la pluie et l'arc-en-ciel, voilà les merveilles célestes au milieu desquelles nous emporte l'imagination hardie et lumineuse du poète, pour nous précipiter bientôt avec lui au milieu des entrailles de la terre, nous dévoiler les causes des tremblemens de terre, des limites que la nature impose à la mer, le pouvoir secret qui agite les flammes de l'Etna, échauffe et refroidit certaines fontaines, élève du sein de la terre ces vapeurs contagieuses qui répandent là désolation et la mort. Ici, et comme dernier ornement de ce magnifique édifice, se trouve la peste d'Athènes, épisode que le génie d'Ovide et de Virgile n'ont point surpassé en l'imitant.

Après avoir jugé Lucrèce comme poète, il nous resterait à le juger comme physicien et comme philosophe. Comme physicien, nous avons vu qu'au milieu des erreurs que devaient nécessairement produire chez les anciens des systèmes faux et des instrumens imparfaits, le poète avait quelquefois deviné, bien qu'obscures encore et défigurées, ces grandes vérités que le hasard ou le génie ont révélées à la science moderne. Comme philosophe, Lucrèce semble moins facile à justifier. Cependant il y a une observation qui peut détruire les préventions élevées contre lui : à l'égard de toutes ces divinités scandaleuses ou insensées que renverse l'indignation du poète, peut-on de bonne foi lui faire un crime d'avoir détruit des idoles qui déshonoraient la raison humaine? n'était-il pas inévitable qu'elles tombassent devant le bon sens? Le mépris pour les faux dieux n'était-il pas une disposition favorable à recevoir la lumière et les révélations sublimes de l'Évangile? Quant à la partie simplement morale, à cette philosophie matérialiste qui ne voit dans l'homme qu'un vil assemblage de parties sorties par hasard du néant pour y rentrer, philosophie hautement et victorieusement réfutée, avant les enseignemens divins du christianisme, par l'école de Platon; elle s'explique, si elle ne se justifie, par le spectacle et l'impression des malheurs et des crimes qui, sous Marius et Sylla, avaient frappé Lucrèce. Lucrèce, mieux éclairé, aurait vu, au-delà de ce désordre d'un jour, l'ordre éternel qui en est la réparation en même temps que l'explication.

On sait que le génie de Lucrèce inspira plus d'une fois le chantre des *Géorgiques;* il y a même, dit-on, un regret de Virgile dans ces vers où il exprime son admiration pour le disciple d'Épicure. Mais Virgile n'avait rien à envier; s'il n'a pas peint les secrets de la nature, il en a peint les beautés en caractères immortels.

Dans l'antiquité grecque, *les Travaux et les Jours* offrent avec les *Géorgiques* quelque ressemblance, ressemblance qui du reste se borne au sujet; car comme expression des mœurs et de la civilisation, et considérés sous le rapport littéraire, entre Hésiode et Virgile la différence est immense. Hésiode écrit dans l'enfance du monde et des arts : ce sont les observations de l'expérience qu'il recueille et revêt des couleurs et du charme de la poésie pour les mieux graver dans la mémoire; il les présente avec simplicité et dans l'ordre des faits plus que dans celui des pensées. Chez lui, pas de transitions, pas d'idées moyennes ou accessoires; il exprime les idées générales: c'est la marche première de l'esprit humain. Rarement des idées morales viennent se mêler aux préceptes de l'agriculture; plus rarement encore les passions s'y révèlent : des tableaux pleins de fraîcheur, mais non achevés, des détails d'une agréable naïveté, mais aussi d'une diffusion qui appartient à l'enfance comme à la vieillesse des peuples, des images et des nuances mal assorties et mal fondues, telles sont les qualités et les défauts d'Hésiode. Il y a loin de là à cette admirable régularité de Virgile, à cette élégance d'expressions, à cette sobriété de détails qui le caractérisent; c'est

en effet le mérite et la gloire de Virgile. Par là il
s'est sauvé des deux écueils contre lesquels est
venue, au dix-huitième siècle, échouer la poésie
moderne, l'abus des descriptions et de la mélancolie. Virgile, par la nature de son sujet, touche à
chaque instant à ce genre où les défauts sont si voisins des qualités ; il l'entrevoit, l'effleure, et ne l'é-
puise pas. Il ouvre à notre imagination un vaste
champ ; mais, loin de nous en étaler, de nous en
peindre minutieusement toutes les beautés, il nous
laisse le plaisir de pouvoir nous y jouer librement.
Il se garde bien d'épuiser, sur une nature qui ne
s'anime et ne vit que par la présence de l'homme,
un intérêt qui s'attache aux passions seules du
cœur humain. Voyez avec quel art, au milieu de
ses tableaux, au milieu de ses descriptions, il ra-
mène toujours cette figure humaine qui seule leur
peut donner le mouvement et la vie : ainsi les
grands peintres placent toujours au milieu des
scènes champêtres, ou laissent entrevoir un
souvenir, une espérance qui les animent ; car
toute la création est muette si celui pour qui
elle est faite lui manque. Guidé par ce goût ex-
quis, qui est l'instinct du génie et le privilége des
âmes tendres, Virgile ne garde pas une moins
juste mesure dans la peinture des affections. Dans
ses vers la réflexion se tourne en sentiment, le
sentiment en image. Chez lui les douces, les ten-

dres affections se trahissent plutòt qu'elles ne se
montrent : les souvenirs, les regrets ont dans
l'expression et la pensée cette délicatesse crain-
tive qui est la marque et le charme d'une vraie
sensibilité. Ce goût des détails ne l'abandonne pas
dans l'ensemble : ces épisodes si agréablement
jetés au milieu du poëme, avec quel art ils sont
préparés, conduits et ramenés au sujet ! Quelle
modération au milieu de tant de richesses! quel
éclat avec tant de simplicité ! quelle inspiration
dans un ordre si parfait, dans un plan si bien
suivi! Aussi le chef-d'œuvre de la poésie latine et
de Virgile, toujours lu, toujours admiré, étonne
par un mélange de naturel et d'élégance qui reproduit avec tous les charmes d'Hésiode une perfection qu'Hésiode n'a pas.

CHAPITRE XII.

Horace.—Art poétique.

C'est tout à la fois le caractère particulier d'Horace et le caractère du génie et de la civilisation ancienne, de ne s'arrêter que sur des points de vue élevés et de passer sur les idées intermédiaires, sur les aperçus secondaires. Bien différent, l'esprit moderne s'attache à l'art des transitions; il soigne davantage les détails : pour lui les grands traits se sont effacés; il faut qu'il aille chercher les nuances pour les faire ressortir. C'est ce qu'a fait Boileau : aussi son *Art poétique* offre une régularité de plan, une perfection de détails qui ne se trouvent pas dans Horace; mais Horace lui est supérieur par la verve, la chaleur, le mouvement de la pensée quelquefois un peu brusque; peut-être doit-on attribuer ces incohérences, ces lacunes, ces défauts de liaison aux altérations que le texte a éprouvées. Cet ouvrage, au reste, contient des renseignemens précieux sur l'histoire de la littérature romaine, sur la naissance, le développement, le caractère des différens genres qui la composent, sur les premiers essais du théâtre latin, les dispositions de la scène et l'esprit des auditeurs.

Là, comme dans les satires, comme dans les épîtres, Horace excelle à mêler aux préceptes du goût
les leçons de la sagesse, fidèle à conserver, à marquer cette alliance intime, nécessaire, féconde de
l'esprit et du cœur, qui ne saurait périr sans porter la confusion dans le monde moral comme dans
le monde intellectuel : car tout se tient dans l'intelligence, et la pensée humaine, image brillante
de l'immortelle pensée, ne peut se dégrader sans
altérer la beauté de l'âme, qui est un autre reflet
de la divinité.

CHAPITRE XIII.

Poésie épique.—Énéide.

Nous n'examinerons point ici chaque livre de l'*Énéide* en détail; nous n'en parcourrons pas les diverses beautés si souvent, si habilement analysées. D'ailleurs, dans ces observations particulières, le véritable génie du poète, le charme de la poésie s'évaporent et se perdent. Nous saisirons l'ouvrage dans son ensemble, nous arrêtant à deux remarques principales, défaut d'unité dans le poème, défaut de grandeur dans le caractère des personnages.

Il y a, entre les six premiers et les six derniers livres de l'*Énéide*, une absence de liaison que l'on ne saurait contester : de là, dans le poème, deux actions, deux intérêts différens. Sans doute l'arrivée d'Énée en Italie devait être préparée; mais un livre n'eût-il pas suffi à cette introduction au sujet? les matières mêmes contenues dans les six premiers livres ne pourraient-elles pas être développées dans les autres? Les malheurs de Troie, les amours de Didon, resserrés et présentés sous un autre jour, auraient pu y trouver leur place: les jeux du cinquième livre y eussent été mieux enchâssés ; enfin, sans prétendre ici refaire l'*É-néide*, on peut croire que l'action aurait pu être plus animée et plus vive. D'où vient donc, dans Virgile, dans un génie si sage, le défaut d'unité ? A-t-il été égaré par les inspirations et l'imitation même d'Homère, par le désir de former un seul tout des beautés éparses dans l'*Iliade* et dans l'*Odyssée*? Ce serait là, ce nous semble, une explication peu satisfaisante de la méprise d'un tel esprit : si Virgile s'est trompé, il faut reconnaître qu'il a subi une influence à laquelle il ne pouvait échapper, une influence à laquelle le génie, plus que tout le reste, est soumis, puisqu'il n'est, en définitif, que l'expression la plus nette, la plus profonde, la plus générale, des idées et des mœurs d'une époque. Il faut reconnaître que si Virgile est moins complet, moins entier qu'Homère, il devait l'être pour n'être pas moins grand. En nous plaçant ainsi au milieu des circonstances qui ont dominé malgré lui, et à son insu, le génie de Virgile, nous le ferons peut-être mieux comprendre.

Un poète, avons-nous dit, est le représentant de son siècle ; il vit, il s'anime, il s'inspire de ses passions, de ses mœurs, de ses croyances. Si le siècle est un, c'est-à-dire s'il y a harmonie entre ses institutions et ses sentimens, entre ses convictions et ses mœurs, le poète, qui en est l'interprète, sera un ; autrement, l'indécision du siècle,

son caractère équivoque, se trahira dans les lacunes du génie. Ce fut le bonheur d'Homère de
reproduire les fictions, les guerres, les coutumes,
les superstitions, les héroïsmes de la Grèce, à une
époque où toutes ces exaltations dont se nourrit
la poésie étaient encore vivantes au fond des
cœurs. Alors, en retraçant des gloires anciennes
et des souvenirs populaires, Homère ne faisait que
rendre des impressions récentes et contemporaines : il y avait entre lui, son siècle, et le siècle
qu'il ressuscitait, sympathie et entraînement,
partant unité. Virgile se trouvait-il dans une situation pareille? Pour résoudre cette question,
voyons sous quelles influences chantait l'auteur
de l'*Énéide*.

Les enthousiasmes qui font la poésie et l'héroïsme étaient sinon éteints, du moins bien af-
faiblis sous Auguste : les souvenirs de Rome ancienne, des antiques mœurs, n'étaient plus qu'un
beau idéal qui plaisait à l'esprit et flattait l'imagination sans parler au cœur, sans exciter de ces
vives et profondes émotions qui se réveillent si
facilement au sein des peuples primitifs. Un poème
qui n'eût donc retracé que le lointain passé de
Rome n'eût pas été compris; il fallait aux Romains
de l'empire des spectacles, des sentimens, des passions plus en rapport avec leurs passions et leurs
idées présentes; il fallait que cet éclat de la cour

d'Auguste, que cette politesse de mœurs qui distinguent cette époque, se réfléchît dans la poésie contemporaine. De même, chez nous, Racine a reproduit les mœurs, les passions de son siècle, et a su allier à la vérité absolue les formes et l'empreinte du caractère moderne. Ainsi, quand Virgile nous retrace ces brillans tableaux du second, du quatrième livre, c'est sous, l'image de Troie, la peinture de Rome et des passions romaines. Voilà pour le poète, à côté de la vérité absolue qui ne périt pas, la vérité relative, qui est une nécessité, une couleur de son temps et de sa situation. Quelle était la véritable position, le vrai terrain de l'*Énéide?* celui sur lequel le poète s'est placé dans les six derniers livres. C'est sur le sol de l'antique Ausonie, dans la peinture des mœurs, des passions de ces peuples encore neufs, que Virgile devait fixer son action, répandre ses riches couleurs : là il eût trouvé une source aussi abondante que vive; là il eût été le poète de l'Italie; il y eût eu unité dans le coloris comme dans l'intérêt : pourquoi Virgile a-t-il manqué à cette gloire de l'originalité? C'est que Virgile devait subir l'influence de son siècle, et reproduire non plus cette nature antique, cette naïveté du Latium, mais la nature polie, l'élégance du siècle d'Auguste : sa gloire impérissable, c'est d'avoir, au milieu de cette concession inévitable, conservé aux senti-

mens leur éternelle vérité. Virgile ne fut pas, ne
pouvait pas être, comme Homère, l'expression
exacte et pure d'une simplicité, d'un héroïsme
dont il n'y avait plus de modèle : il devait être, et
il fut l'expression admirable de la civilisation. Par là
il entre mieux dans nos sentimens ; car l'enfance
est passée pour les peuples ; les nations sont vieilles
aujourd'hui de bonne heure, ainsi que les hommes.
Ces secrets du cœur humain, si merveilleusement
révélés par Virgile, ces joies, ces inquiétudes de
l'amour, ces douleurs de l'amitié et de la tendresse
paternelle, ces regrets de la patrie si éloquens
dans le poète, toutes ces affections et toute cette
tristesse des peuples, tels que les a faits la civilisation, voilà le charme toujours nouveau, toujours
le même que présentera la lecture de Virgile.

Nous avons dit, nous avons essayé de montrer
d'où venait dans l'*Énéide* le défaut d'unité : les
mêmes causes ont empêché le poète de donner
à ses personnages toute la grandeur de l'épopée.
Au siècle de Virgile, la force physique, qui se déploie avec tant de magnificence dans les vers
d'Homère, n'avait plus le même mérite : le temps
des demi-dieux était passé. Une autre supériorité
régnait, la supériorité morale : Virgile l'avait senti ;
aussi, dans son héros, c'est la piété qui domine ;
et ici il ne faut pas envisager Énée seulement, il
faut dans Énée voir l'expression tout entière d'une

autre civilisation. C'est d'abord l'Italie ancienne, avec la gravité de son culte et la foi à ses dieux : c'est aussi l'empire de la sagesse substitué à l'empire de la force. Si le caractère d'Énée se soutient à la hauteur de l'épopée, c'est grâce à cette image, à cette idée qu'il représente. Il n'en est pas de même des autres personnages : mélange de force physique et de raison, produit équivoque de la grossièreté et de la civilisation, comme tous les caractères sans physionomie, ils manquent souvent d'intérêt et de grandeur. N'alléguez pas Turnus. : Turnus est grand parce qu'il est complet; c'est le représentant de l'Ausonie; il en a la fraîcheur, la jeunesse et l'audace. Cette création du poète est parfaite, elle montre ce qu'aurait pu Virgile si le siècle, le temps ne l'eussent trompé. Elle montre ce que nous avons tâché de rendre manifeste, que les six derniers livres de l'*Énéide* sont le véritable fond, l'intérêt réel du poème : c'est un magnifique débris de la nature placé à côté d'un admirable monument de l'art, les six premiers livres.

CHAPITRE XIV.

Poésie lyrique.

En ce genre, comme en tant d'autres, les Romains ont imité les Grecs; ici cependant l'inspiration fut véritablee, et l'enthousiasme naturel. Le premier poète lyrique fut Caïus Valérius Catulus. Dans le recueil de ses ouvrages il n'y a que quatre odes proprement dites : mais le poème de Thétis et de Pelée renferme quelques passages lyriques.

Dans tous les vers de Catulle, soit élégiaques, soit héroïques, on sent l'heureuse imitation des Grecs : les hellénismes y sont fréquens; les images, les comparaisons, les métaphores sont toutes grecques, et le vers latin, presque naissant encore, y conserve dans les tours, dans les chutes et dans le rhythme, des traces visibles de son origine.

Malgré ses fréquentes imitations, Catulle est, après Lucrèce, le poète qui a conservé le plus d'originalité; antérieur à Lucrèce, et empreint encore d'une certaine rudesse, mais de cette rudesse qui a dépouillé la barbarie et qui plaît dans une littérature naissante, comme une certaine âpreté de mœurs au milieu d'une civilisation avancée; s'il manque quelquefois d'élégance et d'harmonie, il a de la chaleur, du sentiment et de la grâce.

Le plus grand poëte lyrique des Romains est Horace. La finesse, l'élégance, l'audace sans désordre, l'enthousiasme sans exagération, telles sont les qualités principales d'Horace. Mais ce qui nous paraît surtout révéler la société romaine, autant que la situation individuelle et la tournure d'esprit particulière du poëte, c'est la philosophie insouciante et légère qui, si ingénieusement répandue dans les odes, les anime de détails si gracieux et si frais. On croit voir les Romains qui, accablés du luxe de l'univers conquis, se reposent un instant de la lassitude de la victoire, entre le calme d'une tyrannie modérée et l'imprévoyance du despotisme. Sans doute, dans cette indifférence de l'avenir, dans ces impressions vives du présent, dans cette raison qui glisse légèrement sur le côté sérieux de la vie et ne s'arrête que sur les plaisirs, le poëte se laissait aller à une disposition naturelle; sans doute, quand, au bord d'un frais ruisseau, sous les épais ombrages de l'Italie, une guirlande de fleurs sur la tête, il s'excitait à jouir de ces momens heureux qui ne reviennent plus, et que, pour mieux relever les joies si courtes de la vie, il leur opposait, comme plus tard le Poussin dans ses tableaux, le contraste de la mort, sans doute

Horace était sous le charme de ces douces et riantes émotions qu'il cherchait à peindre. Cependant alors même il était aussi l'image de son siècle; il subissait les influences de l'Italie. Ce goût particulier des Romains pour les champs, ce silence profond de la solitude qui succédait aux agitations de la place publique et de la ville, fut toujours pour eux un besoin, et forme un trait bien distinct de leur caractère, car il n'est point encore effacé aujourd'hui. Ces *villa* élégantes qui parsèment, embellissent et animent le sol de l'Italie; ces magnificences modernes qui s'élèvent au milieu et souvent avec les ruines de l'antiquité, ces habitudes de retraite, sinon bien nobles, du moins calmes et sérieuses, cette vie enfin de grandeur, de simplicité et de repos, qui est encore la vie de l'Italie, nous paraît merveilleusement retracée, dans Horace, avec tout ce qu'elle a de riant et d'idéal. Seulement, entre cette vie de l'Italie antique et celle de l'Italie moderne, il y a une différence : la première s'animait de ces agitations mêmes contre lesquelles elle offrait un asile et un délassement. Ainsi, quand nous suivons Cicéron dans ses majestueuses allées de Tusculum, quand avec lui nous nous asseyons sous ce platane qui ombrage la statue de Platon, nous plaçons autour de lui dans notre pensée les luttes, les orages, les victoires de la tribune; nous concevons que les

Romains, qui débattaient chaque jour, avec leur destinée, les destinées de l'univers, eussent besoin de retrouver au sein de la campagne ce calme de la réflexion qui n'était pas dans la ville éternelle. Mais, dans les *villa* modernes, rien de semblable : c'est la solitude de Rome tout entière qui s'ajoute à leur solitude. Ces palais eux-mêmes ne nous semblent que des ruines au milieu d'autres ruines : un sentiment de tristesse s'y attache. A l'agitation de Rome républicaine il fallait la tranquillité des champs : Rome moderne a trop de sa solitude ancienne et de sa solitude présente, de ses souvenirs et de ses regrets.

Cette peinture des plaisirs simples de la vie rustique a dans Horace un charme, une délicatesse particulière, qui tiennent singulièrement à la sobriété même des détails et à l'art extrême avec lequel il place une idée morale à côté d'un tableau champêtre, une réflexion philosophique à côté d'une saillie de gaîté. Ce n'est pas, comme chez Voltaire, le trait mordant de la satire, mais le piquant de la folie ; et c'est là une différence remarquable entre l'esprit des anciens et l'esprit des modernes : les premiers, dans les jeux les plus libres de l'imagination, ont un sens droit et juste qui ne les abandonne jamais ; les seconds donnent à la raison même quelque chose de mobile et de passionné.

Tel est le côté moral des odes d'Horace. Outre cela il y a un but politique qui éclate à chaque page, c'est de populariser l'usurpation d'Auguste. Les vengeances célestes dont le poète menace les Romains s'ils n'expient par la soumission leurs guerres civiles; cet empire donné à Auguste par les dieux; la tranquillité de Rome monarchique opposée aux orages de la république; cette indifférence avec laquelle Horace annonce qu'il a jeté ses armes au milieu des champs de Philippes; cette abdication de la liberté si ingénieusement conseillée; toutes ces intentions voilées et pourtant si adroitement, si souvent reproduites, étaient puissantes sur l'esprit des Romains, et servaient merveilleusement la politique d'Octave. Partout dans les odes nous voyons célébrer les vertus domestiques et privées : aux vices de ses contemporains Horace oppose la simplicité des nations sauvages. Les vertus publiques au contraire n'y paraissaient que comme des souvenirs respectables, mais qui ne sauraient plus revivre. Le poète semble toujours vouloir tenir les Romains dans la nécessité du despotisme par la crainte des ennemis extérieurs : utile diversion donnée aux esprits ! Les frontières menacées ont besoin du génie protecteur du nouveau César : de tout temps la tyrannie se consolide et se maintient par des dangers réels ou imaginaires. Cette idée de la sûreté de l'empire attachée à Octave revient continuellement dans les chants d'Horace; les triomphes d'Auguste en forment la matière habituelle; c'est la gloire militaire invoquée comme prestige et justification du despotisme. On sent que la crainte d'une défaite préoccupait le poète, on dirait qu'elle doit entraîner la chute même de ce pouvoir d'un jour : de là ces chants de victoire où éclate le génie lyrique. Ainsi oubli des souvenirs de la république, insouciance politique habilement répandue, consécration de la tyrannie par la gloire militaire, tel est le fond et le but des odes, tel est aussi celui des satires et des épîtres. Si dans les odes Horace agit sur les opinions, dans les épîtres et les satires il cherche à influer sur les mœurs. Les habitudes douces de la civilisation et son éclat séduisant y sont mis en contraste avec les habitudes rudes de la république; la vertu antique et sa rigidité y sont sacrifiées à l'élégance monarchique.

Passons au côté littéraire : l'oreille des Romains fut long-temps rebelle aux charmes et aux souplesses harmonieuses de la poésie : Lucrèce se plaint de la pauvreté de la langue nationale; et si cette pauvreté existait, c'est au caractère même du peuple qu'il faut en demander la raison. S'il y avait eu dans son sein, dans son organisation intellectuelle, le germe de la poésie sous toutes

ses formes et dans toutes ses variétés, l'expression n'eût pas manqué aux sentimens de l'âme,
aux hardiesses de l'imagination. Mais, il faut le reconnaître, malgré les chefs-d'œuvre qu'elle a produits, la poésie romaine ne fut jamais un fruit
spontané de la civilisation. Les différens mètres
de la langue poétique n'entrèrent jamais profondément et généralement dans l'esprit des Romains : les mètres héroïque et élégiaque seuls leur
étaient familiers. Cette absence de sentiment vif,
d'instinct national pour la poésie, ses variétés et
ses mesures diverses, nous est attestée par Horace lui-même. Dans le soin qu'il prend de pré-
dire à ses vers l'immortalité, de répéter que le
premier il a fait retentir aux rives du Tibre les
accens de la lyre grecque, ne voyez pas seulement l'orgueil de l'enthousiasme lyrique, mais la
nécessité où est le poète de lutter contre le dédain
de son siècle, d'accoutumer des oreilles peu exer-
cées à entendre ces chants nouveaux pour le Latium. L'Italie elle-même semble stérile en images
pour cette poésie nouvelle : c'est dans la Grèce
que le poète va chercher son enthousiasme : ce
sont les souvenirs de sa riante mythologie, de ses
lieux pleins de prodiges et de fables, c'est la magie
de ses ingénieuses fictions qu'il invoque continuellement ; ses comparaisons, ses images, ses
tournures, son expression, tout est grec ; seule-

ment on y sent cette raison plus calme, moins brillante peut-être du génie romain. Horace est Romain par le fond même de sa pensée, par la nature de ses impressions naïvement reproduites; il est grec par la mélodie, la variété, le tour de sa pensée. La plupart de ses odes, on n'en saurait douter, ne sont qu'une traduction du grec.

CHAPITRE XV.

Métamorphoses. Poésie élégiaque. Poésie pastorale.

LA poésie ne périt pas avec Virgile; elle eut dans Ovide un digne successeur, et la mythologie un ingénieux et brillant interprète. Toutes les fictions créées par la riante et féconde imagination des Grecs, et dispersées çà et là dans les souvenirs populaires, Ovide entreprit de les rassembler. Dans les quinze livres de ses *Métamorphoses*, il réunit *deux cent vingt-cinq fables*. La première et la plus grande difficulté d'un tel travail, c'était d'établir l'harmonie entre des élémens si divers, l'unité et l'intérêt entre tant de sujets si variés. Ovide avec un art merveilleux échappe à cet écueil: chaque fable, en même temps qu'elle forme un drame parfait, est encore une conséquence de celle qui précède, une préparation à celle qui la suit; tous ces fils différens viennent aboutir à un même centre, tous ces intérêts divers à un même intérêt. Il y avait dans une semblable composition un autre danger: placé continuellement entre le réel et l'idéal, entre l'homme et la divinité, comment, par une gradation insensible, par une illusion savante, le poète s'emparera-t-il de notre

imagination pour lui imposer toutes les transfor-
mations qui se passent en quelque sorte sous nos
yeux? Ces êtres que nous venons de voir revêtus
d'une enveloppe mortelle, comment la dépouille-
ront-ils à nos yeux pour prendre une autre forme,
sans que ce changement choque et notre goût et
notre imagination? C'est le prodige continuel
d'Ovide : ces métamorphoses surprenantes sont si
habilement préparées, les nuances de ces tableaux
divers si heureusement fondues qu'elles nous cap-
tivent malgré nous; nous sommes sous le charme.
Tel dans ses admirables productions le génie de
Walter Scott sut créer ces êtres mystérieux, ces
sylphes légers, heureux enfans d'une puissante
imagination; fantômes brillans qui prennent à nos
yeux le mouvement et la vie; êtres imaginaires
que nous croyons réels, tant est complète l'illusion. Toutefois entre Ovide et le romancier écos-
sais il y a une grande différence : Walter Scott
s'identifie avec les personnages qu'il invente; il
croit à ses fictions : semblable à ces peuples d'une
jeune et vigoureuse imagination, qui se prosternent
frappés d'admiration devant l'image du dieu qu'ils
viennent de fabriquer, il se soumet à l'influence
mystérieuse de ces génies qu'il fait apparaître et
présider à la destinée de ses héros. Il n'en est point
ainsi d'Ovide; alors même qu'il nous trompe par
une ingénieuse fiction, il semble ne point la par-

tager : son esprit souple et léger se plaît dans ses
fables sans s'y attacher sérieusement; à travers
le voile transparent dont il les couvre, il en
reconnaît l'origine première : il échappe aux enchantemens qu'il nous fait subir. C'est un ma-
gicien habile qui dispose malgré nous de notre
imagination; qui ne croit pas aux fantômes qu'il
évoque, parce qu'il en a le secret. Ainsi, parmi les
modernes, l'Arioste, se jouant des contes de la
chevalerie, comme Ovide s'était joué des fables
du paganisme, trahit à chaque instant par un
trait malin, par une piquante réflexion, son in-
crédulité à ces fictions magnifiques qu'il étale à
nos yeux. Ce n'est pas le seul trait de ressemblance que l'esprit d'Ovide ait avec l'esprit moderne : vif, souple, facile, brillant, il a une mobilité qui n'est pas, ce semble, à l'antiquité, et
par là aussi il a une physionomie originale. Cette
facilité d'imagination l'égare quelquefois; il épuise
un sujet, non pas à la manière de Claudien, en
exagérant la pensée et la conduisant par là à tous
les excès de l'enflure, mais en ne sachant pas s'arrêter, dans le développement d'une pensée, dans
l'expression d'un sentiment, à cette juste mesure
qui est la vérité de l'art comme de la nature. Dans
les grandes situations, ainsi que dans les affections
vives, la douleur ou le plaisir sont moins diffus.
Du reste, une admirable variété de figures, de

tours, d'expressions; l'art de présenter, sous des formes toujours nouvelles, des situations semblables, de rattacher à un même but, de faire concourir à une même fin des fables si multipliées et si diverses, de renfermer dans un même cadre des figures si différentes : telles sont les qualités qu'Ovide possède au plus haut degré, à ce degré où l'esprit est le génie.

L'élégie, chez les Grecs, fut dans son principe toute patriotique. Destinée à exciter ou à récompenser le courage, elle opéra des miracles. Alors même que, dégénérant de sa destination primitive, elle commença à redire les inquiétudes de l'amour, elle n'eut point à Athènes, et plus tard à Rome, la même couleur, la même inspiration que chez les modernes. Pour les Grecs l'amour n'était point en général une passion sérieuse et qui tînt place dans la vie et les affections profondes. Il n'était guère dans sa frivolité qu'un jeu plutôt qu'un besoin du cœur : c'était un accessoire, un ornement appelé à rehausser l'éclat des festins et la gaîté des banquets; c'était une fleur ajoutée aux autres fleurs qui les embellissaient: ainsi, dans les chants d'Anacréon, il est invoqué tantôt comme un gai souvenir, tantôt comme une riante illusion; rarement il paraît comme une inquiétude et un malheur. Cependant, chez les poètes latins, l'élégie prit une teinte plus sé-

vère et exprima des passions plus profondes. Vive
et brillante dans Catulle, recherchée et savante
dans Properce, elle fut délicate et, si je puis dire,
triste dans Tibulle, non sans doute de cette
tristesse qui naît, pour nous, de cette lutte
morale intérieure inconnue des anciens, et de ce
mélange de religion et d'amour qui forme le fond
de ce genre de poésie parmi les modernes. N'y
cherchez point ce mysticisme passionné, cette
pureté d'imagination, cette exaltation et cette pudeur chrétienne qui, dans Pétrarque, se mêlent,
en l'embellissant, à la peinture de l'amour. Les
combats, les pleurs, les enthousiasmes et les longs
repentirs d'Héloïse, vous ne les y trouverez pas;
vous n'y trouverez pas non plus ces pensées mé-
lancoliques, ces vagues rêveries qui, de nos jours
fidèlement reproduites, ont empreint les vers de
La Martine d'un si touchant intérêt, d'une si
grande vérité dans les traits indécis et douteux du
coloris. Les anciens, sous une mythologie qui
consacrait des faiblesses divines, ne pouvaient
sortir du cercle étroit de la passion et s'élever à
de plus nobles sentimens : l'amour tout terrestre
mourait ici bas; aucune céleste espérance, aucune
résignation touchante, aucun combat ne venait
l'ennoblir. Il n'en est pas ainsi pour nous : la tendresse a sa pureté ainsi que son immortalité.
Néanmoins Tibulle est plein d'un sentiment vrai,

et ce sentiment y est toujours rendu avec une simplicité qui lui prête un charme délicieux. On voit, à la peinture de cette passion dans Tibulle, que la civilisation a pris un caractère plus réfléchi; que les nuances des passions se multiplient et se divisent. Des deux grandes influences de la société moderne, la religion et l'amour, l'amour semble déjà se trahir, sinon entièrement tel qu'il existe pour nous, du moins avec quelques-uns des traits qui doivent plus tard le caractériser.

Catulle le premier fit connaître l'élégie aux Romains. On remarque dans ses vers, au milieu de beaucoup de grâces et d'esprit, une érudition déplacée, des longueurs et des passages peu poétiques; quelquefois aussi les idées manquent de liaison.

C. Cornélius Gallus est encore cité comme un des meilleurs poètes élégiaques des Romains; il avait composé quatre livres d'élégies que nous n'avons plus: celles qui portent son nom ne lui appartiennent pas; les vers de Virgile lui assurent l'immortalité.

Le poète le plus harmonieux, le plus élégant, le plus pur, le plus aimable par la candeur des sentimens et la vérité, c'est Tibulle. Abandon, naïveté, locutions vives et douces; tels sont les caractères de sa poésie.

A côté de Tibulle, mais un peu au-dessous, vient se placer Properce; nous avons de lui quatre livres d'élégies. Un reproche -grave qu'on peut leur adresser, c'est l'absence de cette pudeur, de cette décence, qui sont un charme comme une loi de la véritable tendresse. Moins naturel, plus brillant que Tibulle, il fait de la mythologie et de l'histoire un abus trop fréquent et quelquefois forcé : son génie semblait le destiner à l'ode plus qu'à l'élégie.

N'oublions pas Ovide. Moins tendre que Tibulle, plus brillant, encore moins chaste que Properce, il puise dans la richesse de son imagination et la vivacité de son esprit les riches couleurs dont il peint des sentimens qui ne partent point de son cœur : il est remarquable surtout par l'originalité de ses diverses productions; car en ce genre il ne doit rien aux Grecs.

Les églogues sont, sous beaucoup de rapports, des élégies champêtres.

Nous ne chercherons point à analyser les beautés littéraires des bucoliques; ces grâces délicates de la pensée et du sentiment se flétrissent dans une froide décomposition, et s'évaporent au creuset de la réflexion. Ce que nous chercherons dans les églogues comme dans les *géorgiques*, comme dans l'*Énéide*, c'est l'expression des mœurs : or, dans les bucoliques, deux choses nous frappent : 1° différence de la civilisation grecque avec la civilisation romaine, différence marquée par le caractère des idylles de Théocrite et des bucoliques de Virgile; 2° caractère politique et allégorique donné à l'églogue latine..

On a souvent comparé Théocrite et Virgile, et, dans des parallèles plus ou moins exacts, plus ou moins ingénieux, donné tour à tour la préférence à la naïveté du premier, à la délicatesse du second : comparaisons frivoles et mesquines. Ce qu'il s'agit d'examiner, c'est si chaque poète a reproduit fidèlement les mœurs qu'il voulait exprimer. L'imitation de la vie pastorale a, comme toute autre, ses règles et ses limites; là, comme ailleurs, l'idéal dut reposer sur le réel, et la fiction sur la vérité. La nécessité de cette dernière condition s'oppose chez nous à ce que nous possédions une véritable poésie pastorale. Tantôt, en effet, on s'est jeté dans des peintures fades d'une innocence imaginaire; tantôt dans les peintures peu nobles d'une réalité grossière. Plus heureux que nous, les anciens avaient sous les yeux l'image première des tableaux qu'ils traçaient : Théocrite, Virgile avaient autour d'eux et près d'eux, dans les riantes campagnes de la Sicile, sous le ciel inspiré de l'Italie, le fond de ces bergers qu'ils nous montrent. Tels les peintres, aujourd'hui encore, trouvent sur les rivages d'Ischia le modèle de ces improvisateurs brillans, de ces formes pures et hardies, qui pour

nous et dans nos climats plus tristes n'existent pas.
Sans doute, dans ce germe grossier, la beauté que
nous a révélée le génie poétique était cachée ; mais
elle y était, et c'est de l'art avec lequel il l'en fait
sortir que dépend le mérite. Sur un même fond,
le caractère des figures devra changer : ainsi l'imitation que Virgile fait de la vie pastorale ne devra
pas être la même que celle qu'en trace Théocrite.
Si les bergers du second se produisent, sous une
nature plus nue en quelque sorte, il ne faudra pas
en conclure qu'elle soit plus vraie, d'une vérité
absolue, mais bien d'une vérité relative. Deux
choses, dans la poésie comme dans les arts, font
la fidélité de l'imitation : l'écrivain doit tout à la
fois porter l'empreinte de son siècle, et dans ce
siècle l'empreinte particulière des mœurs qu'il
veut rendre ; cette double condition est manifeste
dans Virgile. On retrouve dans les églogues le
caractère de la civilisation romaine à cette époque.
Ce mélange de naïveté et de finesse, de grâce délicate, d'ingénieuse flatterie, qui n'est point dans
Théocrite, annonce une nature moins simple, une
nature composée, dans laquelle l'esprit avec toutes ses séductions a remplacé la primitive simplicité. Ce caractère particulier qui se trahit dans les
détails mêmes des églogues éclate surtout dans
l'idée première de quelques bucoliques ; ce que
nous avons signalé comme étant la seconde diffé-

rence entre Théocrite et Virgile. L'idée de cacher une flatterie politique sous un voile champêtre, de faire servir l'églogue de cadre tantôt à la reconnaissance, tantôt à la description des merveilles physiques, et quelquefois même de l'élever, avec mesure et goût, à la hauteur de la poésie lyrique, de la remplir de chants prophétiques, cette idée n'appartient pas seulement à une civilisation avancée, elle a été aussi suggérée au poète par les circonstances au milieu desquelles il a vécu; car le génie ne s'explique bien que par la connaissance des influences qu'il a subies et reproduites. On sait qu'à cet égard la disposition particulière de Virgile a dû le porter vers les images douces et riantes de la campagne; les malheurs qui ont entouré sa jeunesse, et la protection d'Auguste qui les fit cesser, lui faisaient un besoin de la reconnaissance. Dès lors se rencontre dans ses ouvrages ce dessein non calculé peut-être, dessein du reste auquel pouvait ne pas être étranger l'amour du pays, de donner à ses pensées et à l'ensemble de ses travaux un but politique, tantôt en réveillant dans les Romains, avec l'amour des champs, le désir du repos, tantôt en rattachant le souvenir de la famille des Jules aux souvenirs et au berceau du peuple romain.

CHAPITRE XVI.

Différences de la poésie grecque et de la poésie latine.

La poésie, chez les Grecs, fut, à sa naissance, animée d'une double inspiration, l'inspiration religieuse et patriotique. D'abord dépositaire des fables populaires, des croyances nationales, elle en fut bientôt la consécration ; elle les embellit, elle les fit passer dans le cœur en les gravant dans l'imagination. Suivons le développement de l'école homérique : Hésiode chante l'origine des dieux ; première tradition religieuse, ses vers ne représentent encore la divinité que sous des formes en quelque sorte matérielles, bien que brillantes ; c'est l'enfance du paganisme, c'est l'histoire des temps fabuleux. A côté de ce premier trait, le caractère religieux, se place la partie patriotique et nationale : ce ne sont pas seulement les dieux, ce sont particulièrement les dieux de la Grèce, que nous peint Hésiode. Partout dans ses vers se confondent ces deux nuances.

La *Théogonie* ne va pas plus loin que la partie poétique de la religion ; elle donne le symbole sous sa forme la plus éclatante. L'*Iliade* et l'*Odyssée* achevèrent ce qu'elle avait commencé, c'est la même inspiration continuée; seulement les idées religieuses se sont épurées, le symbole n'est plus aussi entier, les fictions révèlent plus clairement une idée morale, et sous la forme poétique on distingue un système religieux plus complet. L'histoire des dieux se détache un peu de l'histoire des hommes : des temps fabuleux nous avons passé aux temps héroïques, second développement de l'imagination; elle ne descend aux hommes qu'après s'être élevée dans le ciel. En tout et partout l'âge divin est le premier âge de l'intelligence, l'âge de la poésie, de l'inspiration : la réflexion n'est que le second degré de la pensée. Ainsi s'unit la partie patriotique à la partie religieuse. Le poème d'Homère est un monument élevé à toutes les gloires de la Grèce; c'est un vivant tableau dans lequel se retraçaient toutes les illustrations politiques et particulières : chaque ville, chaque lieu, chaque pays, chaque famille y retrouvait ses souvenirs, ses mœurs, sa physionomie : de là l'intérêt puissant que ces chants excitaient dans tous les cœurs. Les poèmes d'Homère contenaient la vie tout entière de ces temps antiques; ils en reproduisaient les croyances, les opinions, aussi bien que les costumes, la géographie.

Le mouvement religieux et patriotique imprimé par l'école homérique ne se ralentit point : plus vif, plus hardi même dans Pindare, parce qu'il

était animé de l'élan lyrique, il continua à gouverner la Grèce en la soumettant à sa double puissance; toutefois il devait suivre la marche des esprits. Pindare est religieux sans doute, mais non
comme Homère. Pour lui la divinité n'apparaît
guère que comme la plus haute expression, la
manifestation la plus éclatante de la morale: il ne
fait pas intervenir les dieux dans les querelles des
mortels; s'il les invoque, s'il les met en action,
c'est comme garans des vérités morales, c'est
comme sanction des plus nobles, des plus pures
pensées. Chez lui d'ailleurs pas de système religieux, pas d'histoire suivie des dieux; ce sont des
traditions partielles et locales sur chaque divinité,
selon qu'elle se rattache à la ville dont il fait l'é-
loge, à la famille de l'athlète ou du héros qu'il
célèbre. Différent d'Homère sous le rapport religieux, Pindare l'est aussi sous le rapport patriotique: il célèbre moins les nations que les héros
mêmes. La gloire chez lui est plus individuelle;
c'est la marche de la civilisation. Ne croyez pas
néanmoins que l'intérêt général, l'intérêt national
manque à son enthousiasme; au contraire, c'est
là ce qui le soutient, l'échauffe : les fêtes d'un
pays, les gloires locales s'unissent aux fêtes et aux
gloires de la Grèce entière.

Suivons la marche de la poésie, et voyons-la
s'avancer toujours empreinte, toujours brillante

de cette double inspiration de la religion et du patriotisme; tournons nos regards vers cette scène où retentissent de si vifs applaudissemens; écoutons les vers d'Eschyle. Ici j'aperçois Prométhée, c'est-à-dire l'emblème des plus anciennes, des plus hautes traditions morales et religieuses: plus loin j'entends sur les rivages de Salamine retentir des chants de victoire; je vois l'ombre de Darius apparaître à Xerxès comme un présage de ses défaites et des triomphes des Grecs : voilà pour le patriotisme. Sophocle puise à la même source : poète religieux, il unit dans ses pièces à l'intérêt des caractères l'intérêt des souvenirs populaires ; il interroge néanmoins plus volontiers les souvenirs particuliers que les souvenirs généraux : la masse disparaît devant l'individu. Les longs et habiles développemens du cœur humain, la vive peinture des affections domestiques, des joies ou des douleurs de la famille, indiquent en lui une civilisation plus avancée. Eschyle avait représenté la Grèce brûlante encore d'un premier enthousiasme religieux et national : Sophocle peint la Grèce se repliant sur elle-même; il la peint à ce moment où une nation, prête à laisser échapper son énergie primitive et ses anciennes vertus, revient au foyer domestique pour y retrouver dans les vertus privées une plus douce et non moins noble jouissance. Eschyle est le poète de la Grèce,

Sophocle le poète, du genre humain. Dirai-je qu'Euripide, malgré son esprit incrédule et philosophique, n'a pu échapper à l'influence religieuse et patriotique; que, malgré lui en quelque sorte, elle anime ses pièces et tempère la froideur de ses tirades philosophiques?

La tragédie, on le voit, était un système politique, religieux, philosophique complet; elle était pour Athènes le résumé de toutes les croyances. Institution essentiellement nationale, elle se liait à tous les souvenirs de gloire, de fatalité, si puissans sur l'imagination du peuple; elle était le peuple lui-même, la religion, l'humanité mises en action. Tel fut chez les Grecs le caractère essentiel de la poésie; le retrouverons-nous le même dans Rome?

Rome reçut d'Athènes sa mythologie, comme elle en emprunta sa littérature; mais pour elle cette mythologie n'eut point le charme des premières impressions et la fraîcheur de ces fables qui bercent la jeune imagination d'un peuple et constituent la véritable poésie. Le premier monument durable de la poésie romaine, l'ouvrage de Lucrèce, vint encore éteindre ce qu'il pouvait y avoir dans les esprits de croyances et partant d'enthousiasme. Ainsi, à son début, la poésie perdit son caractère religieux. Si nous la considérons dans d'autres genres moins sérieux, l'élégie par exemple, nous la voyons encore, sous un autre rapport, moins vivement animée de la mythologie que la poésie grecque. Pour les Grecs, les amours, les malheurs, les rivalités des dieux étaient d'un intérêt en quelque sorte vivant et national; ils se liaient à l'histoire même de chaque cité. Pour les Romains, au contraire, ils n'étaient que des souvenirs plus ou moins favorables au jeu de l'imagination : de là quelquefois dans Catulle, et plus souvent dans Properce, ces froides allusions mythologiques. Si Ovide a mieux réussi, c'est que sa souple et féconde imagination a su conserver tout à la fois dans ses dramatiques et ingénieux récits, avec une merveilleuse adresse, le sens caché et le sens réel de chaque fable, le symbole et l'idée. Privée de l'inspiration religieuse, la poésie latine a-t-elle toujours, autant que la poésie grecque, reçu le souffle de l'inspiration patriotique?

A son origine, il est vrai, nous voyons la muse épique s'emparer des traditions nationales; plusieurs poèmes retracent les exploits antiques; plus tard elle leur demande ses dernières inspirations. Néanmoins chez elle ce caractère ne fut jamais entier, ne fut jamais parfait; il y eut défaut d'harmonie entre les circonstances et le poète, entre le poète et les circonstances.

Virgile manque d'unité, c'est là le vice réel de son poème : à quoi tient-il? Suivant nous, à ce qu'il mêle les inspirations étrangères aux inspirations nationales. Que sont les six premiers livres de l'*Enéide*? un magnifique reflet de l'*Odyssée*, et en même temps un admirable mais perpétuel anachronisme : c'est la civilisation du siècle d'Auguste transportée dans l'époque du renversement de Troie. Aussi quel contraste de ces livres avec les six derniers ! Supérieurs sans doute par la perfection des détails, ils contiennent moins de beautés natives. Arrivé avec son héros en Italie, à peine le poète a-t-il touché ce sol fécond qu'une inspiration nouvelle l'anime : les souvenirs de la vieille Ausonie répandent sur ses vers un charme puissant; d'heureuses fictions, des fictions en harmonie avec les croyances populaires, remplacent les fables d'Ilion. Livré à son génie seul, Virgile eût été, comme Homère, un poète national : son siècle, et peut-être aussi le secret désir de plaire à Auguste en rattachant à une tradition de famille les destins de Rome, l'ont rendu incomplet; sa gloire, c'est d'avoir admirablement révélé le cœur humain, et le cœur humain tel que l'a fait la civilisation. Plus que Virgile, Horace manque d'un sentiment profondément national. Lorsque dans ses odes il invoque pour Rome la protection des dieux, ces dieux ne se présentent à lui que sous des attributs et, si je puis m'exprimer ainsi, sous des figures grecques. On me dira que les dieux d'A-

thènes étaient les dieux de Rome : je le sais ; mais
ces dieux n'avaient-ils pas changé en passant dans
l'Italie ? Pourquoi toujours nous les montrer sur
les sommets de l'Olympe plutôt que sur les lieux de
l'Italie consacrés par leur présence ? Ainsi les souvenirs de la religion se fussent unis aux souvenirs
de la patrie, et le poète eût été complet.

« Les hymnes qu'Horace fit pour les jeux sécu-
laires de Rome ont le mérite de la délicatesse et
du goût ; mais combien elles sont au-dessous du
sujet ! Une fête établie pour la révolution des siècles ; l'idée de la divinité, pour qui tous les siècles
ensemble ne sont qu'un moment ; la faiblesse de
l'homme, que le temps entraîne ; ses travaux, qui
lui survivent un instant pour tomber ensuite ; les
générations, qui se succèdent et qui se perdent ;
les malheurs et les crimes qui avaient marqué
dans Rome le siècle qui venait de s'écouler ; les
vœux pour le bonheur du siècle qui allait naître :
il semble que toutes ces idées auraient dû fournir
à un poète tel qu'Horace un hymne plein de chaleur et d'éloquence. Mais plus un peuple est civi-
lisé, moins ses hymnes doivent avoir et ont en
effet d'enthousiasme [1]. »

Nous avons dit qu'à son berceau la poésie latine
chercha à s'inspirer des faits nationaux ; elle l'essaya sur son déclin. Pour réussir deux choses lui

---

[1] Thomas, *Essais sur les éloges.*

manquaient, la liberté et les dispositions contemporaines : la liberté, on le sait ; expliquons la
dernière cause, l'absence des dispositions contemporaines.

Un poète est, avant tout, l'expression de son
siècle ; pour agir sur lui, il en doit éprouver l'influence, et à son tour le siècle fait le poète. Quand
il n'y a plus de poésie au fond des âmes, l'imagination la plus riche ne saurait en réveiller les
transports. Le génie, pour s'emparer heureusement de ce merveilleux, de ces croyances qui sont
l'âme de la poésie, doit les trouver vivantes dans
les cœurs ; autrement, glacé lui-même par la froideur de ses contemporains, il ne hasardera que
de timides fictions ; il substituera l'allégorie au
merveilleux, les portraits aux caractères, l'histoire
à l'épopée. Tel fut le défaut de Lucain, et de tous
ceux qui après lui cherchèrent dans la poésie une
protestation contre la servitude, qui voulurent,
en réveillant dans les âmes les souvenirs de la
vieille Italie, les retremper à ces sources vives du
patriotisme : ils ne trouvèrent point d'écho dans
les cœurs. Ainsi d'une part l'importation de la
mythologie grecque, de l'autre les circonstances,
ont empêché la poésie latine de reproduire d'une
manière aussi complète et avec autant d'unité la
double inspiration, l'inspiration harmonieuse de
la poésie grecque. Est-ce à dire pour cela que

cette poésie latine n'ait pas son caractère particulier, et qu'elle ait uniquement reproduit, en
l'affaiblissant, la couleur de la poésie grecque?
Non, sans doute. La poésie latine a son cachet particulier; elle représente une civilisation autre
que la civilisation grecque; elle est un nouveau
développement et non une répétition du cœur
humain : si les passions n'y sont pas peintes d'une
manière aussi dramatique, elles le sont avec plus
de vivacité; les nuances en sont mieux saisies. Si
Virgile ne fût pas né, nous ne connaîtrions pas
l'antiquité sous toutes les faces : il représente son
siècle comme Homère avait représenté le sien;
même cette infidélité à la couleur locale que nous
lui avons reprochée dans les six premiers livres
était, relativement à ses contemporains, une exactitude. Il fallait que les idées, les sentimens de
son siècle parussent sous les sentimens et les idées
grecques : tel de nos jours le peintre qui a fait
revivre les amours de Didon a, sous des traits
anciens, reproduit toute la vivacité d'une passion
moderne; en la faisant semblable à nous, il nous
la fait mieux comprendre; il allie tout ensemble
la vérité relative et la vérité absolue.

CHAPITRE XVII.

Éloquence.

L'ÉLOQUENCE romaine vient tout entière se concentrer dans Cicéron ; il en est le centre et la perfection.

Cicéron, comme tous les hommes de son siècle qui prétendaient à l'éloquence ou à la poésie, alla se former à l'école des Grecs : néanmoins il a conservé un caractère éminemment national. Ces artifices de la parole qu'il avait étudiés chez les rhéteurs, ces secrets du style qu'il a si bien et si élégamment analysés, ne refroidissent point en lui l'élan de la pensée, n'altèrent pas la physionomie grave et animée tout ensemble de l'idiome latin. Comment cette imitation des Grecs, qui plus tard dégénéra en déclamations, a-t-elle dans Cicéron tant de vie et de force? C'est ici qu'il faut reconnaître l'influence féconde de la liberté ancienne. Sans doute ces périodes savantes, ces développemens pompeux, toute cette magnificence d'expressions et d'images, s'ils n'avaient été nourris et ravivés par le spectacle et l'opposition des grands intérêts contemporains, se fussent perdus dans des sons vides et des phrases retentissantes :

mais représentez-vous Cicéron toujours en face des passions populaires, des rivalités de l'ambition, et vous sentirez combien son expression devenait hardie, neuve, vivante; comment alors les études du cabinet, produites au grand jour, recevaient tant d'éclat de la soudaineté. Mais nous n'avons encore là qu'une faible image de la puissance qu'exerçait la parole dans les républiques anciennes, par conséquent de l'inspiration que recevait l'orateur de la présence du peuple.

Chez les modernes long-temps l'éloquence a été sans théâtre; la tribune politique n'existait pas : aujourd'hui cette tribune s'est relevée, et cependant nous ne voyons pas ces grands effets de la parole, ces triomphes admirables tant célébrés dans l'antiquité. Sans examiner ici si le génie oratoire s'est élevé chez nous à cette hauteur où l'ont porté les Cicéron et les Démosthènes, cherchons si, dans les mœurs des modernes, dans les habitudes de leur pensée, dans leur vie intellectuelle, il n'y aurait pas une cause qui empêche que l'éloquence retrouve toute la puissance dont elle jouissait dans les républiques anciennes.

Dans l'antiquité la voix du peuple, l'opinion publique, ne retentissait que sur le forum : sur le forum se débattaient avec les destinées de Rome les destinées de l'univers. Par cela même que l'opinion n'avait pour se manifester qu'un seul moyen, un seul théâtre, elle éclatait avec plus de force. Les passions se présentaient sur la place publique avec toute leur violence, et en quelque sorte leur naïveté; elles n'étaient ni affaiblies ni modifiées par des impressions étrangères. Chez nous il n'en va pas ainsi : l'opinion publique est soumise, chaque jour, et de mille manières différentes, à une action très-forte : les livres, la presse répandent les vérités et les erreurs avec une inconcevable rapidité. Alors même que l'on croit conserver ses sentimens entiers et intacts, ils sont de toutes parts atteints d'influences extérieures : nous changeons sans nous en apercevoir. Cette multitude d'opinions diverses fait notre opinion individuelle. Cet effet différent de la liberté ancienne et de la liberté moderne est bien manifeste dans la physionomie et la marche de nos assemblées publiques. Chez nous qu'est-ce qu'une réunion politique? un lieu où chacun vient avec son sentiment arrêté, sa détermination bien prise d'avance. Je ne sais si l'éloquence la plus persuasive peut se flatter d'avoir entraîné un seul suffrage, changé une seule opinion. Pourquoi cela? parce que, éclairé par toutes les lumières répandues autour de lui, chacun a pu fixer son opinion; parce qu'il a perdu, au milieu de toutes ces influences continues, la vivacité de cette impression première sur laquelle seule peut agir l'éloquence.

Transportons-nous au contraire sur la place publique de Rome, au milieu de cés flots orageux de la multitude qui s'agitent avec tant de violence et de mobilité : les esprits n'ont point été prévenus et refroidis par des insinuations précédentes; ils se présentent pleins d'enthousiasme et disposés à s'enflammer aux vives et soudaines inspirations de l'éloquence. Quel n'est pas alors le pouvoir de la parole? comme elle doit descendre ardente, impétueuse, rapide, sur ces âmes émues! combien ses victoires seront promptes et éclatantes!

Tel était l'orateur dans les républiques anciennes; tel fut Cicéron dans Rome. Nous comprenons ainsi que l'éloquence fût une arme, un pouvoir; que, seul, sans autre appui que son courage et son talent, un homme nouveau, comme on appelait Cicéron, balançât le crédit des plus puissans citoyens; qu'inspiré par le spectacle et ces applaudissemens du peuple, il y trouvât d'inépuisables ressources. Son génie devait grandir avec les obstacles et les périls. Après avoir ainsi placé Cicéron au milieu des institutions qui, si elles ne le firent pas tout entier, développèrent merveilleusement son éloquence, considérons-le comme écrivain.

On a souvent comparé Cicéron et Démosthènes, donnant tantôt la préférence à l'abondance du premier, tantôt à la véhémence du second. Il

nous semble que chacun de ces deux orateurs,
dans son éloquence, répond comme il le devait
aux dispositions de ses concitoyens, et que cette
convenance qui fait leur gloire et leur force rend
tout parallèle faux.

Au peuple grave de Rome il fallait d'harmonieuses périodes, des mouvemens habilement préparés; c'était par de longs détours, par d'adroites
précautions, que l'on pouvait saisir et gouverner
ces fières assemblées, et séduire ces oreilles su-
perbes. Autres étaient les Athéniens : ce peuple,
qui prêtait plus d'attention à une fable qu'à une
harangue politique, était mobile, capricieux; il
échappait facilement à ses chefs : il fallait, pour
le frapper, des traits vifs et rapides; sa prompte
imagination prévenait l'orateur : à un tel peuple
convenait l'éloquence de Démosthènes. Le dirai-je?
ce mérite d'une énergique conçision, cette pensée
si simple et si forte de Démosthènes, cette physionomie toute grecque qui le rendait si puissant
sur ses contemporains, sympathisent moins avec
nous que l'éloquence pleine et nombreuse de Ci-
ceron. Cicéron nous paraît encore avoir avec l'esprit moderne une conformité que n'a pas Dêmos-
thènes. Ces maximes générales, plus fréquentes
chez lui, cette alliance de la philosophie et de l'éloquence, cette plaisanterie ingénieuse, ces digressions morales, nous charment et nous plaisent :

elles vont mieux à notre tour d'esprit. Cicéron offre tous les genres, toutes les variétés de style : ' dans sa diction comme dans sa pensée, il y a quelque chose de plus universel que dans la pensée et la diction de Démosthènes. Cette différence explique peut-être comment, quoique non moins admiré, Démosthènes est moins lu que Cicéron. Si Démosthènes est le premier des orateurs, Cicéron est le premier des écrivains. Égal à la majesté de l'empire romain, son génie a conservé jusqu'au dernier jour son éclat et sa vigueur. Grand orateur, Cicéron fut aussi grand citoyen : sa seule faute, c'est de n'avoir pas assez facilement deviné dans les autres ces projets de tyrannie étrangers à son âme. Mais, si quelquefois trop de circonspection l'égara dans les circonstances difficiles, son courage fut à la hauteur de son génie : il se montra toujours digne de cette éloquence et de cette liberté dont il fut le défenseur et la victime.

CHAPITRE XVIII.

Philosophie.

L'ÉTUDE de la philosophie grecque et de ses divers systèmes, préparée à Rome vers la fin du septième siècle par l'établissement de la bibliothèque de Lucullus, et par les manuscrits d'Aristote donnés par Sylla, y avait fait de rapides progrès. Toutefois, elle se bornait à l'examen de ce qui était, plutôt qu'elle ne créait, et les Romains n'eurent jamais à eux un système de philosophie. L'Académie, le Portique, furent donc transportés dans Rome; ils avaient leurs partisans et leurs adversaires. Parmi les partisans de l'Académie, le principal après Lucullus fut Marcus Junius Brutus. Ayant cultivé avec succès les sciences et les lettres, il connaissait tous les systèmes des philosophes grecs, et préférait en théorie celui de l'ancienne Académie; mais dans la pratique il adopta et suivit la morale stoïcienne, ainsi que faisait son beau-frère Caton. L'ancienne Académie comptait encore pour partisan M. Terentius Varro, dont le génie laborieux fut partagé entre un grand nombre d'études différentes.

La philosophie péripatéticienne, enseignée par

Andronicus de Rhodes au temps de Cicéron, se propagea aussi, soutenue par les œuvres d'Aristote : elle ne forma cependant jamais une école particulière. De tous les Romains, celui qui pénétra le plus avant dans les mystères de la philosophie péripatéticienne, fut M. Piso Calpurnius. Dans son ouvrage *sur le Suprême Bonheur*, Cicéron l'introduit discutant l'opinion d'Aristote sur cette matière.

La philosophie d'Épicure, moins répandue, avait pour soutien L. Manlius Torquatus; dans l'ouvrage que nous venons de citer sur le suprême bonheur, il discute l'opinion d'Épicure sur ce problème. Dans le livre *de la Nature des Dieux*, le sénateur C. Velleius défend le système de ce philosophe sur la cosmogonie. Cette secte avait encore pour partisans C. Cassius Longinus, le meurtrier de César; E. Albutius; L. Papirius Pœtus; L. Sansejus; C. Vibius Pansa, le consul qui périt à la bataille de Modène. Lucrèce et L. Pomponius Atticus furent les partisans les plus célèbres de cette secte.

Ainsi Rome recevait dans son sein toutes les opinions, comme elle recevait tous les dieux des nations qu'elle avait vaincues; et ce mélange de tant de croyances et de tant de systèmes produisit l'absence complète de toute conviction morale et religieuse.

Cicéron ne s'attacha particulièrement à aucune secte philosophique. Si dans sa jeunesse il parut pencher pour la nouvelle ·Académie, plus tard la morale de cette secte ne put satisfaire son cœur, et les stoïciens lui convinrent mieux ; mais bientôt le Portique lui offrit aussi des imperfections ; il devint *éclectique*. C'était là que devait finir par le porter et le doute de sa pensée et la situation indécise de son siècle. Il se créa un système de morale, mélange de celle de Platon et de l'ancienne Académie, de celle de Zénon et plus tard d'Aristote. Quant à l'épicuréisme et à l'auteur de ce système, Cicéron les méprisa toujours. Il sentait que rien n'est plus fatal à la vertu et à la liberté que cette doctrine de l'égoïsme.

Les ouvrages philosophiques de Cicéron sont l'analyse la plus fidèle, la plus complète, la plus brillante que nous ayons des divers systèmes imaginés par les philosophes grecs : traductions libres, imitations ou extraits, quelquefois même compilations pleines de goût et de jugement, s'ils ne manquent jamais d'éclat et de netteté, ils manquent parfois de profondeur. Ces ouvrages se peuvent diviser en trois classes : dans la première se placent le *Traité des Devoirs*, celui *de la Divination*, l'ouvrage *sur le Souverain Bien*, et le traité imparfait *des Lois*. Dans ces ouvrages, Cicéron se met lui-même en scène. Dans ceux qui appartiennent à la seconde classe, il charge divers interlocuteurs de discuter les systèmes des écoles. Tels sont les *Questions académiques*, le *Traité de la Natute des Dieux*, le fragment *du Destin*, le premier et le cinquième livre des *Tusculanes*, tous ouvrages intéressans pour l'histoire de la philosophie. Dans la troisième classe se rangent le reste des *Tusculanes*, les traités *sur la Vieillesse* et *l'Amitié*, les *Paradoxes*. Ces divers ouvrages forment un traité complet de l'histoire de la philosophie grecque.

La philosophie, comme tout le reste, nous est venue de l'orient. Thalès, d'origine phénicienne, et après lui Pythagore, la firent connaître à l'occident. Occupée d'abord à la recherche des sciences naturelles, et se perdant dans ces questions obscures dont la connaissance, d'ailleurs interdite à l'homme, ne le rendrait ni meilleur ni plus heureux, elle revint, sur les pas de Socrate, à une méthode plus sûre et plus féconde. Le premier, Socrate fit descendre la philosophie du ciel sur la terre, et, la ramenant à la vie commune, à l'examen des vertus et des vices, du bien et du mal, il lui donna une utilité pratique. Platon reçut de Socrate cette doctrine pure et sublime, et il l'embellit encore de sa religieuse et poétique imagination; il consacra toutes les grandes vérités qui satisfont tout à la fois le cœur et la raison de

l'homme. Après Platon vint Aristote, qui opposa à
son doute savant, à ces inductions longuement
préparées, le syllogisme et les catégories. Soumettant à des calculs exacts, à des abstractions préci-
ses, les sublimes pressentimens de Platon, Aristote désenchanta la vie et flétrit la morale ; enlevant à l'homme l'immortalité que Platon lui avait
pour ainsi dire révélée, il le réduit à une vie ani-
male, passagère, sans espérance. Dieu a disparu
sous la sécheresse de ses raisonnemens. Toute la
philosophie ancienne et la philosophie moderne se
partagent entre ces deux écoles, dont les autres ne
furent que les conséquences ou les modifications.
L'école platonique, ou première Académie, fut continuée quelque temps et soutenue avec éclat par
Speusippe, neveu de Platon ; mais, bientôt altérée,
elle vit sortir de son sein une autre philosophie,
qui, sous le nom de moyenne Académie, exagéra
le doute de Socrate, et même celui de Pyrrhon.
Carnéades, qui le premier fit connaître la philosophie aux Romains, fut un des chefs les plus
célèbres de cette nouvelle secte. Cependant, avant
cette école, entre les académiciens et les péripatéticiens, s'était formée une troisième opinion :
Zénon, adoptant, rejetant ce qui dans l'Académie
ou le Lycée lui paraissait faux, établit une école
à part : ce fut le Portique, ou doctrine stoïcienne.
Toutefois l'Académie, le Lycée, le Portique,

avaient un principe commun : les péripatéticiens
et les académiciens différaient dans les termes et
s'accordaient dans les choses; les stoiciens même
ne s'écartaient des deux écoles que dans les expressions. A ces trois grandes divisions de la philosophie ancienne peuvent se ramener toutes les
sectes dont Cicéron, dans ses divers traités, nous
retracera l'histoire, les variations, les systèmes
différens.

Les *Académiques* peuvent être regardées comme
une introduction à toutes ces discussions philosophiques; divisées en deux livres, elles reproduisent toutes les opinions de Socrate, Platon,
Aristote, Théophraste, Zénon, sur ces hautes et
difficiles matières. Mais ce n'est point un simple
résumé ; l'auteur prend parti dans ces graves
questions ; puis, fatigué de la variété de sentimens
qui se trouve entre ces philosophes, il finit par
se réfugier dans l'indifférence et dans le doute :
suite nécessaire de toutes ces vaines disputes et
de l'état moral des esprits à cette époque.

Cet ouvrage, le premier des traités de philosophie de Cicéron dans l'ordre des temps parmi
ceux que nous possédons, avait été précédé de
quelques autres qui se sont perdus.

« En quoi consiste le souverain bien? C'était
là ce qu'on demandait à tous les philosophes,
comme on leur demandait à tous : comment le

monde a-t-il été fait? Il n'y en avait pas un qui ne se crût en état de répondre aux deux questions; et de là autant de systèmes sur l'une que sur l'autre. Épicure et Aristippe répondaient, dans le plaisir; Hiéronyme, dans l'absence de la douleur; Zénon, dans la vertu; et ces trois systèmes étaient simples et absolus : Platon, dans la connaissance de la vérité, et dans la vertu, qui en est la suite; Aristote, Carnéades et les péripatéticiens, à vivre conformément aux lois de la nature, mais non indépendamment de la vertu; et ces deux systèmes étaient complexes, et la nouvelle Académie, que Cicéron faisait profession de suivre, se rapprochait du dernier, en le commentant et en l'expliquant. Mais les choses et les mots se confondaient tellement dans l'exposition et la discussion de chaque doctrine, que souvent l'un rentrait en partie dans l'autre : et même Cicéron prétend que Zénon et tout le Portique ne s'étaient séparés des péripatéticiens que par une ambition mal entendue; qu'ils étaient d'accord sur le point principal, où ils ne différaient que dans les termes; mais qu'ils avaient rendu ce même fond vicieux et insoutenable en le rendant exclusif. Vivre conformément aux lois de la nature était, selon les péripatéticiens, la même chose que vivre honnêtement, et par là ils rentraient dans le souverain bien de Zénon, qui était l'honnêteté ou la vertu, mots synonymes dans la langue philosophique; mais Zénon allait jusqu'à ne reconnaître aucune espèce de *bien* que la vertu, aucune espèce de *mal* que le vice; et c'est là-dessus que les péripatéticiens et les académiciens se réunissaient contre lui, admettant également comme *biens* l'usage légitime des choses naturelles et l'éloignement des maux physiques : et Cicéron, qui suit Aristote dans cet ouvrage, trouve qu'ils avaient raison. Épicure était à la fois attaqué par tous, surtout par Cicéron, qui détestait sa doctrine, quoique estimant sa personne; car toute l'antiquité convient que cet homme, qui s'était fait l'apôtre de la volupté, vécut toujours très-sagement, et fort éloigné de tout excès et de tout scandale. Il n'en est pas moins prouvé que ceux qui ont voulu expliquer et justifier sa philosophie en rapportant à l'âme tout ce qu'il disait de la volupté se sont entièrement abusés. Nous n'avons plus ses écrits, il est vrai, mais du temps de Cicéron ils étaient entre les mains de tout le monde, et quand Cicéron en cite souvent des passages entiers comme textuels, en présence d'un épicurien qu'il défie de nier le texte, on ne peut penser que Cicéron ait voulu mentir gratuitement ni citer à faux, quand il eût été si facile de le démentir..... Il emploie ici une dialectique irrésistible, et une démonstration qui

peut servir de réponse péremptoire à tous les
écrivains qui de nos jours se sont efforcés mal à
propos de réhabiliter Épicure. »

Ce morceau de Laharpe est une analyse fidèle
de l'ouvrage *sur le Souverain Bien.*

Les *Tusculanes* sont la suite des recherches de
la philosophie sur le souverain bien. « Quoique,
détachées et prises chacune à part, les *Tusculanes*
soient autant de questions indépendantes les unes
des autres, il n'en est pas moins vrai que les cinq
ensemble forment un corps des mieux construits.
Unité dans le dessein, justesse dans la division,
variété dans les matières, voilà, si je ne me trompe,
tout ce qui peut contribuer à la perfection d'un
ouvrage, quant au fonds, et j'ai peine à croire
qu'il y ait dans les écrits ou anciens ou modernes,
quelque autre plan mieux imaginé, plus régu-
lier que celui des *Tusculanes.* Quel a été le but
de Cicéron ? C'est de faire bien comprendre à
l'homme qu'il ne tient qu'à lui d'être heureux.
Un sentiment confus et aveugle se soulève dabord
contre cette proposition ; mais quelle obligation
n'aurai-je pas à un auteur qui pourra réussir à
m'en convaincre ? Je veux être heureux ; toutes
mes vues, tous mes désirs se portent là ; cet instinct me parle à tous les momens de la vie ; je
puis renoncer à tout, excepté à l'envie d'être heureux : cependant je ne le suis point ; dois-je m'en

prendre à la nature ou à moi? Pour me décider
là-dessus, il faut que je rentre en moi-même, et
que j'examine au vrai ce que je suis. Hélas! que
suis-je? un animal destiné à mourir tôt ou tard.
Avant que d'arriver à ce dernier terme, je puis,
et à chaque instant, me voir aux prises avec la
douleur; je puis, et à chaque instant, recevoir
des sujets d'affliction. J'ai dans mon cœur le poi-
son le plus funeste, une source intarissable de
passions. Mais en même temps, pour combattre
les divers ennemis de mon repos, j'ai une raison
qui m'éclaire sur ce qui est bien ou mal; qui me
fait sentir que je suis né pour aimer et pour pratiquer le bien; qui, par rapport aux maux dont
je me plains, corrige l'erreur de mes sens, et qui
enfin, si je suis docile à ses lois, me répond de
ma félicité. Voilà ce qu'embrassent les cinq *Tus-*
culanes..... Aucun des philosophes grecs ne fut
exempt d'erreurs; mais en même temps, combien
ne leur doit-on pas de leçons utiles à la société,
et qui sont allées insensiblement à l'extirpation
de la barbarie? Cicéron en a fait un choix; il les a
mises dans leur plus beau jour; et sans doute il
mérite, n'eût-il composé que ses *Tusculanes*, de
marcher à la tête des anciens qui ont le mieux
servi la raison. » (D'OLIVET.)

Tout ce qui est traité dans les *Tusculanes* suppose une question préliminaire qui est appro-

fondie dans les cinq livres *de Finibus bonorum et malorum*.

Viennent ensuite les *Paradoxes*. Ces courtes discussions ne sont point, à proprement parler, des ouvrages philosophiques, mais bien des exercices oratoires, des espèces de lieux communs qui pouvaient trouver leur place dans les discours; c'est un fond de morale que l'orateur devait toujours avoir à sa disposition. Mélange de philosophie et d'éloquence, ils forment du reste une transition naturelle entre les ouvrages oratoires et les traités philosophiques.

Le *Traité de la Nature des Dieux* se divise en trois livres : le premier contient une revue aussi rapide que juste des sentimens des philosophes sur les dieux, puis l'analyse des opinions théologiques d'Épicure et leur réfutation; le second contient les opinions des stoïciens sur cette question: L'existence des dieux, leur nature, leur providence attentive à gouverner l'univers, à veiller sur les hommes, tels sont les dogmes qu'ils adoptent. Le troisième livre est consacré à l'examen de l'opinion des stoïciens, ou plutôt à sa réfutation. Leurs dieux ne sont pas des dieux; l'univers n'est point gouverné par une providence: on voit dans ce sommaire les trois écoles soutenir tour-à-tour leurs opinions. Velleius représente l'école d'Épicure; Balbus, le Portique; Cotta, l'Académie. Cicéron ne se prononce point ; il reste indécis entre ces diverses autorités. On doit regretter que, déterminé à se renfermer dans le probabilisme de la nouvelle Académie [1], Cicéron n'ait pas fixé son opinion sur d'aussi graves matières.

Le *Traité de la Divination* est une suite de *la Nature des Dieux*. Cet ouvrage se distingue cependant des autres par un caractère d'originalité, par la rareté et la multitude des faits qu'il renferme. Cicéron ne se borne plus à reproduire les opinions philosophiques des Grecs, il retrace toutes les cérémonies et les superstitions romaines ; le fond, comme la forme, lui appartient. Cet ouvrage est bien remarquable dans l'histoire littéraire et politique de Rome ; il nous révèle toute la situation morale de la république. Elles étaient donc éteintes toutes les croyances qui avaient valu à Rome la conquête de l'univers ; le secret était divulgué, et les dieux s'en allaient avec la liberté ! Un ancien consul, un grave philosophe, vient livrer à la dérision du peuple ces mystères de la

---

[1] Par rapport au temps de Platon et à l'état où elle parut d'abord, l'Académie se nomma la *vieille* Académie ; par rapport au temps d'Arcésilas et à l'état où elle fut rétablie, la *moyenne ;* par rapport au temps de Carnéades et à l'état où elle fut confirmée en dernier lieu, la *nouvelle :* telles sont les époques et les variations de l'Académie.

religion, dont la politique avait avec tant de soin
conservé le dépôt inaccessible aux regards profanes du vulgaire ! Les augures, les prêtres des
dieux, leurs oracles, leurs prodiges, toute la tradition religieuse de Rome vont être soumis à l'ironie d'un scepticisme audacieux! Quel changement
dans les mœurs nous annonce ce changement
dans les opinions! Ainsi, veuve de sa religion
et de sa liberté, Rome était promise au despotisme !

L'analyse que nous allons donner des sujets
traités dans *la Divination* montre mieux que toutes
les paroles la révolution qui s'était opérée dans
les esprits. Livre premier : Quintus, frère de Cicéron, défend, d'après le système des stoïciens,
la divination, qu'il distingue en deux genres, l'une
artificielle, l'autre naturelle : la première consis-
tant dans les signes extérieurs, la seconde dans
cette espèce de fureur inspirée qui lit dans l'avenir : certitude de la devination; une multitude de
faits l'atteste. La divination vient ou des dieux,
ou du destin, ou de la nature. Livre second : Cicéron combat les opinions des stoïciens, qui sont
aussi celles de son frère. La divination, tant artificielle que naturelle, ne saurait exister, et si elle
existait, elle serait plus nuisible qu'utile. L'auteur,
poursuivant dans une réfutation détaillée toutes
les espèces de divination, en montre la fausseté.

Cependant, avec cette sagesse qui ne l'abandonne jamais, Cicéron ne franchit point les bornes où doit s'arrêter la pensée et la philosophie humaine. S'il combat la superstition, il défend, il proclame hautement ces nobles et religieuses doctrines qui se trouvent au fond de la conscience : l'idée d'un Dieu suprême, l'immortalité de l'âme, tels sont les dogmes consolans qui couronnent ces discussions hardies, dans lesquelles la raison de l'homme ne semble avoir renversé toutes les impostures que pour préparer les esprits à recevoir cette lumière plus pure qui devait reluire, pour ne plus s'éteindre, sur tout l'univers.

Le *Traité du Destin* formait le complément de toute cette doctrine philosophique. Cicéron, au livre second de *la Divination*, nous trace ainsi lui-même l'ordre de ses ouvrages, qui devaient former un cours complet de philosophie: « Dans mon ouvrage intitulé *Hortensius*, j'ai engagé mes concitoyens à se livrer à la philosophie, et je leur ai montré dans mes quatre livres académiques quelle sorte de philosophie me paraissait la moins orgueilleuse, la plus fidèle à ses principes, la plus capable de former le goût. Ensuite, la distinction *des vrais biens et des vrais maux* étant le fondement de la philosophie, j'ai éclairci cette question dans cinq livres, où l'on trouve tout ce que l'on a dit pour ou contre chaque opinion. Cinq autres livres, les *Tusculanes*, ont fait voir quelque temps après en quoi consiste surtout le bonheur de la vie. J'ai compris ensuite en trois livres toute la question de *la Nature des Dieux*. Pour ne rien négliger de ce qui semble y appartenir, j'écris les livres *sur la Divination*, et quand j'y aurai joint un *Traité du Destin*, on n'aura rien à désirer sur cette matière. » Ce *Traité du Destin* ne nous est parvenu que mutilé et en lambeaux, ce qui n'a pas peu contribué à rendre plus obscure encore une matière déjà si aride et si peu claire par elle-même. Il est difficile, dans ces vestiges rares et effacés, de saisir le plan de l'ouvrage, bien moins encore les principales questions qui s'y trouvaient traitées. On suit avec peine, à travers ces fragmens altérés, toutes les distinctions des écoles grecques; il semble même que quelquefois l'expression se refuse à rendre nettement la pensée de l'auteur. Les formes graves et nombreuses de la langue latine, que Cicéron a si heureusement, dans les autres traités, pliées à la subtilité des argumentations scolastiques, semblent ici plu rebelles : c'est que, dans cette matière, Cicéron n'est plus animé par ces grandes pensées de la philosophie platonicienne, si favorables aux développemens oratoires; sa pensée, comme son expression, sont gênées dans ces subtilités, ces visions de l'esprit.

CHAPITRE XIX.

Suite de la philosophie.

Ici s'ouvre une nouvelle suite d'ouvrages qui, sans appartenir entièrement à la philosophie, y rentrent cependant, sinon par le fond même du sujet, du moins par des digressions fréquentes, et par l'habitude commune à Cicéron avec tous les écrivains anciens d'appuyer la politique ainsi que l'éloquence sur la philosophie. Considérés sous ce point de vue, les ouvrages que nous allons examiner forment une suite naturelle de ceux que nous avons parcourus. Le premier qui s'offre à nous est l'ouvrage si vivement regretté, si long-temps perdu et à peine faiblement retrouvé, *de la République*. Les six livres sur *la République* n'ont de ressemblance avec *la République* de Platon que le titre. Cicéron ne trace pas, comme le philosophe athénien, un plan imaginaire, une théorie impraticable : prenant les choses telles qu'elles existent, et les gouvernemens avec leurs avantages et leurs imperfections, il cherche le mieux dans ce qui est possible ; toutes ses observations, fruit de l'expérience autant que de la réflexion, se rapportent toujours à la pratique : c'est l'ancien consul qui écrit sur la république. Ces vues, d'une utilité pratique, et de recherches applicables à la société, n'abandonnent jamais Cicéron, alors même qu'il semble le plus se livrer à son imagination. Nous les retrouvons dans le *Traité des Lois*, très-différent encore de celui *des Lois* de Platon. Abordant directement la question, Cicéron recherche l'origine du droit, qu'il trouve dans la Divinité ; il a aussi sa source dans la nature humaine. Existant par lui-même, et non dans l'opinion, le droit se manifeste dans la conscience particulière et dans la conscience universelle. Les hautes questions qui forment la matière principale du premier livre appellent nécessairement des développemens secondaires, et la réfutation des épicuriens, qui prétendaient que le juste était l'ouvrage des lois. Ces considérations générales remplissent le premier livre, auquel elles servent pour ainsi dire d'introduction, et se prolongent dans le second. Cicéron descend dans le détail des objets que doit embrasser la loi : il nous dévoile toute la constitution religieuse de Rome dans le premier livre, et dans le second sa constitution politique. Ces détails, arides peut-être, sont pour l'histoire d'un grand intérêt.

Ce traité, comme presque tous ceux de Cicéron, est en forme de dialogue : les interlocuteurs sont Cicéron, son frère Quintus et Atticus. La scène se passe sur les bords du Lyris et du Fibrène, par un de ces rapprochemens admirables, de ces agréables contrastes, fréquens dans les auteurs anciens, qui se plaisaient à placer les nobles discussions et les religieuses pensées en face des beautés de la nature, comme pour les entourer de calme et de majesté. Cette heureuse idée, qui se reproduit dans le second livre, fournit à Cicéron quelques pages pleines de grâce, d'élégance et de fraîcheur; on dirait que tous les charmes du lieu ont passé dans le style, qui respire une douce tranquillité et un sentiment délicieux de bonheur.

Le *Traité sur les Devoirs* se divise en trois livres. Le premier a pour sujet l'honnête; le second, l'utile; le troisième, la comparaison de l'honnête avec l'utile. Le souverain bien ne saurait se séparer de la vertu : l'honnête doit donc être l'objet principal de nos recherches, puisqu'il est notre premier besoin et notre bien le plus réel. Quatre sources de l'honnête : la prudence, la justice, la force et la tempérance. Caractères de ces vertus, leurs conséquences et leurs subdivisions : elles comprennent et les devoirs, et les bienséances, qui sont encore des devoirs, dont Cicéron trace les règles avec autant de délicatesse que de précision; car son abondance est toujours concise et ses détails féconds. Telles sont les matières renfermées dans le premier livre. Dans le second, où il s'agit de l'*utile*, l'auteur s'arrête quelque temps sur les motifs qui l'ont engagé à cultiver la philosophie : c'était l'occupation de ses jeunes années; c'est la consolation de ses douleurs patriotiques, et, dans le silence de la tribune, la seule voix qu'il puisse faire entendre aux Romains. Puis, abordant son sujet, il montre, contre l'opinion du vulgaire, et celle de quelques philosophes, que l'utile est inséparable de l'honnête, et que la sagesse est la vraie habileté. Mais souvent l'utile semble en opposition avec l'honnête; vaine objection : l'utilité particulière ne saurait être autre que l'utilité publique, et toutes deux se réduisent à l'honnête. Cependant il est des cas où des devoirs également impérieux paraissent se contredire : dans ce choix difficile, dans ces questions délicates, c'est au fond de nos cœurs qu'il faut chercher et le conseil et la solution. Ici Cicéron sait se défendre de toute exagération, et avec autant de sagesse que de profondeur il place les devoirs de la nature avant ceux de la patrie, les affections de l'homme avant celles du citoyen : raisonnement d'une grande justesse, puisqu'en faisant ainsi sortir les attachemens de la famille, pour leur donner une application directe, de tous ces liens différens on forme le lien général de la société, et qu'au contraire, d'une philantropie universelle qui se perd et s'évapore dans un exercice vague, on ne fait rien sortir. C'est au foyer domestique que s'allument tous les nobles dévouemens et toutes les vertus patriotiques. Ces dernières considérations complètent le *troisième livre des Devoirs.*

Après le *Traité des Devoirs* viennent ceux *de la Vieillesse* et *de l'Amitié.* Le premier, remarquable par l'agrément d'une diction claire et tempérée; il semble que Cicéron ait voulu réaliser le caractère de style qu'il demande particulièrement dans la vieillesse, style doux, d'une simplicité élégante. Parcourant successivement les reproches adressés à la vieillesse, Cicéron les réfute, et oppose à ces accusations le tableau des avantages particuliers à cet âge. Ces derniers travaux du citoyen, cette autorité des années et de la vertu, ce charme de l'étude, cette joie du cœur que donnent une vie honorablement passée et des souvenirs de bienfaisance, toutes ces riantes images dont Cicéron entoure le soir d'un beau jour, sont présentées avec des couleurs touchantes et une puissante conviction. L'auteur finit en laissant tomber sur ce tableau délicieux comme un rayon d'immortalité, et en nous montrant une vie nouvelle au-delà de la vieillesse. Là se trouve ce beau morceau imité de Xénophon, et dans lequel

respire la sublime doctrine de l'école platonicienne.

On a reproché à ce traité de n'être point complet, et de ne peindre que la vieillesse de l'homme
d'état : sans doute bien des points de vue manquent dans ce tableau, tel qu'on pourrait le concevoir; mais il était complet dans la pensée de Cicéron; plein des malheurs de la patrie, préoccupé
des événemens politiques, c'est toujours vers l'é-
tat que se tournaient involontairement ses regards :
condamné à la solitude, il aimait à montrer aux
autres, à se dire à lui-même, qu'il était encore, et
dans la disgrâce et dans la vieillesse, d'heureux dédommagemens; il présentait la gloire de la jeunesse et de l'âge mûr comme la meilleure garantie
contre les injures de la vieillesse.

Le *Traité de l'Amitié* est moins intéressant que
celui de la vieillesse : ce titre *de l'Amitié* n'a pas
toujours été bien compris, et n'est pas en effet
très-clair. Cicéron n'examine pas ici cet attachement solide et vif qui dans la vie répand tant de
charme et de bienfaits : ce n'est pas cet ami de La
Fontaine qu'il demande; bien que ce sentiment
ne lui soit pas étranger, il considère cependant
plutôt l'amitié comme liaison politique que comme
sentiment moral, et plutôt sous le rapport de l'u-
tilité que sous celui de l'agrément; ou, s'il la considère sous cette dernière face, ce n'est qu'acces-

soirement, bien qu'alors il le fasse avec beaucoup de chaleur et d'âme; partout ailleurs, il ne voit guère que l'amitié politique.

Ces ouvrages complètent et terminent les ouvrages philosophiques de Cicéron.

CHAPITRE XX.

Rhétorique.

Le premier des traités sur l'art oratoire, *la Rhétorique*, adressée à Hérennius, est-elle véritablement de Cicéron? Malgré les autorités assez graves qui se sont prononcées pour la négative, nous le considérerons comme lui appartenant : esquisse imparfaite d'un jeune homme, cet ouvrage contient cependant d'utiles leçons exprimées avec beaucoup de clarté et habilement développées. C'est, dit M. Le Clerc, presque la seule rhétorique vraiment élémentaire qui nous reste des anciens.

Le *Traité de l'Invention*, autre ébauche incomplète et grossière de la jeunesse de Cicéron, n'est cependant ni sans intérêt ni sans utilité. Il ne faut pas, sans doute, y chercher ces magnifiques théories de l'éloquence que les succès mêmes de la tribune inspirèrent à Cicéron; mais il est curieux d'assister au premier développement de ce génie qui a porté si loin la puissance et l'art de la parole. Il y a, d'ailleurs, dans ces traités méthodiques, bien que secs et arides, quelquefois un intérêt d'instruction qui ne se trouve pas dans des leçons plus éclatantes. Ces détails du style, ces secrets de la pensée, ces artifices de l'éloquence si difficiles à saisir, et si nécessaires cependant à l'orateur, c'est là que vous les apprendrez. Sous des formes plus éclatantes, le travail intérieur, le mécanisme de la diction disparaît. Ainsi l'on a pu reprocher à Buffon, dans son admirable discours de réception à l'Académie, de ne point assez nous initier aux causes premières de ces beautés de l'éloquence dont il traçait un si habile tableau; de nous montrer plutôt ce qu'il avait obtenu d'études profondes, que le secret même de ces études. Ce n'est pas que ces préceptes même généraux de l'art oratoire n'aient leur utilité; mais ils doivent être préparés par des principes plus simples, des procédés plus exacts; et, sous ce rapport, les premiers ouvrages de rhétorique de Cicéron sont une excellente introduction aux savantes discussions qu'il nous présentera plus tard sur l'éloquence. Nous venons d'indiquer le but et l'utilité de *l'Invention*. Ce traité est bien supérieur à celui *de la Rhétorique à Hérennius* : le style est plus brillant, plus harmonieux : la sécheresse des principes d'Aristote s'anime de la philosophie poétique de Platon. Nous citerons même l'introduction comme un morceau dans lequel s'annonce Cicéron tout entier; l'orateur montre l'éloquence rassemblant les hom-

mes, fondant les villes, créant les mœurs et la
société.

Un long intervalle de temps sépare *l'Invention*
du *Traité de l'Orateur*; aussi de ce premier ouvrage
à celui que nous allons examiner la distance est
immense; on y reconnaît la supériorité que durent
donner à Cicéron trente années d'exercice et de
triomphes dans l'art de la parole. Le premier trait
distinctif qui marque cet ouvrage, c'est l'union
de la philosophie et de l'éloquence. Cicéron ne
demande plus les secrets de la parole à ces mé-
thodes scolastiques qu'il avait apprises des rhéteurs grecs; c'est à une source plus pure et plus
féconde qu'il va puiser : les principes de la raison,
la nature de l'homme, la connaissance du cœur
humain, telles sont les bases et les inspirations de
l'éloquence. De ce point d'élévation, où le place
la hauteur de sa pensée, il domine les questions
les plus générales, et descend sans effort aux détails les plus simples : son imagination, toujours
éclatante et féconde, anime et colore tout ce
qu'elle embrasse. Exposons les matières principales
discutées dans cet admirable traité. Crassus trace
le portrait de l'orateur tel qu'il se le représente; et,
à la réunion des qualités qu'il exige de lui, on
peut deviner cette perfection idéale de l'éloquence
que Cicéron demandera dans un autre traité.
Crassus veut qu'il connaisse à fond la rhétorique,

la politique, l'histoire, la jurisprudence, la philosophie surtout, et le droit. Antoine combat cette
opinion; et, renfermant la carrière de l'éloquence
dans des bornes plus étroites, il fixe les limites
qui séparent les sciences humaines : il pense que
des connaissances légères, des études rapides sur
tous les sujets, suffisent à l'orateur. Tel est l'objet
du premier dialogue. Dans le suivant, Antoine,
passant à des questions moins générales, développe
les principes de l'*invention* et de la *disposition*,
examine les différens genres sur lesquels peut
s'exercer l'éloquence, et, après avoir réfuté comme
incomplètes les doctrines des philosophes grecs,
il passe en revue les différentes parties du discours,
et trace lui-même les règles qui conviennent à
chacune d'elles. Dans le troisième dialogue, Crassus reprend la discussion. Ce souvenir de Crassus
réveille les regrets de Cicéron qui, se mettant
lui-même pour un instant en scène, déplore la
mort de ce célèbre orateur. Il traite ensuite de
l'*élocution* et de l'*action;* il indique les qualités
principales, et, s'élevant à de plus hautes considérations, il rappelle l'alliance trop négligée de
la philosophie et de l'éloquence : question qu'a
développée aussi d'Aguesseau, un de nos magistrats, qui, par le nombre, l'élégance, l'harmonie
de son style, offre plus d'un trait de ressemblance
avec l'orateur romain.

Ces graves questions de l'art oratoire se terminent par un examen détaillé de la composition du style, de l'élocution figurée, du rhythme et de l'harmonie, et par des préceptes sur la convenance du style et l'action oratoire.

On peut reprocher à ce traité quelques longueurs et des détails qui, pour nous, ont perdu de leur intérêt; une digression trop étendue sur le double genre de plaisanteries, matière qui, plus que toute autre, n'a plus pour nous le même piquant; abstraction faite, d'ailleurs, de la diversité des temps, il faut avouer que la plupart des plaisanteries rapportées par Cicéron ne sont ni très-fines ni très-délicates. Ces taches légères sont effacées par une foule de beautés du premier ordre. Les plus riches développemens, relevés encore par la forme dramatique sous laquelle l'orateur les présente, excitent et soutiennent continuellement l'intérêt. C'est, avec l'*Orator*, l'ouvrage où la diction est la plus soignée et la plus brillante. Il y a un charme continu d'élégance, une perfection admirable dans les détails, comme dans les points principaux, une vérité singulière d'observations toujours neuves et ingénieuses. Une douce chaleur, répandue dans tout l'ouvrage, anime l'aridité des préceptes, et y répand la vie avec la fécondité. En un mot, toutes ces beautés de détail qui échappent à l'analyse, et se font si vivement sentir à la lecture, donnent à ce traité un charme particulier.

Le destin avait prononcé dans les plaines de Pharsale en faveur du génie contre la liberté. Absent pendant un an de Rome, Cicéron revoit sa patrie; mais il la retrouve esclave et la tribune muette. Il demande alors à l'étude ces consolations qu'elle ne refuse jamais, et qui, pour Cicéron, étaient encore la gloire. C'est à ce retour vers les lettres que nous devons le dialogue intitulé *Brutus*. L'orateur est à sa maison de Tusculum; il cède aux instances de Brutus qui l'engage à achever l'histoire des orateurs qu'il avait dernièrement commencée. A la manière des anciens, l'auteur anime ces tranquilles dissertations d'un de ces effets pris de la nature qui charment si puissamment l'imagination. C'est sur un tapis de verdure, auprès de la statue de Platon, que s'ouvrent ces magnifiques entretiens. Cicéron présente d'abord à nos regards un vaste tableau de l'éloquence, de ses difficultés, de son histoire et de ses triomphes dans la Grèce, dont il peint les grands orateurs avec autant de justesse que de rapidité; puis, arrivant aux orateurs romains, il considère l'éloquence dans les premiers temps de la république, et nous offre sur l'origine de la littérature latine de curieuses recherches. Apparaissent ensuite, marqués à des traits particuliers, tous les orateurs

de Rome. Cicéron s'arrête avec complaisance devant le génie des Gracques, et surtout de C. Gracchus dont il déplore l'ambition, et vante l'éloquence, à laquelle il ne trouve rien d'égal. Il
peint Hortensius, il se peint lui-même à la suite
de tant de grands hommes, et il le fait sans ces
formules de modestie qui cachent un secret orgueil. Toutes ces diverses physionomies se succèdent sans se nuire; on pouvait craindre que cette
suite de portraits ne produisît la monotonie, et
ne finît par fatiguer l'esprit en l'éblouissant. Cicéron prévient ce défaut par des réflexions d'un
intérêt général et élevé auxquelles il se livre dans
plusieurs chapitres. Il nous fait l'histoire de ses
études, de ses travaux, et ces révélations du génie
sont plus fécondes que tous les préceptes de la
rhétorique. Il compare la gloire de l'éloquence
avec celle des armes; il décrit la corruption du
goût introduite dans Rome avec les étrangers.
Dans ces brillantes discussions de l'orateur, l'ancien consul ne peut disparaître entièrement; des
regrets sur les maux de la patrie s'échappent malgré lui de son âme, et ces souvenirs involontaires
ne sont pas sans charme et sans noblesse : c'est
une belle gloire pour l'éloquence qu'elle ne puisse
se séparer de la liberté! Ce dialogue forme ainsi
un tableau complet de la littérature romaine: tous
les orateurs qu'elle a produits, leurs mérites, leurs

défauts, les commencemens, les progrès, les différens genres de l'éloquence, et ses différens secrets
y sont marqués avec autant de goût que d'éclat.
Les couleurs de Cicéron sont toujours assorties au sujet : tour-à-tour simple et noble, familier
et majestueux, il sait prendre tous les tons et toutes
tes les manières. Nul n'est plus éloquent en parlant de l'éloquence.

L'Orateur fut composé avec le *Brutus* : cet
ouvrage peut se diviser en deux parties. Type
originel de la beauté platonique; image d'un
orateur parfait, nécessité de la philosophie pour
arriver à la perfection de l'éloquence : ses trois
principaux caractères, qui sont le simple, le sublime, le tempéré : portrait du véritable orateur
attique; Démosthènes en est le modèle : l'invention, la disposition, l'élocution, l'action, qualités
indispensables; l'élocution surtout, qui contient
toute l'éloquence; seule elle sait instruire, plaire,
émouvoir; l'éloquence qui convient au philosophe
ne convient pas au poète, à l'historien : observation des bienséances; développement des principaux genres de style; les discours de Cicéron cités
pour exemples : choix que l'on doit mettre dans
les figures de pensées et les figures de mots : tel
est le fond de la première partie, morceau brillant des plus riches couleurs et des plus belles
pensées que l'éloquence puisse recevoir de la phi-

losophie. La seconde partie, moins favorable à l'éclat des ornemens, n'offre pas un intérêt moins grand et des leçons moins utiles : Cicéron traite de l'harmonie du style, et en la définissant il la crée. Les opérations les plus abstraites de la grammaire, les nuances les plus fines et les plus délicates du mécanisme de la pensée et de la phrase, sont saisies avec une netteté, une délicatesse d'expressions toujours vives et neuves. Cicéron sait animer, embellir les plus simples détails, ceux qui semblent le plus se refuser à l'élégance et surtout à l'originalité du mot ou du tour. C'est avec une rare sagacité de goût qu'il nous initie à tous les secrets de la diction. Il considère d'abord l'arrangement des mots, qui, selon lui, consiste ou dans la liaison des syllabes, ou dans la symétrie, ou dans le nombre de la période. Il cherche l'origine, la cause, la nature et l'usage du nombre oratoire, et cette brillante discussion résume et complète le traité le plus admirable peut-être de Cicéron. Dans cet ouvrage, comme dans le *Brutus*, Cicéron se met quelquefois en scène, il rappelle et regrette les triomphes de la parole, qui étaient ceux de la liberté; il semble toujours protester contre la violence des armes, et offre l'éloge de Caton et le panégyrique de Pompée comme une expiation de sa soumission à César.

Tels sont les principaux traités de Cicéron sur

l'art oratoire ; on y reconnaît le double enthousiasme de l'éloquence et de la liberté, qui fut le
caractère particulier de Cicéron et des républiques
anciennes.

CHAPITRE XXI.

Histoire.

L'histoire est assez souvent le fruit des révolutions. Les imaginations vivement émues sentent
le besoin de reproduire les grandes scènes qui les
ont frappées. Les commencemens de l'époque que
nous venons de parcourir virent des compositions
historiques, embrassant soit des événemens dont
les auteurs avaient été témoins, soit l'ensemble
de l'histoire romaine; quelques écrivains s'élevè-
rent jusqu'à l'idée d'une histoire universelle.

Q. Claudius Quadrigarius, contemporain de
Sylla, laissa des annales citées par Tite-Live,
Aulu-Gelle, Sénèque; elles existaient encore au
douzième siècle. Aulu-Gelle et Pline citent aussi
Q. Valerius Antias. A la même époque, C. Licinius
Macer et M. Pompilius Andronicus écrivirent des
histoires romaines. Parmi les historiens ou annalistes dont les ouvrages sont perdus, il faut compter Q. Hortensius, rival de Cicéron en éloquence,
et Q. Pomponius Atticus, son ami. Ce dernier avait
composé une espèce d'abrégé de l'histoire universelle; Cicéron lui-même ne fut pas étranger à
l'histoire. M. Terentius Varro composa un ouvrage

intitulé *Sisenna* ou de l'histoire, des annales, un Traité sur l'origine de la ville de Rome, et d'autres écrits de ce genre ; il avait aussi composé les Vies de sept cents hommes illustres, et une Histoire de la guerre des Alliés et de la guerre civile. Citons encore de la même époque Tanusius Geminus, Volusus et Procilius, C. Asinius Pollion, auteur d'un ouvrage historique en seize livres ; Auguste, qui laissa les Mémoires de sa vie en treize livres ; M. Vipsanius Agrippa, ami et gendre d'Auguste, qui écrivit aussi l'Histoire de sa vie ; M. Valérius Messala, auteur d'un ouvrage sur les familles romaines ; et enfin un certain Aruntius qui composa sous Auguste une Histoire de la première guerre civile. De tous ces historiens il nous reste fort peu de chose ; quelques-uns même ne nous sont connus que par les citations qu'en font des auteurs latins, ajoutons à ces noms :

L. Fenestella, qui écrivit, sous le titre d'Annales, une histoire dont il reste quelques fragmens.

Q. Vitellius, auteur d'une généalogie des Vitellius, et affranchi de cette famille.

Cremutius Cordus, dont Suétone, Tacite et Dion citent les Annales.

M. Flaccus, auteur de divers ouvrages d'histoire et de grammaire.

Titus Labiénus, célèbre par l'excès d'une hardiesse caustique.

Cn. Aufidius Bassus, qui a écrit sur les guerres
civiles et sur les guerres soutenues par les Romains en Germanie.

Nous arrivons à Jules César : des ouvrages nombreux et variés de cet homme extraordinaire, le
temps nous a conservé deux compositions historiques, *Commentaires sur les guerres des Gaules;*
Commentaires sur la guerre civile : la première en
sept livres, le huitième a été ajouté par Hirtius,
lieutenant de César ; la seconde distribuée en trois
livres ; l'une renfermant l'histoire des exploits de
César en Gaule, l'autre celle de sa lutte avec
Pompée, lutte dont la bataille de Pharsale fut le
terme ; remarquables toutes deux par la simplicité, la clarté et l'élégance du style, un caractère
de candeur et de vérité, toutes deux également importantes pour l'histoire, la géographie, l'art militaire et la pratique.

Vient ensuite Cornélius Nepos : des différens
ouvrages historiques qu'il composa, il ne nous
reste que les *Vies des grands Capitaines* qui paraïs-
sent avoir subi des changemens, des additions et
surtout des retranchemens entre les mains d'Émi-
lius Probus, qui en présenta à l'empereur Théodose
un exemplaire écrit par lui, par son père et par
son aïeul. Le style de ces diverses biographies
est simple et concis, et en même temps clair, énergique et élégant. En quelques traits l'auteur sait

peindre la physionomie de ses héros et le temps où ils ont vécu. On peut lui reprocher quelques inexactitudes.

A côté de Cornélius se place Trogue Pompée. L'ouvrage original de Trogue Pompée, composé de quarante-quatre livres, renfermait une histoire de la Macédoine et des états formés de la monarchie d'Alexandre, à laquelle l'auteur avait joint, comme introduction ou comme épisodes, l'histoire des autres peuples connus, de manière à former réellement une histoire générale d'une période de 2155 ans, depuis Ninus, premier roi des Assyriens, jusqu'à l'an 748 de Rome. Cet ouvrage s'est perdu; nous ne possédons plus que l'extrait fait par Justin, qui a surtout retranché les renseignemens géographiques répandus dans cet auteur, renseignemens que doit nous faire regretter plus vivement le peu de notions qui nous restent de la géographie ancienne.

Jusqu'ici nous n'avons rencontré que des productions ordinaires ; aucune grande composition historique n'a encore appelé notre examen.

L'histoire romaine grandit et se fixa avec Salluste. Salluste est, comme homme et comme historien, une assez fidèle image de cette époque. Dans sa jeunesse, il nous l'apprend lui-même, il fut mêlé au gouvernement des affaires publiques, et plus tard il en fut écarté, suivant lui, par l'in-

trigue et par une délicatesse de conscience qui ne
s'accommodait pas de la corruption qu'elle ren-
contrait autour d'elle. Bien que nous ne devions
pas prendre à la lettre cette profession de foi,
nous devons cependant chercher dans ces deux
circonstances le caractère particulier de Salluste
comme historien. Salluste, trompé par les hommes,
ou plutôt par l'ambition, se fit, comme bien d'autres, moraliste par humeur, et sage par nécessité;
Salluste, mêlé au maniement des affaires, y prit
ce coup-d'œil sûr, ces réflexions profondes sans
obscurité qui donnent un si grand prix à ses histoires. Toutefois, de ces deux dispositions, la première
l'égara quelquefois; il se laisse trop aller au plaisir
de faire de la morale : de là, dans le *Catilina* et le
Jugurtha, les deux préfaces, véritables morceaux
de rapport; de là aussi bien des sentences, fécondes
si vous voulez par leur application à la vie et
aux affaires, mais qui trahissent trop l'historien
ou le philosophe, quand on ne devrait entendre
que le personnage qu'il met en scène; de là encore
cette manie d'employer des tournures difficiles et
des mots surannés, comme une imitation des anciennes mœurs : disposition d'esprit que nous
avons vue se reproduire, ainsi que l'idée même
sous laquelle Salluste exécuta son ouvrage. Ce
système d'écrire l'histoire par époques, de l'écrire
avec la couleur et les mots d'un autre âge, ce sys-

-tème que l'on a de nos jours pris pour une découverte, n'est point nouveau : nécessaire pour
arriver à une histoire générale, il convient mieux
à une branche de littérature qui se développe
qu'à une branche déjà cultivée; il a peut-être le
tort de briser, en les renfermant en quelque sorte
dans des proportions données, des événemens
qui par eux-mêmes ont des racines plus profondes
et plus anciennes : c'est un cadre plus brillant, et
aussi plus étroit. Il est vrai que, si un fait pouvait
facilement se détacher de l'ensemble des autres
faits, c'était la conspiration de Catilina. L'*Histoire
de Jugurtha*, moins une par rapport à l'histoire
romaine, est cependant par elle-même, par rapport à l'Afrique, une histoire complète par l'art
avec lequel Salluste y a renfermé les renseignemens les plus exacts sur le sol, les productions,
les mœurs, l'origine, le caractère des habitans et
du pays.

Quelle fut maintenant l'influence qu'exerça sur
l'esprit de Salluste l'expérience des hommes et des
affaires publiques? En quoi le distingue-t-elle de
Tacite et de Tite-Live? Cette influence se reconnaît surtout à la mesure des pensées politiques,
à ce sens net et juste qui est le sens de l'homme
d'état, et qui ne se retrouve pas au même degré,
ou qui se montre avec des nuances différentes,
dans Tite-Live et Tacite. Examinons ces auteurs

dans les discours, partie saillante des anciens historiens. Tite-Live, avec l'imagination d'un poète,
entre parfaitement dans le caractère, les intérêts,
la situation du personnage qu'il fait parler : souple
et varié, plein d'éclat et d'adresse, son esprit, toujours empreint de la couleur locale, toujours
sous l'impression des événemens ou des intérêts
qu'il retrace, laisse rarement échapper de ces
réflexions générales qui annoncent dans l'écrivain
une préoccupation habituelle ou une disposition
spéciale à juger les choses. Toutefois Tite-Live
n'omet aucune des pensées qui sortent naturellement de son sujet ; mais alors il donne à ses réflexions un sens particulier non moins que général, et par là un double intérêt ; artifice admirable
des grands écrivains qui sauvent ainsi à l'observation ce qu'elle aurait de sententieux et par
conséquent de faux. Il n'en est pas de même de
Tacite. Fatigué des horreurs de la tyrannie et des
spectacles de la bassesse, il veut, à force de maximes philosophiques, secouer en quelque sorte
l'indignation qui pèse sur son âme. Ses libres
réflexions sont autant de protestations contre
l'esclavage. Il tombe nécessairement dans l'inconvénient de tous ceux qui sont pleins d'une
grande pensée, d'une pensée fixe : ils ne jugent
les hommes et les choses qu'à travers cette pensée. Ainsi Tacite, qui n'avait point pris part aux

affaires, qui ne connaissait la cour que de loin, et n'en devinait toute l'horreur que par l'instinct du génie et les répugnances secrètes de la vertu pour le vice, Tacite exagère souvent le mal; il a un peu le défaut du peuple, celui d'expliquer par des causes extraordinaires les plus simples événemens. De là dans ses harangues ce ton uniforme et raide, cette couleur philosophique substituée trop souvent et contre toute vraisemblance à la couleur propre. Salluste tient le milieu entre Tacite et Tite-Live. Moins animé, moins dramatique que Tite-Live, il est plus vrai, plus naturel que Tacite : ses réflexions sont plus justes; elles sont mieux dans les choses et dans les hommes : chez lui il y a moins de philosophie et plus de politique. Ce caractère différent éclate dans la forme oratoire des trois historiens. Tite-Live a plus de mouvement, Salluste plus d'énergie, Tacite plus de pensées.

Si de ces comparaisons nous revenons à Salluste considéré comme écrivain, nous le trouverons rapide, concis, nerveux, non toutefois de cette concision et de cette vigueur qui appartiennent à Thucydide, auquel on a voulu le préférer; supériorité fort équivoque, parallèle qui, comme bien d'autres parallèles, est faux et mesquin. De même de l'imitation perpétuelle de Thucydide que l'on veut retrouver dans Salluste : un homme de génie n'en copie point un autre ; si Salluste ressemble à Thucydide, ce n'est point par une minutieuse reproduction de ses traits, c'est par une libre et hardie conformité. Sa pensée, vigoureuse comme celle de l'auteur grec, imite moins qu'elle ne crée les mêmes formes : tous deux ont cet avantage d'avoir été acteurs dans le drame qu'ils représentent ; c'est ce qui fait leur force et leur originalité.

Les premiers monumens de l'histoire romaine ne nous ont point offert cette fraîcheur de composition, cet éclat de coloris qui semblent devoir appartenir au premier développement de chaque genre dans la jeunesse d'une littérature. Nous passons de compositions rudes et âpres à des compositions polies et élégantes, mais qui n'ont pas cette naïveté de récit, ce charme de candeur qui se rencontrent dans les premiers historiens grecs. Salluste a cette justesse d'observation qui décèle la maturité de l'histoire comme celle des sociétés. L'histoire attend son Hérodote. Rome, ses commencemens, ses vertus primitives, ses croyances opiniâtres qui lui valurent l'empire du monde, tout ce mélange d'héroisme, de désintéressement, de vertu et de barbarie qui entourent l'origine de la ville éternelle, n'a point été peint. Pour tracer ce tableau, pour l'animer de couleurs vives et fidèles, pour ressusciter le passé avec sa véritable

physionomie, il faut que l'auteur lui-même soit
doué de cette heureuse imagination qui se teint
des nuances de chaque siècle ; il faut qu'il en
accepte tous les merveilleux récits avec cette bon-
homie qui jadis les rendit si puissans. Il ne dé-
pouillera point le berceau de Rome de ces fables
qui en font le charme et en firent aussi la grandeur ; il conservera à ces lointains événemens leur
magie populaire. Ce portrait est celui de Tite-Live,
et sous ce rapport Quintilien a raison de le comparer à Hérodote.

Ce qu'Homère fut pour la poésie, Hérodote le
fut pour l'histoire ; il la créa. Placé comme Homère
près d'une société jeune encore, et à cette époque
où l'imagination a toute sa puissance, parce
qu'elle a toutes ses illusions, il imprima à ses récits ce mouvement rapide et dramatique, cette simplicité majestueuse qui conviennent à la jeunesse
des peuples, et cette teinte de superstition qui,
aux yeux d'une nation vieillie et corrompue, semble une faiblesse, et qui est pourtant un trait de
couleur locale ; car, par un singulier rapprochement qui pourrait paraître une contradiction, et
n'est qu'un fait exact, les sociétés ainsi que les
individus se touchent par leurs opinions aux deux
points les plus opposés de leur existence : seulement les superstitions d'un peuple neuf et primitif
ont, comme celles de l'enfance, quelque chose de

riant et de poétique; tandis que les superstitions d'une nation usée sont, comme celles de la vieillesse, tristes et sèches. L'intérêt que nous avons signalé·dans Homère comme devant agir puissamment sur les esprits, en s'adressant à des passions présentes, à des souvenirs récens, se retrouve dans Hérodote : son histoire est un vaste tableau dans lequel se·meuvent et s'agitent toutes les rivalités, toutes les croyances, toutes les formes antiques. On ne doit pas sans doute attendre de Tite-Live la même naïveté de diction et d'images; car il avait à peindre des mœurs plus rudes et des temps moins poétiques. Cependant il devait se rapprocher d'Hérodote, et il s'én est rapproché par la bonne foi, j'ai presque dit la crédulité de ses récits. Lisez sa préface, et voyez avec quelle candeur,·quelle simplicité il s'annonce; on sent qu'il a le cœur et les illusions d'un vieux Romain. Quoique moins dramatique qu'Hérodote, il sait varier avec beaucoup d'art sa narration. Il excelle surtout dans les discours, qui chez lui ne sont point un hors-d'œuvre; ils font partie nécessaire des événemens; ils les annoncent ou les expliquent, en même temps qu'ils peignent le caractère des personnages ; admirables surtout par leur convenance, par l'expression fidèle des temps et des hommes qu'ils retracent. Écrivain plein de vie et d'éclat, d'élégance et de facilité, Tite-Live fait revivre dans son histoire une image de cette vertu et de cette liberté romaines qu'il ne renia point lorsqu'elles eurent succombé avec la république sous la politique habile d'Auguste.

CHAPITRE XXII.

Caractère particulier de l'histoire chez les Romains. —
Résumé de la seconde époque.

L'histoire est, avec l'éloquence, la partie de la
littérature romaine qui porte le plus l'empreinte
du caractère national. Ce n'est pas que là, comme
ailleurs, Rome n'ait demandé des modèles et des
inspirations à Athènes; mais ces modèles ont été
reproduits en grand et avec une haute indépendance; mais ces inspirations librement reçues,
librement reproduites, se sont mêlées à des inspirations propres et généreuses. Bien que Salluste,
et plus tard Tacite, offrent l'étude et l'imitation
du tour concis et énergique de Thucydide, le fond
même de la pensée, la manière de concevoir et de
juger leur appartiennent bien, et, malgré quelques
rapports de détails, quelques analogies de formes,
deux grandes différences séparent l'histoire romaine de l'histoire grecque. L'histoire grecque a
un caractère plus général, elle réfléchit mieux
l'humanité : l'histoire romaine exprime plus Rome
et sa politique. La première emprunte à la philosophie une vue plus large et plus étendue des

événemens humains ; elle ne les prend pas , ne
les considère pas tels qu'ils sont : là, comme dans
les autres créations de l'imagination , les Grecs ne
se contentent pas du réel , du positif, ils veulent
le grand et l'idéal; ils ne rejettent ni la poésie ni
les fictions. Si , par la bouche de Platon., la philosophie porte dans la recherche des lois et la
constitution des états toutes les chimères, toutes
les rêveries d'une poétique imagination , sous la
plume de Xénophon l'histoire se permet également
ment d'ingénieuses et d'aimables utopies. Avant
Xénophon , nous voyons Hérodote chanter les
premières souvenirs , les premières victoires de la
Grèce : c'est encore l'enthousiasme d'Homère.
Telle n'est point l'histoire romaine : image du
peuple dont elle raconte l'histoire , comme lui elle
ne voit que les faits ; mais elle les voit avec une
haute et profonde raison ; elle ne les exagère
point ; elle ne cherche point à en faire sortir autre
chose que des conséquences claires , naturelles ,
applicables : partout on y reconnaît cet esprit de
conduite habile et persévérante qui valut à Rome
l'empire de l'univers. Aussi, dans l'une, on découvre ces grandes et sublimes proportions, cette
vue généreuse de l'humanité qui ne se trouvent
point dans l'autre ; cette vive lumière de la philosophie, qui éclaire toute l'histoire grecque , manque
à l'histoire romaine. La première est écrite, pour

ainsi dire, sous l'inspiration d'une grande pensée religieuse, d'une vive passion pour l'humanité qu'elle agrandit, qu'elle enflamme. Quand elle peint dans les plaines de Marathon le triomphe des Grecs sur les barbares, quand elle chante leur victoire, on sent que pour elle une question plus importante encore que celle de l'indépendance de la Grèce s'est débattue à Salamine, la liberté future du genre humain. C'est le caractère, c'est la gloire particulière d'Athènes, de n'avoir voulu régner que pour étendre l'empire de la dignité et de l'intelligence humaines. A Rome et dans ses historiens, rien de semblable ; l'intérêt, le monde romain est tout pour eux. Dans la conquête, ils ne sont frappés que du côté matériel, de celui qui touche à la république : aucune autre question n'est cachée pour eux sous la question de la guerre. La civilisation, comme but et comme résultat, ne les occupe jamais : les destinées de l'humanité leur échappent; ils ne voient que la fortune de la ville éternelle. Ce caractère particulier, d'un côté de philantropie universelle, de l'autre d'égoïsme national, me paraît surtout se manifester dans les discours, qui, on le sait, forment une des parties les plus célèbres des historiens anciens. Les considérations générales de la politique, les sentences profondes ou élevées de la morale dominent dans les auteurs grecs; il y a là des leçons pour tous les temps et pour tous les états. Dans les auteurs romains, au contraire, les discours ne sont guère que le résumé brillant des faits, que l'expression magnifique de l'héroïsme des généraux, ou l'exposé de la politique de la république. Voyez Tite-Live, il excelle, nous l'avons dit, à reproduire dans son langage le caractère des personnages qu'il met en scène : eh bien, dans toutes ces harangues si variées, rarement vous découvrez une vue générale ; c'est toujours, sous des formes différentes, l'unité et pour ainsi dire la personnalité romaine. De même Salluste, quoique plus sentencieux, quoique moins national, ne va guère au-delà de quelques maximes morales qui n'offrent point un caractère, une face nouvelle de l'humanité. Tacite avait, plus qu'aucun autre historien de son pays, le sentiment de la liberté ; mais trop souvent préoccupée, et restreinte, pour ainsi dire, par le spectacle de la tyrannie et les souvenirs de la république, sa pensée ne connaît guère d'autre liberté que la liberté pour Rome et l'esclavage pour l'univers. Ainsi, dans ces révoltes de la Germanie, des Gaules contre l'empire romain, dans cette lutte sourde de la barbarie contre la corruption romaine, dans ces mouvemens encore obscurs d'une puissance qui devait briser l'unité ancienne pour en faire sortir l'indépendance moderne, Tacite s'indigne de tant de hardiesse : attaché à l'ancienne majesté de l'empire, il la voit à regret succomber; il a peine à comprendre cette grande expiation de l'ambition des maîtres du monde.

Par suite de ces différences, ou plutôt à cause de ces différences, les historiens latins ont donc un caractère et par conséquent un intérêt particulier. Ils reproduisent fidèlement tout le génie romain : mœurs, superstitions, croyances religieuses; croyances politiques, ils ne négligent rien; ils ne réfléchissent que l'unité romaine, mais la réfléchissent tout entière. Ils ont une physionomie nationale pleine d'intérêt : le patriotisme en eux échauffe le génie, bien que peut-être il borne sa vue. On est fâché de voir tous les peuples se perdre et s'éteindre dans l'admiration de la ville éternelle, la conquête présentée comme un droit, l'histoire des autres nations effacée, sacrifiée même quelquefois par la prévention de l'auteur, leurs destinées absorbées dans les destinées des pâtres du Latium. Ainsi Carthage, ainsi la Grèce elle-même, disparaissent entièrement, non seulement de la scène politique, mais en quelque sorte des souvenirs de l'histoire; et sans un Grec, sans Polybe, le fil nous échapperait entièrement.

Malgré ces reproches que l'on peut adresser au caractère général de l'histoire romaine, elle est en elle-même complète : elle a essayé, sinon digne-

ment rempli, tous les genres; elle a même soup-
çonné l'histoire générale.

Ici se termine la seconde époque de la littérature latine. Cette seconde époque se partage en
deux parties bien distinctes; l'une qui se rattache
à la première époque, dont elle est la continuation et le développement; l'autre qui forme plus
particulièrement ce qu'on appelle ordinairement
le siècle d'Auguste. De ces deux parties, la première est la plus féconde et la plus complète. Le
progrès de la littérature fut néanmoins suspendu
un instant et retardé par les guerres civiles de
Marius et de Sylla; mais le mouvement secret des
esprits se continuait. Si la langue d'Ennius n'a
pas encore cette souplesse et cette pureté qu'Horace et Virgile lui donneront, l'histoire et l'éloquence ont atteint la hauteur où elles peuvent
s'élever; sous ce rapport le siècle d'Auguste n'aura
rien perfectionné. Si même, grâce à Tite-Live, il
conserve intacte la gloire de l'histoire, il n'en
sera pas de même de l'éloquence, qui disparaît ou
s'altère après Cicéron. Il y a plus: sous Cicéron
cette altération se fait déjà sentir; lui-même se
plaint que l'affluence des étrangers à Rome ait
porté atteinte à la pureté du langage comme à la
gravité du caractère national. Quoi donc? dans la
littérature comme dans la morale, la perfection
touche-t-elle à des défauts? la délicatesse du goût,

ainsi que la fraîcheur de l'âme, ne dure-t-elle qu'un instant? ou bien, en est-il du langage comme des mœurs? le passé a-t-il pour lui une magie qui n'est pas dans le présent? Quoi qu'il en soit, sous Cicéron même le goût était changé. Nous voyons à cette époque s'établir la distinction de ces deux genres dont les mérites et les défauts, exagérés plus tard, produisirent l'emphase des déclamations ou la sécheresse du style : le genre attique et le genre asiatique. Entre les orateurs attiques et les asiatiques il y avait cette différence que le style des premiers était pur, sain, précis, toujours proportionné à la nature de leur sujet, et le style des autres enflé, diffus, énervé. Quelques contemporains de Cicéron l'accusaient d'être un peu asiatique ; ils donnaient, eux, dans un style tout opposé. L'abus de ce style haché et sentencieux, introduit principalement par la philosophie, produisit dans la suite les antithèses et les obscurités de Sénèque. Aux yeux de ses contemporains, Cicéron passait aussi pour être trop fleuri, et plus tard il était regardé comme sec et maigre par les déclamateurs de l'école. Ces deux reproches contraires, dans la littérature comme dans la morale, attestent que l'on est dans le chemin de la vérité. Nous venons d'accuser la philosophie de corrompre l'éloquence comme elle avait corrompu les mœurs ; nous entendons cette philosophie oisive, cette philosophie de mots, plus amie de controverses que de la vérité, et qui s'était introduite dans Rome à la suite et à la faveur de la vraie philosophie, de celle qui, mêlée à l'éloquence et à la jurisprudence, leur donna tant de force et de lumières.

Nous touchons à la seconde partie de cette époque, à la partie plus particulièrement appelée *siècle d'Auguste.*

CHAPITRE XXIII.

Quelle a été l'influence d'Auguste sur la littérature
de son siècle.

'L'éclat de la littérature romaine est venu,
pour ainsi dire, tout entier se réfléchir sur Auguste, et sa gloire semble être la gloire de l'heureux triumvir. Cette opinion est-elle fondée sur
les faits? cette possession est-elle bien légitime?
Auguste a-t-il contribué à cette perfection de la
littérature qui distingue son siècle entre tous les
autres siècles; et dans cet héritage que lui ont
donné les poètes qu'il a protégés, et que lui a
laissé sans trop de contestation la justice ou l'insouciance de la postérité, que peut-il à bon droit
revendiquer? Examinons les faits, retranchons
du siècle d'Auguste ce qui ne lui appartient pas,
et voyons ce qui lui restera.

A l'époque où, profitant de la lassitude des
Romains, Auguste leur fit payer leur repos au
prix de leur liberté, la littérature romaine avait
produit une grande partie de ses plus beaux titres
de gloire. Avec Plaute et Térence, la comédie avait
atteint une hauteur où elle ne se soutint pas dans
la suite; Catulle avait créé la poésie lyrique et

élégiaque; Lucrèce la poésie didactique; l'éloquence présentait Hortensius et Cicéron; l'histoire, César et Salluste. On le voit, cette littérature était complète et dans les différens genres, et dans les hommes qui les cultivaient. Le siècle prétendu d'Auguste doit donc se partager en deux grandes distinctions, *période républicaine*, temps d'une grande, d'une forte littérature; *période impériale*, ou littérature purement poétique. Pour justifier cette division, continuons à examiner les faits. Des différentes branches littéraires sous Auguste, les unes périrent, les autres se desséchèrent. A la comédie succédèrent les pantomimes; l'éloquence disparut entièrement; si l'histoire se soutint, il ne faut pas sans doute l'attribuer à la protection d'Auguste : le reproche de *pompéien*, adressé à Tite-Live, était dans la bouche du maître un blâme plus qu'un encouragement. « Tite-Live, dit un célèbre critique [1], écrit l'histoire de la république avec l'artifice d'un Romain monarchique du siècle d'Auguste. » Et cette tolérance tant vantée d'Auguste n'était, après tout, qu'une politique adroite. Ainsi il faut réduire à leur juste valeur ces éloges donnés à la mémoire et au patriotisme de Cicéron : on est facilement généreux envers les morts, et la générosité est encore de l'adresse. Écoutez Vir-

[1] M. Villemain.

gile donnant à Démosthènes la palme de l'éloquence : dans le timide aveu du poète, reconnaissez la pensée secrète du protecteur. Le véritable siècle d'Auguste, sa gloire réelle, se borne
donc à Horace et à Virgile. Nous ne nommons
point Ovide : si les premières faveurs d'Auguste
ont pu inspirer son génie et ses productions les
plus élégantes, son long exil, et l'implacable res-
sentiment du maître qui punissait en lui le malheur d'avoir saisi le secret des débauches impériales, forment une compensation plus que
suffisante. Toute la question se concentrant dans
Horace et Virgile, voyons quel a été sur eux l'effet
de la protection qu'ils ont reçue d'Auguste.

La première influence serait en quelque sorte
une influence matérielle; à savoir les bienfaits
répandus par le prince sur les deux poètes, bienfaits qui, en les plaçant dans une fortune moins
modeste et dans une situation plus brillante, leur
auraient sauvé les embarras d'une vie étroite, qui
quelquefois, dit-on, étouffent le génie. Quant à
cette première influence, nous ne voyons pas
véritablement qu'elle fût nécessaire pour produire Virgile et Horace. Sans aller chercher ici
des exemples nombreux, qui prouveraient que
le génie s'enflamme plutôt qu'il ne s'éteint par les
rigueurs du sort, nous nous contenterons de dire
que ce sont là des circonstances indifférentes en

elles-mêmes, et que dans tous les cas la reconnaissance nationale pouvait mieux inspirer, et
aussi mieux récompenser l'enthousiasme du génie; car ces applaudissemens de tout un peuple
qui dans la Grèce accueillaient les chants de Sophocle et la prose d'Hérodote retentissent mieux au
cœur de l'homme et le font battre plus fortement
que les éloges ou les récompenses d'un maître.
Il faut craindre, dit-on, de nier cette influence
des princes sur le génie; ce serait les affranchir
de l'obligation de le protéger. Cette influence
d'ailleurs n'est-elle pas manifeste en bien comme
en mal? Voyez les lettres sous Auguste et sous Tibère. Nous accordons que l'action du despotisme
sur les lettres n'est pas sans danger; mais c'est là
même le tort d'Auguste, d'avoir fait dépendre d'un
maître le sort de l'intelligence humaine. Venons
donc à l'influence réelle que la protection d'Auguste aurait pu exercer sur ces deux grands
poètes, à l'influence morale. Elle peut être de
deux sortes: influence sur le goût, influence sur
la nature des ouvrages. Sur le goût: la cour d'Auguste, en amenant dans les mœurs plus de douceur, dans les esprits plus de politesse, aurait
créé, au sein de Rome et de la société romaine,
une délicatesse de sentimens, une pureté de
jugement, une finesse de tact, qui auraient eu
sur Horace et Virgile une heureuse action. Sur

la nature des ouvrages : la satire, par exemple, aurait reçu de cette disposition des esprits des formes plus douces, une ironie moins amère, une malice plus ingénieuse; disons aussi une direction politique qui attaquait des travers respectables, et caressait des vices plus favorables à la puissance. Ces critiques sévères, adressées aux anciens écrivains, et en eux à l'antique et généreuse rudesse des anciens Romains, n'avaient-elles pas aussi leur inconvénient? Les devanciers du siècle d'Auguste étaient compris dans l'oubli où l'on voulait amener les souvenirs de la république. Les épîtres, ajoute-t-on, sont un magnifique reflet de la politesse qui régnait à la cour d'Auguste. Quoi donc! César, Cicéron, manquent-ils de politesse et de cette grâce particulière au génie latin, de cette urbanité, partage de Rome, comme l'atticisme était celui d'Athènes? Ne transporterions-nous pas dans le règne d'Auguste nos idées modernes? La cour d'Auguste était-elle bien la cour de Louis XIV? Qu'étaient Auguste et sa cour? Auguste vivait très-simplement, et, soit politique, soit habitude, conservait l'allure d'un citoyen. Sa cour se bornait à quelques amis qui venaient familièrement le visiter et s'entretenir avec lui. Avant Auguste d'ailleurs les mœurs romaines n'avaient-elles pas atteint toute la politesse, ou, si l'on veut, tous les raffinemens de la civilisation?

Gardons-nous donc ici d'attribuer à un homme
ce qui est l'ouvrage du temps. Que la satire, que
les épîtres aient pris sous Auguste un caractère
différent de celui qu'elles avaient cinquante ans
plus tôt, ce progrès n'est-il pas celui du temps?
D'ailleurs, ce que le poète a gagné en délicatesse,
ne l'a-t-il pas quelquefois perdu en force? et dans
Aristophanes, pour être populaire et libre, la
critique perdit-elle de son sel et de sa vigueur?
Ces influences du pouvoir, stériles pour le génie,
ne pourraient-elles pas au contraire lui devenir
funestes? n'exerceraient-elles pas à son insu une
action mystérieuse et nuisible? Lorsque, entraîné
par l'enthousiasme des souvenirs de la liberté,
Horace veut les redire, l'élan de sa pensée n'est-
il pas malgré lui un peu ralenti par une préoccupation involontaire? Ne sent-on pas, pour
nous servir de ses expressions, qu'il marche sur
des cendres brûlantes? Comme il s'arrête tout-
à-coup au milieu de ses transports patriotiques, et comme une flatterie succède à un généreux sentiment! Que si, au lieu de s'adresser
à des vanités de famille, à des illustrations de
cour, à des intérêts de tyrannie, ce poète eût
évoqué les grands souvenirs de Rome, eût ressus-
cité toutes les gloires de la république; quelle
inspiration eût animé ses chants! Lisez ses odes,
et voyez si les plus belles ne sont pas aussi les

plus patriotiques. Qu'il est froid, au contraire,
quand d'une fête nationale, d'une consécration
imposante, il veut faire la consécration du despotisme; quand, dans sa bouche, les vœux pour
Auguste viennent remplacer les vœux pour Rome,
et quant à ce soleil, qui avait si long-temps éclairé
la grandeur et la liberté ancienne, il ne demande
que de briller d'un plus vif éclat à la vue d'Auguste! Voilà les influences qu'Horace dut à Auguste.

Nous avons montré comment le génie de Virgile avait été en quelque sorte faussé, et le sujet
de l'*Énéide* brisé par cette idée, imposée par la
politique à la reconnaissance du poète, de faire
ressortir, à travers les traditions de la vieille Ausonie, les titres obscurs de la maison Julia ; de
placer le berceau du despotisme, pour le légitimer, à côté du berceau de Rome, et d'unir sa
destinée à celle d'une famille. Que dis-je? la crainte
de déplaire à Auguste n'a pas seulement influé
d'une manière indirecte sur les idées de Virgile ;
on sait que cette crainte lui a fait changer l'épisode du quatrième livre des *Géorgiques*. Virgile
avait chanté les malheurs de Gallus, cette autre
victime des méfiances d'Auguste; il fallut que
l'amitié fît le sacrifice de ses regrets : Aristée remplaça Gallus. Que l'on juge par ce seul exemple
combien l'âme tendre de cet autre Racine a dû

redouter la froideur du maître, et par conséquent combien la pensée a dû perdre de sa naïveté première, de sa libre allure. Admirons le génie qui, avec de telles entraves, a déployé tant de souplesse et de beauté; mais ne croyons pas que le génie puisse naître ou mourir au gré d'un protecteur. Gardons-nous d'un autre côté de conclure qu'une seule forme de gouvernement, la forme républicaine, soit favorable à la littérature. Elle peut grandir et se développer au sein d'une monarchie : notre dix-septième siècle le prouve; alors la littérature sortait des mœurs et de la religion surtout, véritable et seule liberté du siècle de Louis XIV; elle était en harmonie avec le passé comme avec le présent. Le siècle d'Auguste ne pouvait s'adresser au passé, parce que ce passé était sa condamnation. A cette puissance nouvelle, il fallait la légitimation du génie; mais en consacrant l'usurpation, le génie renonçait à quelques-unes de ses franchises : il abdiquait en quelque sorte.

CHAPITRE XXIV.

Traits distinctifs du génie romain.

Nous avons vu qu'avec la liberté, et par le fait du règne d'Auguste, l'éloquence périt; voici comment. Le caractère romain, on le sait, était surtout religieux et guerrier : ce n'était pas là son seul trait distinctif; il était éminemment un et positif : dans les arts, dans l'éloquence, il ramenait en quelque sorte tout à une utilité pratique. Pour lui, l'idéal fut toujours sous l'empire du jugement, et l'inspiration était encore une réalité. La plus libre, la plus irrégulière des puissances de l'esprit, l'imagination, chez ce peuple sérieux, fut réglée par la croyance. Aussi les premiers monumens de sa littérature, les chants des prêtres saliens et autres, ont-ils toute la gravité solennelle d'un hymne religieux : ces chants étaient sacrés; ils formaient en quelque sorte un texte que l'on ne pouvait ni changer, ni altérer. La jurisprudence elle-même revêtait le caractère grave de la poésie. Qu'on examine bien les fragmens de la loi des douze tables, on trouvera que la plupart des articles se terminent par un vers adonique, c'est à dire par une fin de vers *héroïque*. C'est ce

que Cicéron imita dans ses lois qui commencent
ainsi :

> Deos caste adeunto
> Pietatem adhibénto.

De là chez les Romains l'usage mentionné par le
même Cicéron : les enfans chantaient la loi des
douze tables *tanquam necessarium carmen*. Ainsi
captive, l'imagination de ce peuple resta long-
temps sans se développer, bien différente de l'i-
magination des Grecs, qui, multipliant, chan-
geant, embellissant à son gré toutes les riantes
fictions de la mythologie, en tira des chants et
des allégories si ingénieuses. On aurait tort cependant de croire qu'à Rome, chez un peuple
naissant et superstitieux, il n'y avait pas d'imagination et par conséquent de poésie. Cette poésie, cette imagination existaient; elles existaient
à tel point que l'on a prétendu, et non sans quelque
raison, que tous les premiers temps de l'histoire
romaine, et les faits qu'ils renferment, étaient
entièrement fabuleux; que toutes ces aventures
merveilleuses, qui nous charment et nous éton-
nent, n'étaient que des superstitions populaires,
nées de ce besoin de croyance et de merveilleux
qui tourmente l'enfance d'une nation. Suivant
Niebur, l'histoire des premiers temps de Rome,
conservée dans les brillans récits de Tite-Live,

était originairement en vers; ces vers renfermaient les contes du pays sur les hauts faits de
ses grands hommes. Ainsi le règne de Romulus,
ainsi Brutus, ses combats et sa feinte folie, ainsi
le combat de Régille, l'apparition de Castor et de
Pollux, ne sont peut-être que des fragmens de
vieux poèmes épiques.

Avant Ennius il y avait donc des ballades populaires, comme en France, en Allemagne, en
Irlande, en Écosse, les bardes et les ménestrels
ont précédé toutes les histoires. Mais entre les
fictions grecques et les fictions romaines il y a
une grande différence : les premières, riantes,
ingénieuses, libres quelquefois, ne ménagent pas
toujours le respect dû aux dieux; les secondes,
solennelles, uniformes, religieuses, ne sont que
l'expression d'une croyance profonde; elles n'ont
point été créées par l'imagination du peuple; il les
a reçues comme une partie de sa foi ; il les respecte
comme un dogme. Cette différence s'explique :
en Grèce les poètes firent en quelque sorte la
religion plus que les législateurs : Homère fut le
plus grand fondateur de la mythologie. A Rome,
il n'en était pas ainsi : le culte, ses formes, ses
croyances, étaient invariablement, majestueuse-
ment fixés : l'imagination était obligée de s'arrêter devant le symbole; elle n'osait ni l'inter-
préter, ni le changer. Si d'un côté cette nécessité

de soumettre l'imagination à la loi, de retenir captive cette verve de sentimens et d'images qui chez une nation jeune demande à s'échapper, arrêta chez les Romains le développement de la poésie, d'un autre côté elle conserva mieux la vigueur même de l'esprit par la pureté de la foi. En effet, la croyance ainsi déterminée devait mieux se soutenir que si elle avait été livrée à tous les caprices de la muse; car, pour les peuples comme pour les individus, l'enthousiasme religieux ne vit et ne se nourrit jamais mieux qu'au fond des cœurs; le traduire par la parole, c'est souvent l'affaiblir : la véritable poésie, la poésie de l'âme, ne s'écrit pas.

Avec ce respect religieux qui restait fortement attaché aux formes, le caractère romain eut un autre avantage ou un autre inconvénient : c'était de ne voir (comme nous l'avons dit) dans les arts, dans les lettres, qu'un but d'utilité. Les premiers monumens scientifiques et littéraires attestent cette disposition particulière d'esprit. Rome élève des acqueducs, construit des grandes routes, rédige des lois, s'exerce à l'éloquence de la tribune; on voit qu'elle songe déjà à bâtir la ville éternelle, à saisir le monde par ses lois, comme par ses larges voies, qui semblaient destinées à envoyer des armées dans tout l'univers. L'éloquence est alors une nécessité, une arme, un pouvoir pour l'ambition ; elle doit donc être cultivée. Mais les arts qui embellissent la vie, qui préparent et accompagnent la civilisation, ces arts sont négligés. Si, bien tard, les théâtres sont établis, c'est la religion ou la politique seule qui en aura l'honneur. Ce caractère de Rome antique s'est perpétué dans Rome moderne ; au quatorzième, au quinzième siècle, comme de nos jours, l'archi-, tecture et la législation ont été les gloires princi-pales de l'Italie : de même pour les lettres, à leur renaissance , l'histoire , l'éloquence, jointe à la philosophie, ont été les productions les plus fortes de ce sol deux fois fécond. On concevra qu'avec une telle organisation morale et religieuse, Rome soit restée pendant long-temps sans littérature et sans beaux-arts ; cependant elle avait reçu, et de bonne heure, l'influence de la Grèce.

Long-temps à Rome le titre de poète fut sans honneur, et la poésie sans encouragement. L'his-toire fut, avec l'éloquence, la principale gloire, la gloire la plus nationale des Romains. Si les histo-riens latins s'inspirèrent des historiens grecs, cette inspiration grande, libre, ne leur ôta rien de leur originalité : dans ce progrès simultané, dans ce double progrès de l'éloquence et de l'histoire, nous devons reconnaître ce trait particulier du génie romain que nous cherchons à fixer, savoir les vues positives et l'utilité pratique dans les

lettres comme dans les arts. Quand la littérature
d'un peuple n'est pas complète, il n'en faut point
chercher la cause dans des événemens étrangers

philosophique fut toujours à Rome faible et
pauvre, c'est l'esprit seul de la nation qu'il faut
en accuser. Cette langue serait sortie du sein
du peuple, riche, sonore, flexible comme la
langue de l'histoire et de l'éloquence, si au fond
du peuple il y avait une sympathie pour les abstractions, les rêves ou les vérités de la philosophie; mais, nous le montrerons, cette sympathie
n'existait pas.

Lorsque les écrivains, qui furent les accidens, et
non les résultats du siècle d'Auguste, eurent disparu, que resta-t-il à Rome? On est frappé de cette
stérilité qui succède à tant de belles créations;
on a tout voulu expliquer, tout justifier par la
tyrannie des successeurs d'Auguste : on n'a pas
vu que, sous le régime impérial, quelque juste et
modéré qu'il eût été, il n'y avait pas place à la
véritable littérature romaine, l'éloquence et l'histoire. Et que l'on ne nous oppose pas Tacite : Tacite confirmera nos assertions, loin de les détruire.
La littérature d'un peuple ne naît pas seulement
de son caractère, elle naît encore de son gouvernement; tout ce qui altère le principe de ce gouvernement altère aussi la littérature. La liberté,

à Rome, était l'âme de l'éloquence, comme le pouvoir politique en était le but. Par suite de cet esprit d'application pratique et d'utilité positive que nous avons signalé, le talent de la parole fut cultivé avec ardeur, parce qu'il offrait des avantages directs et immédiats. En perdant le seul mobile de l'éloquence, les Romains en perdirent le goût; et ici apparut entre eux et les Grecs une différence importante : la Grèce fut le monde de la beauté, de l'harmonie, de la proportion; Rome le monde du positif, de la force, de l'autorité : le poids, la durée, la fixité, voilà l'esprit de la république. Rome n'est pas le monde de l'art et de la science; loin de là, l'amour qu'elle manifeste pour la science fut un signe de décadence pour son génie. Les Romains n'eurent jamais l'instinct et l'admiration spontanée des arts; les lettes ne pénétrèrent jamais profondément au sein du peuple: c'était une occupation à part, une étude de bon ton sous l'oisiveté de l'empire, une nécessité sous la république et les combats de la liberté : le suffrage du peuple ne donnait pas la gloire comme à Athènes. Dans les plus beaux temps même, et pour les plus grands génies, la littérature ne fut jamais une passion, un besoin de la pensée. Les écrivains latins ne sont pas, comme les écrivains grecs, sous l'inspiration : les lettres sont pour eux une occupation grave, sérieuse, noble, mais

intéressée : ils n'y cherchent pas seulement des
consolations ou de la sagesse; loin du forum
et de la tribune, c'est encore la tribune ou le
forum qui les occupe : dans toutes leurs études
ce semble, domine une pensée d'utilité. La philosophie à Rome n'est pas, comme à Athènes,
une science séparée de l'éloquence ; elle n'emprunte son importance que des avantages qu'elle
offre; et l'éloquence, comme la philosophie, perdent leurs attraits avec leur influence. Nous allons le voir : les deux genres le plus heureusement réservés, ce semble, à la maturité d'une
littérature, la philosophie et l'histoire, furent,
dans les deux siècles qui suivirent le siècle d'Auguste, faiblement cultivés ; ils produisirent, il
est vrai, Sénèque et Tacite. Ce sont là des exceptions qui ne prouvent rien pour la situation morale et intellectuelle en général, et qui prouvent,
au contraire, qu'à Rome la philosophie séparée
de l'exercice de l'éloquence, et l'histoire séparée
du mouvement populaire qu'elle était destinée à
reproduire, manquaient à leur principe, et par
conséquent à leur but. Examinons les faits : la
philosophie, si ingénieusement, si magnifique-
ment prêchée par Sénèque, éveilla-t-elle jamais,
au sein de Rome, cette activité de discussions qui
régnait dans les écoles d'Athènes? Non; cette philosophie d'apparat et de cabinet reste toujours

stérile; elle était sans application, dès lors sans intérêt; et, si Tacite a retrouvé la grandeur de l'histoire et ses émotions puissantes, c'est que son génie a su, sous les misères de l'esclavage et les saturnales de l'empire, saisir l'antique esprit de la république romaine. Ce mouvement animé de la liberté, ces agitations de la place publique, que l'histoire transportait autrefois de la tribune dans ses récits, toute cette partie si vive, si dramatique des annales anciennes, qui avait péri dans le silence du despotisme, Tacite l'a ressuscitée; il a deviné Rome ancienne. Telle est la puissance de son imagination, la couleur animée de ses narrations, qu'à cette vie qui circule dans ses pages immortelles, on croirait que le cadavre de l'empire s'est ranimé. Cette image de la liberté, cette ombre obscure de la république cachée derrière ses récits, saisissent et frappent l'imagination. Le génie en lui est une inspiration de la liberté; c'est parce qu'il a su rendre à l'histoire son intérêt en lui rendant son mouvement populaire qu'il est si éloquent : il a retrouvé la vie qui s'en était retirée avec la république.

Ce fut pour la littérature latine un grand malheur d'être plutôt l'expression des intérêts politiques que des passions d'un peuple; car, quand ses intérêts eurent été anéantis, il ne lui resta plus guère où se prendre : le panégyrique, nous le verrons, fut, avec les sciences naturelles, produit nécessaire du temps, sa seule ressource. Ici, nous devons l'avouer, la faute ne fut pas tout entière à l'empire, elle fut aussi à la civilisation, ou plutôt à l'aristocratie romaine.

Ce qui fit les succès, la force et la durée de la république, aussi bien que de l'aristocratie romaine, ce furent la confiance et l'admiration en leur propre sagesse : Rome était à elle-même son premier modèle : la république, ses lois, son organisation, sa politique, étaient le type dans lequel tous les autres états, avec leurs institutions, devaient se fondre, et sur lequel seuls ils devaient se régler. Ainsi, dans *la République*, Cicéron, au lieu de remonter au principe même des gouvernemens, examine la constitution de Rome, et cherche, dans ce système parfait, les formes et le modèle de tous les autres états. Cette croyance d'infaillibilité politique était si bien établie que, dans les longues luttes des tribuns contre les patriciens, nous voyons des attaques sur les limites plus ou moins étendues qui devaient séparer le peuple de la noblesse, mais nous ne voyons pas que le principe même de la légitimité patricienne ait été contesté. C'était à peu près comme en Angleterre; on voulait conquérir le pouvoir, et non l'abattre. Avec cet esprit de présomption nationale, il ne devait pas tomber dans la pensée des Romains de

concevoir, hors de chez eux, ou dans des hypothèses purement spéculatives, une forme de gouvernement, un système de lois meilleur. Aussi,
transportés en quelque sorte hors du positif, ils
n'imaginent rien. Il en était bien autrement chez
les Grecs. Là une pensée aussi vaste que profonde
agitait toutes les questions. Loin de craindre l'examen de ses lois ou de son gouvernement, Athènes
en faisait la matière ordinaire de ses recherches
philosophiques; elle se plaisait à les produire au
grand jour. On eût dit que cette démocratie singulière se sentait assez forte pour lutter, avec
les seules forces du génie et de la liberté, contre
tous les inconvéniens, j'ai presque dit les excès
d'une telle organisation. Elle ne croyait pas à
elle-même, comme l'aristocratie romaine; elle ne
croyait qu'à l'esprit. De là vient, dans la philosophie, la morale, la supériorité d'Athènes. Aristote
examine hardiment toutes les formes de gouvernement, toutes les théories politiques; il en discute les
avantages et les inconvéniens. Xénophon, dans
une fiction souvent reproduite depuis, discute
la meilleure manière de conduire les peuples; il
oppose à l'éducation de ses concitoyens l'éducation des Perses. La démocratie athénienne ne
redoutait pas, comme l'aristocratie romaine, la
censure du théâtre : la raison en est simple: pour
l'une cette censure est une garantie contre le

pouvoir; pour l'autre elle est une opposition. On
s'est étonné de ce qu'Athènes, dans toute l'égalité de la démocratie, exigeait des citoyens un
droit de présence au théâtre, tandis que Rome,
dans sa fierté aristocratique, faisait, pour les citoyens, les frais des spectacles. Voici, je crois,
pourquoi : dans Athènes, le théâtre était pour le
peuple un lieu où il exerçait sa puissance comme
sur la place publique : pour être tout-à-fait libre,
il devait payer; il réglait alors et ses plaisirs et
leur influence. Le théâtre à Rome était, comme
les autres spectacles publics, une affaire de po-
lice; il était entièrement sous la main du gouvernement. Par le théâtre, comme par les jeux,
on amusa d'abord, puis on corrompit le peuple.
Ainsi le théâtre n'eut jamais ni grandeur ni intérêt
national. Chez les Grecs, quelle différence! Toutes
les croyances religieuses, nationales, étaient représentées sur la scène. Eschyle chante les combats
et la gloire d'Athènes; Sophocle redit les infortunes mystérieuses de la fatalité ; Euripide popu-
larisé la philosophie. Rien de semblable à Rome;
point de traditions nationales.

Soyons donc moins surpris de cette décadence,
et surtout de ces lacunes de la littérature romaine,
qui a péri moins par la corruption de la langue et
du goût que par le défaut de ces grands intérêts
moraux ou intellectuels sur lesquels peut agir la

pensée, et qui, dans l'absence de la liberté, sou-
tinrent les lettres grecques. Une telle décadence
n'est point à craindre pour les modernes; quand,
ce qui ne saurait arriver, la liberté politique vien-
drait à leur manquer entièrement, il resterait encore assez de sujets pour conserver l'activité et la
dignité de la pensée, impérissable désormais
comme cette intelligence divine dont elle est un
magnifique reflet.

CHAPITRE XXV.

TROISIÈME ÉPOQUE.

Considérations générales.—Poésie dramatique, épique,
satirique.

En passant du siècle d'Auguste à l'époque qui
va nous occuper, on est étonné de la rapide altération du goût : la poésie s'affaiblit, l'éloquence
disparaît. Les comices transférés du peuple au sénat,
en renfermant l'action de la parole, comme les
anciens pouvoirs de la république, dans l'obscurité
d'une discussion privée, lui avaient enlevé toutes
ses inspirations et toute son influence. A ces causes
puissantes s'en joignent d'autres : l'affluence des
étrangers à Rome, les lectures, les chaires publiques, utiles d'abord, puis funestes au bon goût.
La poésie, privée de ce merveilleux qui en est
l'âme, et que n'admettait plus le scepticisme ou
l'indifférence des Romains, avait encore de la chaleur et de la force, mais plus de magie et d'entraînement. L'histoire, dégradée d'abord par la
peinture et le récit des corruptions du palais, ne
reprendra sa dignité que quand Tacite aura paru.
Les règles du goût et de la morale seront cependant

habilement enseignées : cette époque produira
Sénèque et Quintilien. Singulière condition de
l'esprit humain ! l'excès de la science touche à la
stérilité, comme l'excès de la civilisation à la barbarie. Jamais les maximes de la morale, les artifices
de la parole, les secrets de l'éloquence, ne sont
mieux exposés, plus exactement connus qu'aux
époques les moins fertiles en talens et en vertus.
Toutefois cette dégradation morale et intellectuelle a son intérêt et son instruction : elle fera
mieux sentir l'alliance étroite de la sagesse et du
goût, de la vertu et de la liberté.

La poésie, de toutes les facultés celle qui se révèle le plus promptement et avec le plus d'éclat
dans la jeunesse d'une littérature, est aussi celle
qui se décolore le plus tôt : plus que toute autre,
elle tient à cette fraîcheur d'imagination, à ce besoin d'enthousiasme qui dure peu pour les peuples
comme pour les individus. La manie des vers, qui,
sous Auguste, et, à l'exemple du maître et de Mécène, était devenue générale, contribua beaucoup
à cette altération : car, si rien ne nous paraît plus
noble, plus grand que la poésie véritablement
inspirée, rien ne nous semble plus frivole, plus
vide, que les vers comme exercice et but unique
d'un mécanisme artificiel; rien n'est plus propre
à répandre dans les esprits le dégoût des études
sérieuses. Aussi verrons-nous les déclamateurs

remplacer les poètes et les orateurs. Examinons l'une après l'autre les différentes branches de poésie.

La poésie dramatique, que nous avons déjà vue languissante, abandonnée dans le siècle précédent pour les mimes et les pantomimes, fut cultivée par quelques hommes, mais plutôt par forme d'exercice oratoire que comme représentation théâtrale. Il existe de cette époque une collection de dix tragédies, attribuées à Sénèque le philosophe par quelques critiques, par d'autres à Sénèque son père. Toutes pèchent par la marche; toutes manquent d'action, et abondent en déclamations : semées de pensées hardies et de sentences quelquefois profondes mais déplacées ; pleines d'exagération et d'emphase, elles offrent, au lieu de caractères habilement développés et de passions fortement peintes, des lieux communs de morale.

Nulle part le mauvais goût ne se fait mieux sentir que dans ces tragédies ; entièrement dénuées d'intérêt, elles n'offrent qu'un assemblage monotone de maximes pompeuses et de magnifiques descriptions ; défectueuses surtout par le plan, elles ressemblent plutôt à des exercices scolastiques qu'à une action dramatique. L'auteur ne sait point ménager et graduer l'intérêt : dès le début il prodigue les efforts de la pensée ; il épuise les images, les sentimens ; il ne sait jamais s'arrêter à temps. On y trouve cependant quelques traits d'une admirable énergie.

Sous Tibère fleurissait M. Æmilius Scaurus, auteur d'une tragédie intitulée *Atrée*. Un passage qui disait que les peuples doivent supporter les princes attaqués de folie parut à Tibère dirigé contre lui. Il fit accuser le poète d'un crime imaginaire, et celui-ci se tua.

On cite aussi Pomponius Secundus, surnommé de son temps le Pindare tragique ; nous ne pourrions le juger sur ce qui nous reste de lui, seulement il paraît s'être distingué par la partie dramatique : Curatius Maternus, auteur de quatre tragédies intitulées *Médée*, *Thyeste*, *Caton* et *Domitien*. Il fut tué par ce prince pour avoir déclamé contre la tyrannie.

Tels furent les poètes tragiques de cette époque.

La comédie fut encore plus négligée : elle ne nous présente qu'un auteur, Virginius Romanus. Après avoir composé des mimes dont Pline parle avec enthousiasme, et des comédies dans lesquelles il imita Ménandre, et qui lui valurent une place à côté de Plaute et de Térence, Virginius s'essaya aussi dans le genre de l'*ancienne comédie*, et s'y distingua par beaucoup d'esprit et d'éloquence, de grandeur et de génie. Malheureusement et pour Virginius et pour l'histoire du théâtre latin, il ne nous reste absolument rien de ce poète.

La poésie épique fut plus heureuse. Dans l'ordre des temps comme dans celui du mérite, Lucain marche après Virgile. L'invention poétique et les ressorts nécessaires à l'épopée se font regretter dans *la Pharsale* : le sujet, trop rapproché, ne se prêtait pas à l'illusion ; le poème n'offre pas d'unité d'action. César est, contre l'intention de Lucain, l'âme et le héros du poème. Digressions chargées d'une érudition déplacée ; défaut de jugement et de goût dans les descriptions ; étalage de maximes philosophiques substitué à l'enthousiasme ; versification quelquefois rude et obscure ; gravité, chaleur et mouvement dans les discours ; noblesse dans les caractères ; énergie dans la pensée ; amour de la liberté : voilà les qualités et les défauts de *la Pharsale ;* c'est un poème historique plutôt qu'une épopée : c'était une éloquente protestation contre la tyrannie.

Après *la Pharsale* viennent *les Argonautiques* de Valérius Flaccus, imitation d'Apollonius de Rhodes, plus remarquable par le mérite de la diction que par celui de l'invention. Le but principal de l'entreprise des Argonautes disparaît au milieu d'aventures et d'épisodes sans nombre, qui, en détruisant l'unité d'intérêt, produisent la froideur et la monotonie. Le style, affecté et obscur, est souvent précis et énergique. Le poème manque de naturel, et une érudition déplacée s'y montre

trop souvent: c'est un vice commun aux poètes de
cette époque, d'obscurcir leur pensée par l'étalage
d'une science confuse.

Nous arrivons à C. Silius Italicus.

Orateur célèbre, poète fameux, Silius jouit de
son vivant d'une grande réputation : l'opinion de
ses contemporains le comparait comme orateur
à Cicéron, comme poète à Homère. En retran-
chant de ces éloges les exagérations de l'amitié
ou de la prévention, on doit reconnaître que, bien
au-dessous d'Homère, Silius n'est cependant pas
sans mérite. A travers les difficultés que présente
son poème, et sous la recherche assez habituelle
du tour, perce encore la beauté du langage, l'é-
nergie de l'expression : heureux surtout dans le
choix du sujet, les descriptions, l'art de lier les
épisodes, Silius Italicus offre des parties brillantes,
sinon les hautes parties de l'imagination. Imitateur d'Homère pour la pensée, et de Virgile
pour le style, il n'a pas une allure assez vive, assez
franche : quelquefois aussi les formes abondantes
et diffuses du tour cicéronien se mêlent peu heureusement à la forme poétique, qui veut plus de
rapidité et de précision. Silius est riche en images,
en tableaux. Ce luxe descriptif a bien ses excès :
trop souvent le poète laisse sa pensée s'affaiblir et
s'éteindre dans des idées accessoires, et des détails
peu intéressans : c'est le défaut de la poésie dans

le second siècle d'une littérature que cette peinture minutieuse de la nature physique ; sans doute
parce que les grandes images étant épuisées, il ne
reste plus au talent qu'à recueillir les idées accessoires que le génie a laissées ou a dédaignées. Car
il y a dans le développement de la poésie, et dans
le développement de l'imagination humaine, dont
elle est l'expression, trois époques : la première,
âge d'enthousiasme et de merveilleux , peint à
grands traits et largement ; elle met dans les images comme dans les sentimens beaucoup d'abondance et de grandeur ; c'est le siècle d'Homère :
là seconde, plus sobre, mais riante encore et inspirée, allie la sagesse du goût à l'éclat plus tempéré de l'imagination et des sentimens ; c'est le
siècle de Virgile : la troisième enfin, substituant
le positif à l'idéal, et l'histoire au merveilleux ,
quitte le monde des fictions pour le monde physique, et perd ainsi l'inspiration avec les enchantemens ; c'est le siècle de Lucain, de Stace,
de Silius Italicus. En effet, ce qui manque surtout à leurs ouvrages, c'est ce charme de naïveté
qui place le poète sous l'empire des fictions et
l'enthousiasme du merveilleux, et qui répand
sur ses vers un intérêt puissant. La poésie est la
première et la dernière croyance de l'imagination
des peuples. Quand elle a perdu ses couleurs et
sa magie, les esprits ont perdu leur sève et leur

fraîcheur, les âmes leur vigueur et leur héroïsme.
Ainsi, dans ces poèmes historiques que nous venons d'examiner, dans ces poèmes qui réunissent
tant de qualités, excepté celle qui seule les vaut
toutes, l'inspiration, nous avons une image fidèle
de la situation morale de Rome. Quel que soit le
génie d'un homme, ce génie, pour se déployer
tout entier, a besoin de trouver dans les dispositions contemporaines une sympathie et un encouragement. L'enthousiasme, voilà ce qui manque
à tous les poètes que nous venons d'examiner, et
ce qui manquait aussi aux Romains.

Stace fut le quatrième poète épique de cette
époque; il a laissé un poème, *la Thébaïde*, en
douze livres, et le commencement d'une *Achilléide*, qu'une mort prématurée ne lui a pas permis d'achever.

La Thébaïde, adressée à Domitien, est, comme
les Puniques de Silius, *les Argonautiques* de Valérius Flaccus et *la Pharsale* de Lucain, plutôt un
poème historique qu'une épopée. La principale
source de Stace a été *Antimaque*, dont *la Thébaïde* ne nous a pas été conservée. Ce sujet de
la Thébaïde était bien choisi : la guerre civile entre
les fils d'OEdipe offrait une fable vraiment épique,
féconde en scènes d'un intérêt profond et dramatique; mais Stace l'a gâtée en lui donnant une
forme historique, y ajoutant seulement des épi-

sodes et des machines. Supérieur à Valérius Flaccus par la force de l'imagination, la hardiesse des pensées et des sentences, il lui ressemble par le défaut de naturel et de simplicité; il n'a point échappé aux défauts de son siècle, le mauvais goût et une érudition déplacée.

L'*Achilléide*, dont nous n'avons que le premier livre entier, et le second incomplet, présentait, avec les mêmes défauts, les mêmes beautés.

La corruption des mœurs publiques, les débauches de l'opulence, les folies du despotisme, devaient exciter cette indignation de la vertu qui produit la verve et le besoin de la satire. Les philosophes qui cherchaient dans les systèmes mal compris d'Épicure des excuses ou un prétexte à la licence de leurs goûts dépravés; les autres, plus coupables encore, qui, hypocrites de vertu, cachaient, sous une sévérité apparente, une corruption profonde, tout ce mélange de vice et de bassesse suscita la satire. Perse et Juvénal parurent. Le caractère différent des satiriques latins peint bien l'état de la société qu'ils veulent corriger. Horace prend avec son siècle des ménagemens : Juvénal, Perse, attaquent la corruption de Rome avec cette indignation qui n'admet plus de mesure quand le vice est sans pudeur comme sans remords. La Rome de Lucilius n'est

pas encore sans vertu, celle d'Horace en conserve
l'apparence à défaut de la réalité. Sa philosophie
doit être indulgente; partisan d'Épicure, il prêche
une doctrine de mollesse et de servitude; mais la
Rome de Juvénal et de Perse est la Rome du despotisme; c'est la société dégradée, la société qui ne
peut se régénérer que par la barbarie. Enjouée et
badine dans Horace, grave et sentencieuse dans
Perse, la satire fut donc vive d'indignation et de
colère dans Juvénal. Perse est bien inférieur à Juvénal; ses idées manquent de finesse, et son style
de variété. Il est bien loin de Gilbert, auquel on a
voulu le comparer; il n'a pas son élan rapide, sa
chaleur impétueuse, son ironie amère et san-
glante. Un autre défaut dans Perse, c'est son obscurité. On a, je le sais, cherché à l'excuser sur la
nécessité où il était de voiler sa pensée aux in-
quiètes interprétations de la tyrannie. Sans nier
la part que les circonstances peuvent avoir dans
ce défaut, il me semble qu'elles ne sauraient le couvrir, ni même le justifier. Remarquez, en effet,
que dans Perse l'obscurité est plus encore dans
l'expression que dans la pensée. Or, si nous concevons la nécessité de dérober aux soupçons de la
tyrannie la critique de ses vices, nous n'accordons
pas que cette même obscurité doive entièrement
défigurer l'expression. En lisant Rabelais nous
comprenons fort bien que souvent le sens réel,

le sens moral de la pensée nous échappe, qu'il y a
sous ces folies une sagesse quelquefois profonde;
mais cette énigme n'est pas dans l'expression elle-
même, souvent naïve et claire, pour le temps de l'é-
crivain du moins. Il nous semble que l'obscurité
de Perse tient à la nature de son talent bien plus
qu'à sa position. On y reconnaît un jeune homme
qui prend souvent la bizarrerie pour l'originalité,
le vague pour la profondeur. Enfin les satires de
Perse ne nous paraissent que les ébauches d'un
talent vigoureux, mais raide et incertain : celles
de Juvénal sont l'œuvre d'un esprit vigoureux et
noble bien souvent, quelquefois dur et déclama-
teur. Précieuses surtout pour l'étude des mœurs
romaines, les satyres de Juvénal nous en offrent
un tableau plein de verve et de chaleur ; elles nous
révèlent une foule de détails sur les usages, les
goûts, les occupations des Romains. Là nous
voyons s'agiter cette foule de cliens qui assiégent
le palais des riches à leur lever. Ce ne sont plus
ces citoyens de Rome dont les suffrages donnaient
des provinces et des royaumes, et dont les grands
caressaient la fierté, ce sont des esclaves qui vont
mendier la *sportule* ; c'est Rome dans toute sa
misère et sa bassesse, avec les vices qui accompagnent la servitude. Princes, sénateurs, courtisans,
cliens, patrons, Juvénal fait passer devant nous
toutes les dégradations de l'empire. Il est heureux

qu'au milieu de cette grande prostitution d'un peuple à des tyrans cruels ou imbéciles, Juvénal ait châtié le vice et le crime par la seule crainte qui pouvait leur rester, la haine de la postérité.

CHAPITRE XXVI.

Rhétorique.—Philosophie.

PARMI les rhéteurs qui tinrent école à Rome pendant ce siècle, se trouve Hermagoras, qui, ainsi que Cestius Pius, professa sous Auguste et Tibère; Sextius Julius Galinienus, qui jouit d'une grande réputation à Rome et dans les Gaules; Virginius Rufus, qui professa sous Néron; Quintilien cite sa rhétorique. On peut juger des exercices scolastiques qui occupaient les maîtres d'après les ouvrages de M. *Annæus Seneca.*

Dans ces ouvrages se rencontrent de belles pensées et quelques morceaux éloquens, mais étouffés sous une foule de subtilités et de froides déclamations. Du reste, ils ne nous sont pas parvenus dans leur entier.

La littérature, qui allait chaque jour se corrompant, venait de rencontrer un critique capable de la ramener au naturel et à la simplicité: Quintilien avait publié ses célèbres leçons. Mais il en est du goût comme des mœurs; les traités de rhétorique et de morale n'attestent guère que l'absence de l'éloquence et de la vertu. Vainement Quintilien demande qu'il se forme des orateurs; il

ne lui était pas donné de ranimer ce feu sacré qui
fait le génie; et, sous Trajan même, Rome ne
pouvait renaître. Quoi qu'il en soit, l'ouvrage de
Quintilien est le monument le plus complet de la
littérature latine; fruit d'une longue expérience et
d'un talent élevé, il rappelle un meilleur siècle, et
il montre que l'étude des grands modèles peut
conserver la pureté du goût au milieu de la corruption, comme l'admiration des antiques vertus
la pureté de l'âme au milieu de l'esclavage.

Dans un préambule plein d'une ingénieuse délicatesse, Quintilien annonce les motifs qui l'ont
engagé à prendre la plume. Cédant aux instances
de l'amitié, l'auteur va recueillir les préceptes qui,
pendant vingt ans, on fait le fond de son enseignement public. Il n'imite pas ceux qui l'ont
précédé dans cette carrière, et qui, supposant le
lecteur pleinement instruit de toutes les autres
sciences, ont cru que, pour achever de former un
orateur parfait, il ne fallait qu'un dernier trait et
une dernière leçon : il prendra donc son orateur
au berceau pour le conduire jusqu'au terme de
ses études. Après ces idées préliminaires, Quintilien pose comme fondement de l'art oratoire l'u-
nion de la philosophie et de l'éloquence; il réta-
blit cette alliance antique brisée par la faiblesse,
ou plutôt par la négligence de l'esprit humain :
l'orateur sera donc l'homme de bien habile dans

la parole. Puis, agrandissant l'image de l'éloquence, Quintilien, comme Cicéron, cherche à former un orateur tel peut-être qu'il ne s'en est pas encore trouvé un. Cette perfection idéale ne lui fait point oublier la vérité positive ; il déclare de nouveau qu'il descendra jusqu'aux moindres détails, parce que rien ne lui paraît à dédaigner de ce qui doit contribuer à un dessein aussi grand. On reconnaît dans toutes ces réflexions un sens profond et le résultat d'une grande expérience. Telle est à peu près l'introduction de Quintilien. Il expose ensuite le plan de son ouvrage ; il le divisera en douze livres : le premier comprendra tout ce qui précède les fonctions du rhéteur ; le second, les premiers élémens et la nature même de la rhétorique ; les cinq livres suivans traiteront de l'invention et de la disposition ; les quatre autres, de l'élocution, de la mémoire et de la prononciation ; le dernier enfin aura pour objet la personne même de l'orateur.

Nous citerons de son ouvrage le tableau brillant dans lequel il fait passer devant nos yeux toutes les gloires de la littérature antique, grecque et latine : là apparaissent, parmi les poètes, Homère, touchant et sublime ; Hésiode, doux et harmonieux ; Antimaque, vigoureux et solide ; Panyasis, mélange d'Antimaque et d'Hésiode ; Appollonius, parfait dans le genre médiocre ; Aratus, recomman-

dable par le même mérite; Théocrite, admirable de
naïveté et de grâce; Callimaque, noble et élevé; Ar-
chiloque, vif et perçant; Pindare, magnifique et
impétueux; Stésicore, en qui respire la verve d'Homère; Alcée, terreur des tyrans; Simonide, d'un
talent plus faible, mais habile à exciter la pitié;
Eschyle, d'une grandeur quelquefois démesurée;
Sophocle et Euripide, d'un caractère différent,
et d'un admirable génie; Ménandre, d'une fécondité d'invention, d'une beauté de style merveilleuses; Philémon, digne du second rang dans
la comédie. A ce tableau succède celui des historiens : Thucydide, serré, concis; Hérodote, doux
et naturel; Théopompus, qui tient plus de l'o-
rateur; Philitte, imitateur de Thucydide, plus
faible, mais plus clair que son original; Éphorus,
froid et languissant; Clitarque, spirituel, mais
inexact; Timogènes, le restaurateur de l'histoire;
Xénophon, historien philosophe. Viennent ensuite les orateurs et les philosophes : Démosthènes,
plein de nerf et de concision; Eschyne, plus
abondant, plus diffus; Hypéride, remarquable par
la douceur de son style et la délicatesse de son esprit; Lysias, élégant et léger; Isocrate, poli et
orné; Démétrius de Phalère, le premier, au jugement de Cicéron, dans le genre médiocre; Platon,
doué d'une éloquence divine et d'une poétique
imagination; Aristote, génie vaste et profond;

Théophraste, qui doit à la beauté de son langage,
l'éclat même de son nom. A côté de cette brillante
galerie étrangère, Quintilien place les illustrations
nationales. Il suit le même ordre ; il nous montre
Virgile , inférieur peut-être à Homère en génie,
supérieur par la justesse et l'égalité : au-dessous
de Virgile, Macer et Lucrèce, le premier n'ayant
rien d'élevé, le second obscur et difficile ; Ennius,
vénérable par une majestueuse vieillesse; Ovide,
fleuri et recherché ; Cornelius Severus, trop tôt
enlevé aux lettres; Salcius Bassus, âpre et véhément; Lucain, impétueux, brillant, plus orateur
que poète; Tibulle, élégant et pur; Properce, son
rival; Gallus, dur et travaillé; Lucilius, mordant
et enjoué; Horace, plus châtié, plus pur; Terentius Varron, le plus savant des Romains; Catulle,
piquant et animé : dans la tragédie, Attius et Pacuvius, tous deux recommandables par la solidité
des pensées, par le poids des paroles, mais incorrects et rudes; Varius; Ovide, comparable aux
tragiques grecs; Pomponius Secundus, plus distingué par l'agrément de la diction et l'art du
théâtre que par la force dramatique : dans la comédie, la partie faible de la littérature romaine,
Plaute, Cécilius, Térence, pâles imitateurs des
Grecs; Afranius, créateur dans son genre. Heureux de trouver des compensations, Quintilien oppose avec confiance les historiens latins aux his-

toriens grecs; Salluste à Thucydide, Tite-Live à
Hérodote, et, parmi les orateurs, Cicéron à Démosthènes; puis il peint Asinius Pollion exact et
fécond, rude et incorrect; Messala, naturel et
poli, mais faible; Jules César, le plus véhément
des orateurs, s'il n'eût été le plus grand des capitaines; Célius, plein de politesse et d'urbanité;
Calvus, supérieur peut-être à tous les orateurs
romains; Servius Sulpitius, digne de sa renommée;
Cassius Severus, véhément et railleur; Domitius
Afer et Julianus Africanus; le premier, plus correct
et plus juste, le second plus animé, diffus quelquefois; Truchullus, élevé et clair; Vibius Crispus, agréable et nombreux; Julius Secundus, enlevé dans la force de son talent. On voit par ce tableau que l'éloquence du barreau avait encore de
l'éclat et de la force; elle pouvait en effet s'animer
d'un intérêt présent; elle avait une utilité pratique,
donc la condition nécessaire à l'esprit positif
des Romains pour les engager à la cultiver. La
philosophie est plus pauvre; elle n'offre que Cicéron qui la représente, pour ainsi dire, tout entière; Brutus, auteur de quelques beaux traités
où respire une conviction profonde; Cornelius
Celsus, philosophe sceptique, dont le style a de
la grâce et de la politesse; Plancus, stoicien, utile
par la nature des choses qu'il traite; Catius, épicurien, auteur assez mince, écrivain assez agréa-

ble; Sénèque enfin, le corrupteur du goût. Tels sont, dans les deux littératures, les hommes dont Quintilien trace avec autant de précision que de goût le portrait fidèle.

Quintilien répand sur les sentiers les plus obscurs de l'éloquence une vive lumière; sa marche est régulière et méthodique; il ne passe jamais à un développement qu'après en avoir bien établi les principes : toutes ses idées sortent les unes des autres. Les images neuves, les métaphores brillantes et habilement préparées, l'éclat des expressions, la nouveauté du tour, un raisonnement serré et vigoureux, décèlent en lui l'orateur, non moins que le critique consommé. On voit que la théorie qu'il enseigne est pour lui le fruit de la pratique. Cependant il n'a pas la pureté de Cicéron, et cette admirable simplicité, privilége du siècle d'Auguste; on aperçoit dans ses tours ou ses expressions quelque obscurité, et cette recherche qui caractérise son époque. Cette obscurité, du reste, ne tient pas à un défaut de jugement, elle est une nécessité du temps. On voit que l'auteur sent le besoin de rajeunir une langue déjà fatiguée, et de piquer des goûts émoussés : de là des alliances de mots hasardées, des tournures vives, mais un peu forcées : c'est le défaut du second siècle d'une littérature, même dans les auteurs les plus sains et les meilleurs. Du reste, le style est plein, nourri, varié; il descend et s'élève sans effort.

Le dialogue sur *les Causes de la corruption de l'éloquence* est, après les *Institutions oratoires*, l'ouvrage de critique le plus recommandable; on y reconnaît, aux regrets donnés à la liberté, et à la vigueur de l'expression, l'âme et le style de Tacite.

La philosophie dégénéra comme l'éloquence; elle ne fut plus qu'une science frivole, amusement d'esprits énervés et indécis. Ce n'était point une recherche consciencieuse de la vérité. Les vaines superstitions de l'orient, la magie et les sciences occultes l'emportèrent bientôt à Rome sur les abstractions philosophiques. Seul, le stoïcisme luttait contre cette dépravation : au milieu du naufrage de toutes les vertus et de toutes les libertés, il offrit au courage des principes nobles et une morale généreuse : c'était la philosophie de Tacite, des deux Pline, de Sénèque, dont les écrits nous en ont surtout conservé les traditions et les principes. Les ouvrages de Sénèque sont nombreux ; ils offrent une étude curieuse du changement qui s'opéra dans la littérature entre le règne d'Auguste et ses successeurs. Sénèque est, pour ainsi dire, la transition des deux époques. Comme Fontenelle chez nous, il avait assisté au beau siècle de la littérature ; il en avait conservé les traditions du goût : mais en littérature comme dans sa vie,

ses principes ne furent pas d'accord avec sa conduite; car nul ne contribua plus à cette corruption de l'éloquence que, le premier, il déplore si
souvent. Imagination vive, érudition immense,
connaissance profonde du cœur humain, antithèses fréquentes, métaphores alambiquées, allusions
forcées, telles sont les qualités et les défauts de
Sénèque. Il ne quitte pas une pensée qu'il ne l'ait
épuisée; il l'aiguise toujours; chaque chute de
phrase est une pointe.

Sous le rapport moral, Sénèque n'est pas une
image moins fidèle de Rome. Ces longues dissertations philosophiques, ces méditations de la
mort au milieu des pompes de la vie, cet éloge
de la pauvreté au sein de la richesse, peignent
bien cet état des esprits, où la vertu devient un
beau idéal, un texte facile sur lequel on discute
dans les loisirs de l'esclavage et de l'opulence.
C'est en quelque sorte un raffinement de la
mollesse : c'est, si l'on veut, un dernier regret
donné à d'anciennes vertus que l'on n'a plus la
force de pratiquer. Alors, de même que l'on ressuscite les grands exemples comme un encouragement, on ressuscite aussi les vieux mots comme
une image de l'antique franchise : signes trom-
peurs qui cachent la faiblesse de caractère et de
pensée. Ces phrases brisées de Sénèque, ces contrastes brusques, cette abondance étudiée de

maximes, tout cela ne vous montre-t-il pas la
froideur, la fatigue des esprits; la fatigue des
âmes, et, dans l'inquiétude du philosophe, les
tourmens d'une société qui subit avec peine un
esclavage qu'elle n'ose secouer? Avec Sénèque c'est
Rome qui flotte entre ses doutes et ses souvenirs, entre la servitude et la liberté.

CHAPITRE XXVII.

Éloquence. — Oraisons funèbres.

La coutume des oraisons funèbres existe chez tous les peuples. L'antiquité nous la montre en Égypte empreinte des formes graves et religieuses qu'imprimait à tous ses usages le génie sévère d'une nation singulièrement mystérieuse et emblématique : de l'Égypte elle passa en Grèce, et de la Grèce à Rome. Les peuples de l'Europe ont aussi connu ce genre d'éloquence : dans le nord, les héros scandinaves recevaient l'immortalité de leurs chantres ; les forêts de la Germanie, et plus tard les montagnes de l'Écosse, eurent leurs bardes ; ces derniers accens de l'enthousiasme poétique se sont éteints avec les vieilles traditions, les vieilles franchises qu'elles rappelaient.

Nous venons de dire que les oraisons funèbres se répandirent des Grecs chez les Romains : cependant, dans la cause même qui les produisit chez les deux peuples, il y a, ce nous semble, une grande différence : dans Athènes, l'oraison funèbre fut dans son principe un tribut d'éloges payé par la république aux citoyens qui avaient des droits à sa reconnaissance ; à Rome, au contraire, elle fut plus particulièrement, et dans son origine surtout, un hommage domestique, un devoir de famille rempli par la famille elle-même. On ne voit guère d'image d'un éloge national que dans la *deuxième philippique*, l'éloge des soldats morts en combattant contre Antoine. Voilà pourquoi, bien que très-anciens à Rome, les éloges funèbres n'y parvinrent jamais à un haut degré de perfection. De là encore un autre inconvénient : ces éloges, qui n'avaient pas pour juge et pour sanction le peuple entier, se prêtaient davantage aux complaisances de la vanité, aux exagérations de l'amitié. Cicéron se plaint, et avec raison, que ces panégyriques de famille aient rempli l'histoire de mensonges. On y trouve, dit-il, des faits qui n'ont jamais eu lieu, des triomphes imaginaires, des consulats dont on grossit le nombre, de fausses généalogies. Le premier souvenir que nous rencontrions d'un éloge particulier est celui d'Appius, prononcé par son fils, avec la permission des consuls, devant le peuple. Le premier éloge public fut celui de Brutus, auteur de la liberté romaine. Vient ensuite un naufrage universel de toutes ces immortalités de famille : le seul débris que nous puissions saisir, c'est une phrase de l'éloge de Scipion, destructeur de Carthage ; phrase conservée par Cicéron : l'orateur remercie les dieux d'avoir fait naître Scipion dans Rome, plutôt que partout

ailleurs, parce qu'il fallait que l'empire du monde
fût où était Scipion. Thomas trouve cette idée
grande, nous la trouvons boursouflée. Avec le
critique que nous venons de nommer, nous ne
mettrons point au rang des oraisons funèbres un
premier ouvrage de Cicéron, un éloge en vers de
Marius. Nous ne rangerons pas non plus dans
cette classe-là harangue pour la loi Manilia, sous
prétexte qu'elle n'est d'un bout à l'autre qu'un
panégyrique de Pompée; non plus que le discours
pour Marcellus : nous ne voyons dans ces morceaux ni le caractère ni le ton du panégyrique.
Une véritable oraison funèbre fut l'éloge de
Caton par Cicéron. Cet éloge s'est perdu, ainsi
qu'un autre en l'honneur du même Romain, par
Brutus, dont le caractère et l'éloquence avaient
avec Caton plus de ressemblance que le génie
de Tullius. On sait que Cicéron avait pris la
peine de faire lui-même son propre éloge en
prose grecque et en vers latins : le temps ne
nous en a rien conservé. César eut aussi une
oraison funèbre, terrible, incendiaire, produite,
non pas, comme le dit l'auteur de l'*Essai sur
les éloges*, par le droit que s'était réservé le despotisme d'être flatté pendant la vie et après la
mort, mais par l'ambition qui saisissait sur son
bûcher les torches qui devaient embraser la république. L'éloquence ardente, populaire, l'élo-

quence des séditions, admirablement conservée
par Shakespeare, éclate tout entière dans le discours d'Antoine. Cet usage de prononcer l'éloge
du prince, car César en eut le pouvoir, sinon le
titre, se perpétua. Auguste prononça sur la tribune
un grand nombre d'éloges, entre autres celui de
Marcellus, son neveu et son gendre, mieux immortalisé par les vers de Virgile; celui de Drusus,
le fils de sa femme. L'éloquence d'Auguste, image
de son caractère, était simple, agréable et facile;
celle de Tibère, avec plus de force et de nerf, eut
plus de dureté et moins de souplesse. Tibère fut
plus orateur : il avait loué Drusus, son frère ; il
prononça l'oraison funèbre d'Auguste, son beau-
père. Sous ce règne paraît l'éloge de Junie, nièce
de Caton, sœur de Brutus et femme de Cassius :
ces noms réveillaient au cœur des Romains bien
des souvenirs. Tibère eut aussi son panégyriste :
ce fut Caligula. Cet usage, dans la famille impériale, de faire ainsi l'éloge de son prédécesseur,
paraîtra moins singulier si l'on se rappelle ce que
nous avons dit, sur l'origine des oraisons funèbres
à Rome; savoir, qu'elles étaient moins une coutume publique qu'une coutume domestique. Il
n'est pas étonnant que les empereurs, qui avaient
conservé de la république plusieurs formes et plusieurs habitudes, celles surtout qui conservaient les
apparences de la popularité sans en avoir les dan-

gers, soient restés fidèles à cet usage. On sait d'ailleurs, et nous l'avons déjà remarqué, que l'éloquence, ou du moins la prétention à l'éloquence,
fut une dernière ambition du pouvoir impérial,
une dernière séduction employée envers le peuple, quand on dédaignait toutes les autres. C'é-
tait peut-être aussi une précaution ou une dernière pudeur : on craignait la voix publique, et on
n'osait pas encore imposer l'éloge. Suivons la liste
de ces empereurs panégyristes. Claude fut loué
par Néron, qui le premier dérogea à l'habitude
de composer soi-même les discours, habitude que
les empereurs avaient jusque là observée : Sénèque
lui prêta le secours de sa plume. C'était une préparation à la justification du meurtre d'Agrippine.
Néron prononça encore l'éloge de Poppée. Dès
lors jusqu'à Titus nous n'apercevons aucun ves-
tige d'oraison funèbre. Celle de Titus fut pro-
noncée par Domitien, sous qui vécurent *Thra-
séas* et *Helvidius*, dont les vertus leur valurent la
mort, ainsi qu'à ceux qui eurent le courage de
les louer. L'oraison funèbre, jusque là trop dégradée par le héros et le panégyriste, se releva enfin :
Marc-Aurèle prononça du haut de la tribune l'é-
loge d'Antonin. C'était la consécration de la vertu
par la vertu elle-même; c'étaient toutes les promesses d'un règne merveilleux, garanties par les
bienfaits du règne qui finissait; c'était un engage-

ment et une dette pris et acquittés à la face de
l'univers. Plus tard nous trouvons l'éloge de Per-
tinax par Septime Sévère, un des plus grands
sinon un des meilleurs empereurs qu'ait enfantés
la vieillesse de Rome. A cette époque s'affaiblit,
pour s'effacer entièrement, l'usage d'éloges d'empereurs prononcés par des empereurs.

Avant Trajan il n'existe point de panégyriques
en forme, de panégyriques composés exprès pour
des empereurs : car, malgré l'indignation de Thomas, nous ne saurions regarder comme tels les
éloges donnés à Auguste par Horace et Virgile ;
éloges épars çà et là dans leurs ouvrages, et présentés avec une délicatesse ingénieuse que le goût
approuve, alors même que la vérité les condamne.
Qu'il en soit de même d'Ovide et de Velléius Paterculus, bien que le premier ait montré moins
de dignité dans ses regrets et dans ses flatteries,
et que le second ait trop souvent oublié la conscience de l'histoire. Excuserons-nous Sénèque pour
son *Traité de la Consolation* adressé à Polybe,
Lucain pour ses vers en l'honneur de Néron ;
Quintilien, Martial et Stace pour les éloges pro-
digués à Domitien ? Nous avouerons qu'à défaut
de bassesse, il faut voir en eux faiblesse extrême
ou aveuglement inconcevable. La postérité, qui ne
sépare pas la gloire du péril, ne saurait les ab-
soudre.

Nous touchons au panégyrique de Trajan par
Pline ; morceau brillant, et dans lequel, malgré
des défauts assez grands, l'éloquence antique
semble renaître avec l'antique liberté. Le nom de
Pline rappelle celui de Tacite : orateur célèbre
avant d'être un immortel historien, consul sous
Nerva, Tacite prononça l'oraison funèbre de Virginius, qui trois fois refusa l'empire, et dont la
gloire, respectée de six empereurs, montra, pour
employer la réflexion même de Tacite, que sous
les plus mauvais princes il y a encore place pour
la vertu. Cet éloge de Tacite est perdu ; il nous en
reste un autre qui seul suffirait à sa réputation, la
vie d'Agricola.

Cet ouvrage nous offre le plus beau monument
de l'oraison funèbre, puisque seul il est écrit sous
l'inspiration d'un sentiment désintéressé, et que
la louange, alors même qu'elle peut paraître exagérée, ne cesse point d'être noble ; elle est encore
un hommage rendu par le génie et la reconnaissance au courage et à la vertu. Un sentiment vrai
et profond l'anime ; ce sentiment, qui se produit
ici avec une expression plus facile, plus claire que
ne l'est ordinairement l'expression de Tacite, sous
un tour plus naturel, des mouvemens plus souples
et des formes plus variées, répand dans tout l'ouvrage une douce et féconde chaleur. La piété
filiale, dont Tacite a demandé l'inspiration, ne lui

a point manqué. Toutefois cette vivacité d'affec-
tion n'eût point suffi à soutenir l'intérêt d'une vie
moins pleine d'événemens que remarquable par
l'avenir qu'elle contenait, avenir qui ne put se
développer tout entier sous les défiances de la tyrannie. Pour suppléer à ce·vice de son sujet,
l'auteur a su le varier par la peinture des nations
barbares, les réflexions d'une haute et profonde
politique. Dans le récit même des exploits ou
des vertus de son héros, il a su éviter la monotone
exagération d'un panégyriste, en y mêlant des
pensées générales qui sont toujours ou des leçons
morales fécondes, ou des faces nouvelles et étendues du cœur humain. C'est ainsi encore qu'au
milieu des descriptions de batailles, des détails de
géographie et de mœurs, il jette quelques-uns de
ces grands traits de lumière qui éclairent tout un
tableau ; bien qu'ici, comme dans ses autres ouvrages, Tacite juge trop les nations étrangères
à travers les intérêts ou les préjugés du Romain. Telle était cette préoccupation de l'égoïsme
national que la conquête lui semblait légitime ; il
n'a pas pour les vaincus cette sympathie qui naît
au cœur des peuples modernes. C'est là l'inspiration nouvelle, le caractère nouveau donné par le
christianisme à la littérature et à l'histoire.

Marc-Aurèle eut dans Cornelius Fronto un orateur digne de lui. Les ouvrages de Fronto, perdus

pendant long-temps, viennent de se retrouver,
mutilés il est vrai, et incomplets : la pensée, brisée
et obscurcie, n'offre plus que des formes vagues
et altérées : un reste de chaleur est encore au fond
de ces membres dispersés; mais la vie s'en est retirée : aussi, tel que nous le possédons, avons-
nous peine à trouver cet écrivain égal à sa réputation, que nous croyons sans la comprendre.

Le despotisme, si souvent compromis et avili
par les révoltes des soldats, chercha dans la
pompe extérieure et l'appareil d'un luxe oriental
à s'entourer de cette magie, illusion puissante du
pouvoir, qui, comme toutes les autres illusions,
une fois détruite, ne se ranime pas, mais peut
quelque temps se prolonger. Dioclétien, qui eut
l'habileté de la politique, sinon la grandeur du génie,
Dioclétien créa pour la cour cette magnificence et
ce cérémonial inconnus jusque là aux caprices du
gouvernement impérial. La littérature n'échappa
point à cette contagion ; elle emprunta de l'orient
l'emphase et l'exagération, la flatterie et les bas-
sesses. L'éloquence, à Rome, était corrompue
comme les âmes, et pour en trouver quelques
traces, il faut les chercher; ainsi que les restes de
la majesté du peuple-roi, dans les provinces sou-
mises autrefois par les armes de la république.
C'est dans les Gaules qu'elle reluit encore : Autun,
Lyon, Marseille ont recueilli les étincelles du feu

sacré prêt à s'éteindre; lumières affaiblies toute=
fois, elles ne jettent que de pâles clartés. Au milieu
de cette nuit qui s'avance sur l'univers, brillent
trois orateurs, dignes par leurs talens de jours
meilleurs : ce sont Eumène, Nazaire et Mamertin.
Mamertin prononça deux panégyriques devant
Maximien. De ces deux discours, tous deux prononcés à Trèves, le premier est, selon Thomas,
un chef-d'œuvre d'impertinence et de flatterie;
le second, avec plus de noblesse et de dignité dans
la pensée et les éloges, révèle aussi par cela même
plus d'éloquence, mais une éloquence souvent
fausse et de mauvais goût. Un troisième discours
fut prononcé en l'honneur de Maximien; l'auteur
en est inconnu. Ce discours est rempli des plus
fades, des plus ridicules adulations.

Eumène prononça un panégyrique pour l'établissement des écoles publiques à Autun, discours
où le choix du sujet est ce qu'il y a de mieux :
l'auteur retrace les bienfaits accordés à sa patrie
et aux lettres : avant Julien, seize empereurs
avaient été au rang des écrivains de Rome. Le second panégyrique d'Eumène roule sur les victoires
de Constance Chlore en Hollande, et principalement sur sa conquête d'Angleterre. On regrette
que des descriptions assez vagues de combats tiennent une place qui eût été mieux occupée par des
vérités d'un intérêt durable et général.

Constantin, dont les victoires et les grandes qualités, mêlées, il est vrai, de grandes fautes, ont marqué dans l'histoire, eut et dut avoir beaucoup de panégyriques. Il ne nous en reste aujourd'hui que six ou sept.

Nous avons de Martin un discours en faveur de Julien. A cette époque, la langue grecque était plus particulièrement la langue de l'adulation : le latin, plus rude et plus altéré, se prêtait moins à cette éloquence de mensonge et d'apparat. Théodose, qui soutint l'empire tombant en morceaux de toutes parts, rencontra un panégyriste digne de lui dans Pacatus, tout à la fois poète et orateur distingué. Pacatus était gaulois : c'est encore l'occident qui, au milieu des ruines de l'éloquence, en offre quelque image. Rapide, énergique, précis, le style de Pacatus semble trahir quelque chose de cette vigueur sauvage qui subsistait sous la domination romaine et devait la vaincre un jour.

Un autre Gaulois, saint Paulin, prononça aussi un discours en l'honneur de Théodose; on croit que saint Augustin en prononça également un. Symmaque, l'orateur le plus célèbre de son temps, paya son tribut d'éloges à Théodose. Saint Ambroise prononça l'oraison funèbre de ce prince, qui, vivant et mort, reçut la consécration de toutes les éloquences et de tous les arts. Gratien eut pour panégyriste Ausone, meilleur poète qu'orateur.

Le dernier panégyrique que nous trouvons est celui de Théodoric par Anodius. Il ne reste plus de la langue de Cicéron que les mots, dégradés eux-mêmes, corrompus : les formes pures et harmonieuses, les tours simples et faciles ont disparu ; c'est un langage informe, un langage nouveau avec des mots anciens ; c'est le travail pénible d'une langue vieillie, chaque jour envahie, chaque jour étouffée par des idiomes grossiers, les idiomes des barbares. On sent que cette langue, image de la société ancienne et de la société moderne, qui luttaient l'une contre l'autre, a brisé son ancienne unité, et qu'elle n'a pas encore pris un caractère fixe. A travers ces phrases usées, à travers la poussière de ces expressions mortes, s'exhale pourtant un esprit de vie et de fraîcheur ; l'influence du nord s'y fait sentir : c'est un souffle lointain, une inspiration mystérieuse encore et cachée. La littérature moderne tout entière est là avec le vague de ses rêveries, le charme de ses souvenirs, l'enthousiasme de ses croyances.

Il y avait alors une autre espèce de panégyriques : ceux-là ne s'adressaient point aux princes, aux heureux de la terre ; ce n'était point une éloquence de mots et de flatterie, mais de courage et de malheur. Vive, populaire, pleine de larmes et d'émotions, elle célébrait des vertus obscures et des sacrifices ignorés. Un généreux confesseur de la foi de Jésus-Christ, une simple femme qui avait édifié sa famille par des vertus que le paganisme ne connaissait pas : telle était la matière ordinaire de ces éloges, qui se prononçaient le plus souvent la nuit dans un souterrain, à la faible clarté d'une lampe funéraire, entre les craintes et l'enthousiasme du martyre, entre deux persécutions. Si vous voulez trouver avec la liberté exilée de Rome l'éloquence qui en a disparu également, c'est au fond des catacombes qu'il la faut aller chercher. Les catacombes renfermaient la véritable société, celle qui contenait l'Europe moderne : là tout ce peuple de pauvres et d'esclaves que l'égoïsme de la liberté grecque et romaine avait déshérité de ses droits, les reconquérait dans l'égalité évangélique; là renaissait la vie morale qui s'était retirée de Rome sophiste et corrompue. Les martyrs étaient les héros de cette liberté nouvelle, de cette foi, qui devait vaincre le monde pour le sauver.

CHAPITRE XXVIII.

Histoire.—Histoire naturelle.

De toutes les parties de la littérature romaine, l'histoire nous offre les plus honorables dédommagemens : destinée à recueillir l'expérience des peuples, elle semble mieux convenir à leur vieillesse ; car elle demande, non pas cette vive imagination qui enfante l'éloquence et la poésie, mais cette méditation profonde qui se replie sur elle-même : aussi, dans cette décadence des lettres romaines, les historiens ne nous manqueront pas.

Le premier historien de ce siècle est C. Velléius Paterculus : son ouvrage est un précis rapide qui ne s'arrête qu'aux masses sans entrer dans les détails. Velléius s'attache aux résultats, et ne dit des causes que ce qui est nécessaire pour les faire connaitre et juger. Il excelle dans la peinture des caractères des principaux acteurs ; son ouvrage est riche en portraits tracés de main de maître ; il renferme aussi un grand nombre d'observations politiques et morales, fruit des réflexions de l'auteur et de l'expérience qu'il avait recueillie dans ses voyages. Sa diction, généralement pure et élégante, n'est pas exempte de quelque affectation de sentences morales. et de figures de rhétorique : il aime aussi à ressusciter de vieux mots. Historien sincère et impartial, Velléius Paterculus a cependant flatté Auguste et Livie, mais surtout Tibère et Séjan. Comblé des bienfaits de Tibère, là reconnaissance l'aveuglait-elle? était-ce en lui bassesse ou bonne foi? On ne saurait le dire : il est juste seulement d'observer que quand Velléius écrivit, Tibère, tremblant sous le génie de Séjan, ne s'était pas révélé tout entier.

Nous n'aurons pas à présenter la même excuse pour Valère-Maxime ; nul écrivain n'a porté plus loin la flatterie pour les princes, et la préface de son ouvrage est un curieux monument de bassesse et de mauvais goût. C'est sous les auspices de Tibère qu'il publia son livre intitulé *Dits et Faits mémorables*. C'est un recueil d'anecdotes choisies et disposées sans goût et sans critique. Un style froid, lourd et affecté, une narration déclamatoire et incohérente, une curiosité sans discernement, qui admet les plus singuliers prodiges, un mélange continuel de la fable et de l'histoire, la vérité toujours sacrifiée au plaisir de raconter des choses extraordinaires, tel est le caractère de cet écrivain. Cet auteur toutefois a son utilité ; il offre pour l'histoire et l'étude de l'antiquité une foule de petits faits tirés d'auteurs perdus, et que l'on ne rencontree que chez lui.

Jusqu'ici nous avons plutôt trouvé des mémoires qu'une histoire proprement dite : Tacite va nous occuper.

Le premier ouvrage de Tacite fut la vie de Julius Agricola, son beau-père : nous l'avons analysé. Le second, *les Mœurs des Germains*. Cet ouvrage présente des renseignemens curieux sur la manière dont les Germains faisaient la guerre, sur leur gouvernement, leurs usages politiques et civils, leurs fêtes, leur manière de vivre, de se vêtir et de se nourrir; sur l'état de l'agriculture chez cette nation barbare; sur leurs habitudes·domestiques, leur religion, leurs prêtres. Tous ces détails ont pour nous un intérêt particulier. De ces marais de la Germanie sont sorties la plupart des nations modernes, et le caractère primitif de ces peuples n'est pas tellement effacé qu'on n'en puisse retrouver quelques traits dans les peuples d'aujourd'hui. On sait que Montesquieu a vu dans les forêts de la Germanie la première image des gouvernemens représentatifs. Toutefois les renseignemens que donne Tacite sur les mœurs et surtout sur les religions de ce peuple ne sont pas toujours très-exacts. En voulant rendre plus frappant le contraste des vertus des barbares et de la corruption romaine, l'historien peint souvent

les premières de couleurs plus séduisantes que
vraies.

Dans sa vieillesse et sous Trajan, Tacite composa deux grands ouvrages historiques; d'abord
l'histoire de son temps, puis les *Annales*.

Les *Annales* contenaient le récit de tous les
événemens depuis Auguste jusqu'à Galba; elles se
joignaient ainsi aux histoires qui en étaient le
complément. Dans les premières pages, et avec
une admirable concision, Tacite examine les diverses formes qu'a revêtues la constitution romaine, les diverses altérations à travers lesquelles
elle est venue aboutir au despotisme. Ces prémices
de l'empire ne sont pas sans éclat. Au dehors, les
victoires de Germanicus en soutiennent quelque
temps la gloire; au dedans se conservent encore
les formes antiques de la république : tyrannie la
plus dangereuse, que celle qui s'exerce à l'ombre
et avec l'apparence des lois! Ce fut là une des
causes les plus puissantes de l'asservissement de
Rome : l'empire resta sans limites, parce qu'il
avait en lui absorbé tous les pouvoirs; son despotisme était sans contre-poids. Aussi bientôt il
s'enivra de cette souveraine autorité; il tomba
dans tous les excès de la folie, de la cruauté, de
la débauche : excès monstrueux dont la plume
de Tacite retrace le hideux tableau avec des couleurs quelquefois rembrunies. Indigné de tant de

crimes, il a peine à ne pas en apercevoir partout
la pensée. Sans doute le crime était bien le
fond de ces tyrans qui pesèrent sur l'univers ;
mais ils le commettaient en quelque sorte par
habitude ; il était en eux un instinct, et non toujours un calcul profond et habile, tel que le veut
l'historien. Cette licence du pouvoir eut sa punition ; toutefois Rome, incapable dans son abaissement de remonter à la liberté, ne se sauva quelque
temps de la tyrannie que par l'anarchie, la guerre
civile et l'usurpation militaire, le plus grand
fléau des libertés publiques. Ces débats sanglans
pour l'empire, qui durèrent autant que lui et le
perdirent, rempliront les *Histoires* : là nous allons les suivre avec quelque soin ; car ils sont
l'image la plus fidèle de la malheureuse situation
où Rome se trouvait réduite.

Tacite trace en commençant un tableau rapide et
vigoureux des événemens que doivent contenir les
Histoires. Les détails ne sont pas moins intéressans
que cette exposition si dramatique. L'état de Rome,
des armées, des provinces, à la mort de Néron,
est peint avec une énergique concision : déjà
éclatent pour l'empire ces brigues armées qui
devaient être si fatales et à Rome et à ceux qui
les essayaient. Nymphidius le premier veut se faire
empereur ; il périt. Appelé par ses services militaires et son expérience, Galba arrive au pouvoir.

A peine il a eu le temps de saisir sa puissance incertaine, qu'un rival s'annonce sur les bords du
Rhin ; c'est Vitellius, poussé en quelque sorte
malgré lui à un pouvoir qu'il ne sait ni perdre ni
défendre. Derrière Vitellius apparaît un autre
concurrent : l'orient, qui avait déjà vu se décider
les destinées de Rome, va lui-même, et pour la
première fois, donner à Vespasien cet empire qui
semblait être le partage des légions du nord ; mais
ces événemens, habilement préparés, sont encore
cachés dans l'avenir, et Vespasien ne se hâte pas
de prendre un pouvoir que le cours des événemens
doit lui livrer. Vitellius trouve un concurrent dans
Othon. Rome semble sentir tout l'excès de sa dégradation en voyant quels méprisables rivaux s'ar-
ment pour la conquérir. Après des revers et des
succès mutuels, Othon abandonne une lutte que
la fortune n'avait pas encore décidée contre lui : il
meurt avec un courage qui, mieux employé, eût
suffi pour le faire vaincre. Cependant les légions
veulent le désordre et le droit de murmures, comme
un prix et une condition de l'empire qu'elles ont
donné. Bientôt la dissension se met entre elles,
et Vitellius est soumis à cette première humilia-
tion de l'usurpation militaire, l'insolence du sol-
dat dont les défiances où les caprices exigent la
mort même des amis du prince. A ces récits Tacite
joint des tableaux aussi tristes qu'animés de la si-

17*

tuation de cette ville tourmentée par ces révolutions continuelles, ces prodigalités excessives
d'une puissance sans prévoyance parce qu'elle se
sentait sans avenir. Il peint d'une touche énergique tous les portraits de ces ambitieux subal-
ternes qui entreprenaient la révolte comme un
calcul, et la continuaient comme une nécessité
imposée par les soldats. L'historien, s'arrêtant à
des considérations politiques d'un haut intérêt,
nous révèle la plaie intérieure de Rome, et cette
cause de décadence qui, commencée avec les luttes
de Marius et de Sylla, devait s'achever dans les
déchiremens de la guerre civile et de la guerre
étrangère réunissant leurs fléaux. Quelques nations en effet profitent de ces troubles pour atta-
quer l'empire romain. Les Daces semblent les
précurseurs de ces barbares qui doivent venger
l'univers par la chute de Rome : cette tentative
d'invasion révèle un fatal secret. La Germanie remue ; bientôt les Gaules se soulèvent.

Au milieu de ces scènes de guerre, on trouve
des détails curieux sur l'origine, la force, les
mœurs, le caractère de tous ces peuples, qui, dans
leurs marais, ou leurs bois, nourrissaient contre
la puissance romaine une vengeance héréditaire
sous laquelle elle devait succomber. Ces mœurs
sauvages et primitives forment un contraste piquant
avec cette civilisation du peuple-roi qui n'avait

plus à leur opposer qu'une tactique plus habile,
et un vieux respect qu'affaiblissaient chaque jour
de nouvelles défaites. Civilis ne déposant sa longue chevelure que sur les cadavres des légions
romaines, Velléda encourageant la révolte par le
fanatisme religieux, ce mélange singulier de simplicité et d'exaltation, est comme une annonce et
une image de cette physionomie nouvelle, de ce
caractère chevaleresque, qui doit marquer les peuples de la Gaule et de la Germanie, et qui sépare
le monde moderne du monde ancien, et la civilisation européenne de la civilisation romaine.

Ce qui nous frappe surtout dans Tacite, c'est
la forme dramatique de son récit, et l'éclat poétique de son expression. Nul autre écrivain de la
même époque, nul poète ne nous semble en avoir
approché. Quand les hommes d'une imagination
vive et puissante naissent sous des influences ou
dans des temps qui flétrissent l'âme, toute cette
vivacité se concentre en eux-mêmes ; les objets
les frappent fortement, et ils cherchent pour les
rendre l'expression la plus pittoresque. Cette disposition d'une tristesse habituelle donne à leur
style comme à leurs pensées une physionomie
très-prononcée ; toutes leurs réflexions se tour-
nent en sentiment, et ce sentiment vrai et profond
leur inspire ces expressions animées, ces images
hardies qui sont le véritable coloris poétique.

Cette méditation intérieure, qui imprime à leurs pensées un cachet original, a cependant son inconvénient : cette manière d'écrire n'est pas la plus naturelle, n'est pas la plus pure ; elle est une altération de la beauté primitive. Cet art de tout mettre en saillie, cette manie de présenter le philosophe là où l'on ne devrait voir que le narrateur, décèlent une littérature tourmentée. L'histoire dans sa véritable forme, dans son abondance et son éclat premier, il faut la demander à Tite-Live. L'histoire philosophique et raisonneuse a moins d'abandon et de variété ; elle laisse au style quelque chose d'obscur et de prétentieux. Dans Tacite chaque pensée est un trait ; ses idées sont toujours en relief; ses personnages ont tous le même langage et la même couleur : il place de la philosophie partout, même dans la bouche des barbares. Malgré ces défauts, il est admirable de coloris, de mouvement dramatique, de verve et de concision. Grâce à son dernier et habile traducteur, M. Burnouf, devenu français, il peut se montrer à nous dans toute sa beauté et sa vigueur originale.

Tacite a étalé à nos yeux les misères de Rome ; Suétone nous révèle les turpitudes du palais impérial.

Le principal ouvrage qui nous reste de Suétone est le *Recueil des Vies des douze premiers Césars* :

c'est un tableau du caractère, des vertus et des vices, de la vie intérieure et privée de ces princes, plutôt qu'une histoire générale de leurs règnes. La naissance, la jeunesse, les exploits, la figure, les ordonnances de chaque empereur, ses amusemens et ses occupations, sa mort, y sont retracés avec une grande fidélité et une grande hardiesse d'expressions. Il expose, sans réflexions et sans jugemens, les faits tels que ses recherches les lui ont présentés. Il nous fait assister à ces détails de la vie domestique, que, dans sa dignité obligée, l'histoire rejette, et qui cependant nous font le mieux connaître la physionomie des personnages; il offre une foule de faits précieux pour l'histoire et l'archéologie. Son style simple et correct ne manque ni de précision ni de vigueur; il a quelque chose de Tacite, moins le coloris.

Après Suétone vient Florus. Son *Abrégé* est moins une histoire qu'un éloge du peuple romain, écrit avec élégance, mais dans un style travaillé et prétentieux. Il passe légèrement sur les faits et sur les événemens : tout y est peint en beau; l'auteur prodigue les déclamations, les traits saillans, les figures de rhétorique. Sa phrase, hachée et sentencieuse, n'est pas exempte d'obscurité et d'affectation; il y a de la monotonie dans sa concision, du vide dans son exagération, de l'emphase dans son énergie. Il a substitué souvent à

la gravité et à la pompe latines la manière brillante et l'enflure des Espagnols.

Dès lors se fait sentir plus particulièrement
l'influence des littératures étrangères sur la littérature romaine. Nous trouvons d'abord l'influence
de la littérature espagnole sur ce troisième siècle
de la littérature, celle de la littérature gauloise
sur le quatrième, celle de l'Afrique sur les écrivains ecclésiastiques. Ainsi Rome empruntait,
pour soutenir sa gloire littéraire, des talens
étrangers, comme des peuples barbares pour garder ses frontières.

L'histoire naturelle fut moins riche que l'histoire.

Le plus grand écrivain, et presque le seul sur
l'histoire naturelle, que les Romains aient possédé, est Pline l'ancien. Pline avait composé une
histoire de toutes les guerres de la Germanie en
vingt livres, et celle de Rome, depuis l'époque à
laquelle s'était arrêté Aufidius Bassus : ces deux
ouvrages ont péri. Le seul qui nous reste de cet
écrivain laborieux est son *Histoire naturelle*, vaste
encyclopédie des sciences naturelles, de la cosmographie, de la médecine et de l'histoire des
arts : ouvrage d'une étendue et d'une érudition
infinies, aussi varié que la nature elle-même. Cette
grande compilation, qui fait revivre des noms et
des découvertes qui seraient restées inconnues, se

divise en trente-sept livres. Le premier contient une espèce de table des matières, et le catalogue des auteurs dont Pline s'est servi; il a consulté plus de deux mille ouvrages. Les quatre livres suivans renferment la cosmographie, la géographie; savoir : le premier, la géographie mathématique et physique; et les trois autres, la géographie historique et politique ; les livres six à dix, la zoologie; les livres onze à dix-neuf, la botanique: dans les livres vingt à trente-deux l'auteur traite des médicamens que fournissent le règne animal et le règne végétal; dans les cinq derniers il s'occupe des métaux, de la sculpture, de la peinture, ainsi que des principaux artistes et de leurs ouvrages.

Cet ouvrage n'est point un traité complet d'histoire naturelle, de médecine, ni une théorie ou histoire de l'art; c'est l'ouvrage d'un savant qui fait de toutes ses lectures des extraits, qui entasse les vérités, et quelquefois aussi les erreurs, sans beaucoup d'examen. Pline est crédule, son goût n'est pas toujours pur, et, dans la partie médicale surtout, il montre un grand défaut de connaissances et de critique. Les cinq derniers livres, où il traite des arts, renferment beaucoup d'erreurs. Son style, souvent obscur et incorrect, n'est pas exempt d'affectation : il cherche la profondeur et rencontre souvent la déclamation. Sa philosophie est triste et décourageante, et l'on doit plaindre un homme qui ne trouvait pas dans les merveilles de la nature, qu'il décrivait, une réponse et une compensation aux maux de l'humanité, qui étaient plus encore ceux du despotisme.

CHAPITRE XXIX.

Lettres. Romans. Grammaire.

LA vie des anciens plus agitée, la difficulté, si-non le défaut des communications, plus grande, la société de famille et la société générale rares et peu intimes, se prêtaient moins que chez nous au développement des affections domestiques ou des amitiés, matière ordinaire de nos lettres ou de nos correspondances: mais il existait pour eux un besoin moins senti par les modernes, parce que la rapidité avec laquelle se répand la pensée y satisfait facilement; ce besoin, c'est celui d'établir, d'entretenir entre les intelligences actives et supérieures cet échange de pensées et de vérités utiles qui seules manifestent les traces des nations sur la terre. Cet enseignement, que nous recevons tous les jours de la presse, Athènes et Rome ne le connaissaient pas : de là la nécessité de ces écoles, foyer perpétuel de lumières, flambeau éclatant élevé au milieu des ténèbres du paganisme ; de là aussi, entre les maîtres célèbres, entre les plus grands philosophes, ces entretiens immortels, ces lettres graves et fécondes, qui

portaient et répandaient la vérité d'une contrée
à l'autre. Ici c'est Platon qui instruit les Syracu-
sains; là Aristote, pour qui Alexandre, au milieu
de ses triomphes, trouve encore des loisirs. Plus
tard les pères de l'église, aussi bien que les philosophes d'Alexandrie, suivent cette noble voie
d'instruction. La matière de ces lettres n'était
pas, comme chez nous, trop souvent légère et
frivole; les plus hautes questions de morale et de
politique s'y débattaient. Cette forme avait l'a-
vantage de pouvoir les traiter sous plus de faces,
et sous des faces plus simples, plus naturelles,
plus animées. Notre seizième siècle, tout plein de
zèle, sinon de l'esprit de l'antiquité, lui emprunta
cette manière libre et variée de répandre la vérité. Balzac, par exemple, a, dans quelques-unes
de ses lettres, essayé de reproduire ces magnifiques entretiens de la sagesse ancienne; Euler,
et, à son exemple, d'autres philosophes modernes,
s'en sont servis. A Rome, Sénèque y déposa la
plus grande partie de ses systèmes philosophiques,
ou plutôt du système des stoïciens, dont il fit revivre les dogmes. Pline le jeune forme en quelque
sorte la transition entre l'esprit ancien et l'esprit
moderne : il tient au premier par les sujets de
morale ou de littérature qui forment le fond de
quelques-unes de ses lettres; il tient au second
par ces détails d'intérieur, ces confidences d'ami-

tié, cette vivacité de sentimens et de traits qu'aiment et prodiguent les modernes.

Le temps, son usage, sa rapidité; les lectures et leur utilité; l'amitié, son caractère, sa solidité dans le sage seul, la difficulté de bien choisir ses amis; la mort, ses terreurs, sa nécessité; la manie des singularités; la fuite du monde, la solitude, ses avantages, et ses dangers; la vieillesse; l'influence de la philosophie sur les défauts et les vices, son utilité; la vertu et le courage qu'elle inspire; la science de l'avenir, ses vaines inquiétudes; le corps, le respect et les soins qu'on lui doit; les exercices qui le fortifient; voyages, inutiles contre les maux de l'âme; excursions sur la littérature; détails intéressans sur les coutumes et les usages des anciens Romains, sur les habitudes même de Sénèque; quelquefois les plus hautes questions de philosophie, sur le monde, son origine, l'exposition des systèmes anciens et des plus célèbres opinions sur cet éternel sujet de disputes : telles sont les matières qui forment le fond des lettres de Sénèque : c'est, on le voit, une galerie aussi riche que variée.

Les lettres de Sénèque ne sont qu'un traité de morale sous une forme épistolaire. Les lettres de Pline, bien qu'on y puisse quelquefois remarquer des morceaux destinés à la publicité, sont en gé-

néral écrites dans la confidence de l'amitié et le
secret de la vie privée. Le recueil de Pline forme
dix livres : les neuf premiers contiennent des lettres adressées à toutes sortes de personnes ; le
dixième, les lettres et les rapports envoyés par
l'auteur à l'empereur Trajan, avec quelques réponses de ce prince importantes pour l'histoire, à
laquelle elles offrent des renseignemens précieux.
Ces lettres renferment aussi sur la vie des écrivains
du temps, et l'état de la littérature à Rome, des
documens d'un grand intérêt.

Cette correspondance présente une variété piquante de sujets : c'est le style facile et élégant d'un
écrivain et d'un homme du monde ; du reste, on y
retrouve les mêmes défauts et les mêmes qualités
que dans le panégyrique de Trajan ; gracieux, correct, Pline manque quelquefois de naturel et de
simplicité ; elles n'ont pas ce charme de naïveté
et d'abandon qui rend si délicieuse la lecture des
lettres de Cicéron. En écrivant, Pline ne s'oublie
pas ; et l'amour-propre de l'auteur ne disparaît pas
entièrement dans les confidences de l'ami. L'art
s'y montre trop souvent, et les épanchemens
même du cœur sont soumis aux combinaisons de
l'esprit.

Le roman se rapproche beaucoup du genre
épistolaire. Le roman, tel que nous le possédons,
n'existait pas chez les anciens. Le *Satyricon* de

Pétrone est plutôt une satire qu'un roman, bien qu'il ait pour sujet les aventures amoureuses ou singulières d'un jeune libertin, dont l'inquiète turbulence fait naître diverses situations, tantôt comiques, tantôt tragiques, qui fournissent à l'auteur autant d'occasions de verser sur les mœurs et les goûts de son siècle le fiel de la censure. Cette satire toutefois n'a rien de commun avec celle que les Romains nommaient *satire Émilienne*. Elle se rapproche beaucoup plus de la satire Ménippée ou Varronienne ; mélange de prose et de vers, dont notre fameuse satire Ménippée peut nous donner une assez fidèle image. Le style offre dans quelques endroits une grande pureté, à côté d'une foule de locutions basses et triviales ; peut-être l'auteur, qui amène sur la scène les personnages des dernières classes du peuple, a-t-il cru qu'il était de la vérité du dialogue de leur mettre dans la bouche des termes aussi ignobles. Cette satire est une espèce de canevas dans lequel l'auteur fait entrer toutes les situations de la vie.

Elle se distingue par la vérité dans la peinture des caractères et du langage des acteurs, par des tableaux pleins de grâce, une ironie piquante, beaucoup d'esprit, de verve et de gaîté. Le style est riche, animé, vigoureux, souvent obscur, défaut qui tient et à l'étrangeté des mots et aux

altérations que le texte a éprouvées. On doit
regretter qu'un beau talent se soit usé sur un
fonds aussi immoral et des peintures aussi ob-
scènes. La satire, lors même qu'elle châtie le vice
et la débauche, ne les doit pas peindre dans leur
hideuse nudité; l'imagination doit conserver sa
chasteté en présence du vice.

La grammaire change d'objet et de caractère
comme les autres parties de la littérature; elle
commente les chefs-d'œuvre du siècle d'Auguste,
qui sont, pour ainsi dire, devenus inintelligibles
à Rome. Rien ne peint mieux la corruption du
goût et la décadence d'une littérature que les
commentaires qu'un siècle est obligé de faire sur
le grand siècle littéraire qui l'a précédé. Ainsi
donc la langue de Virgile et de Cicéron n'était
plus comprise des Romains; et ce qu'il y a de plus
déplorable dans cette altération de la langue, c'est
qu'on la prend souvent pour une heureuse innovation qui la doit régénérer. Nous, qui croyons
encore parler la langue des Pascal et des Racine,
n'en sommes-nous pas déjà bien éloignés? Nos
grands écrivains n'ont-ils pas aussi leurs commentateurs?

Résumons les traits généraux de cette époque.
Le premier siècle d'une littérature emporte avec
lui les plus brillantes facultés de l'imagination; il
ne laisse au siècle qui le suit que quelques points

de vue oubliés, quelques nouvelles faces à saisir, quelques régions non encore explorées dans le
domaine de l'intelligence. Époque sérieuse, la seconde époque d'une littérature est, comme dans
la vie, consacrée à l'examen plus qu'à l'admiration, à la revue des richesses acquises plus qu'à
la conquête de richesses nouvelles; aussi, image décolorée de la poésie du siècle précédent, la poésie
de cette période est atteinte de cette sécheresse
qui est la maladie des peuples esclaves et corrompus. La philosophie, l'histoire, la critique littéraire, les sciences naturelles, progrès nécessaire
du temps, telles sont les parties remarquables qu'a
dû nous offrir et que nous a offertes la troisième
époque. Nous avons trouvé la philosophie indécise et raisonneuse, mettant dans ses paroles un
faste et une recherche que démentaient souvent
les actions; mais préludant cependant, par cette
exaltation de courage un peu étudiée, à ces magnifiques trépas qui bravaient la tyrannie en lui
échappant. La critique s'est montrée à nous empreinte de ces formes méthodiques qui trop souvent, dans la littérature romaine, ont remplacé
les formes pures et hardies de la littérature grecque. Ainsi, inspirée, poétique dans Platon, plus
exacte mais féconde dans Aristote, par une haute
puissance de raison, la critique dans Quintilien est
froide et timide; les vues générales lui manquent;

elle n'embrasse pas l'intelligence tout entière;
elle la décompose pour l'étudier et la conduire;
et, dans cette décomposition, la vie disparaît.

L'histoire, à part un de ces génies qui représentent la conscience et la dignité du genre humain,
l'histoire a été s'affaiblissant parce qu'elle se dé-
gradait. L'histoire naturelle porte l'empreinte de
la tristesse profonde qui alors accablait les âmes.
Dans cette philosophie sèche de Pline l'ancien,
vous reconnaissez le cadavre moral de la société.

Vainement, pour se consoler, Rome rassem-
ble autour d'elle toutes les richesses de la terre,
tous les raffinemens du luxe; tout cet éclat,
tout cet appareil de grandeur ne peut la satisfaire;
des plaintes amères lui échappent : sous toutes ces
magnificences, elle touche le néant; ce monde de
richesses est désert; l'idée de Dieu ne le remplit
pas. Pour donner le changement à ce besoin de
croyances qui la tourmente, la société s'adressera
à la superstition : Apulée nous présente les *Fables
milésiennes*, curieuse image des égaremens de ce
peuple vieilli et crédule. Tel est le caractère général de cette troisième époque.

CHAPITRE XXX.

État politique, moral et social de Rome, sous les empereurs.

On est frappé de cette dégradation politique, morale et intellectuelle ; on l'attribue aux vices et aux crimes des successeurs d'Auguste : il nous semble que, pour la bien comprendre, on doit en chercher l'origine ailleurs que dans les événemens mêmes qui se passaient sous les empereurs. C'est à la constitution de Rome, au génie de son peuple, qu'il en faut demander le secret. Si cette constitution a été si vite et si facilement détruite, c'est que dès long-temps son principe était épuisé ; il avait donné tout ce qu'il contenait de bon ; le mal devait venir ensuite. Gouvernement de conquête, fondé par la violence, la république romaine portait la peine de ses victoires et de ses tyrannies, des vertus et des vices qu'enfantait une telle organisation : le despotisme militaire en devait être le résultat, l'expiation et la ruine.

Deux luttes, deux destinées remplirent l'existence politique de Rome : au dehors lutte contre les peuples voisins, et par suite contre tout l'univers ; au dedans lutte entre le principe aristocra-

tique et le principe démocratique. De ces denx
luttes, la première se termina par la conquête du
monde; la seconde avec la république : l'accom-
plissement de cette double destinée fit l'esclavage
de Rome. La lutte du peuple contre les patriciens
prépara surtout cet asservissement. Le peuple fut
long-temps en tutelle; l'expulsion même des rois
fut le triomphe de l'aristocratie et non celui de la
liberté. A cette époque se prononça plus fortement
ce combat des nobles et des plébéiens : long-temps
repoussée, long-temps obscure, la cause du peuple
apparaît pour la première fois avec éclat dans les
essais des Gracques : vaincue avec eux, elle ressuscite dans Marius; et, proscrite de nouveau avec
lui par Sylla, elle triomphe et meurt encore une
fois avec César. Pharsale vit les derniers efforts
de cette lutte opiniâtre. Octave reçut les deux partis fatigués et non réunis. Qu'on y fasse attention,
c'est cette dissension intérieure du peuple et des
grands, sous une apparence de concorde, qui fit
la sûreté du despotisme, et explique l'impunité de
ses crimes. Sous Auguste le parti de la noblesse
conservait quelque inflence; aussi ce prince vou-
lut-il séduire par l'éclat des lettres, ménager par
l'observation exacte des anciennes formes de la
république ce qui restait de fierté et d'indépendance dans les esprits. Avec une politique moins
noble, Tibère acheva d'abattre ce qu'il y avait

encore de dignité dans les âmes ; il trouva dans les dissensions du peuple un puissant auxiliaire. On ne saurait, en effet, comprendre cette longue patience des Romains que par l'intérêt ou du moins l'indifférence que la masse de la nation avait à cet abaissement du sénat. Ces caprices de la tyrannie qui nous épouvantent, ces accusations nombreuses qui s'attaquaient aux plus nobles têtes, étaient pour le peuple souvent un sujet de triomphe, en même temps qu'ils étaient pour le prince une garantie. Ce sénat, qui se décimait lui-même par la délation, était tout à la fois un spectacle pour la populace et une vengeance ; elle gagnait à cette égalité de la tyrannie ; elle ressaisissait même une partie de la souveraineté en se joignant à la soldatesque pour enlever ou donner le sceptre. C'était là une grande facilité pour le despotisme, que cette ancienne haine entre le peuple et les grands : ce n'était pas la seule ; il y avait une autre cause de division aussi ancienne, et qui perpétuellement s'était mêlée aux luttes de l'aristocratie contre la démocratie : l'inégalité des fortunes. Cet excès de misère d'un côté, d'opulence monstrueuse de l'autre, est une des sources les plus fécondes de la corruption, et partant de l'asservissement de Rome. Ce mal était bien ancien ; les Gracques, nous l'avons vu, avaient voulu y porter remède. Montrons comment il compléta l'esclavage de Rome par l'oisiveté du peuple et la mollesse des grands.

Les guerres avaient été jusque là l'occupation, l'aliment du peuple : les camps étaient le remède aux séditions de la place publique; mais, lorsque l'univers n'eut plus d'ennemis à donner à Rome, il fallait pourvoir aux besoins de ce peuple; il fallait donner un but à son activité : telle avait été la pensée des lois agraires. Faute d'une grande, d'une salutaire mesure, le peuple reste sans nourriture et Rome sans tranquillité. Ce peuple que vous entendez demander du pain et des jeux, c'est encore le peuple des tribuns, instrument de troubles entre leurs mains, de massacres entre les mains des soldats, de despotisme entre celles des empereurs : c'est encore la populace de l'Italie moderne, désœuvrée, mendiante, humble et insolente tout à la fois, assise aux portes des palais comme un débris et une honte.

Cette répartition inégale des fortunes avait amené un autre mal, le dépérissement total de l'agriculture. Si, au lieu d'être converties en jardins voluptueux, en stériles allées, les fertiles campagnes de l'Italie eussent été cultivées par des mains actives, que n'auraient pas gagné à ce travail la liberté et l'abondance? On n'aurait pas vu ce contraste révoltant de misère et de luxe, qui, en soulevant la jalousie du peuple, en excitant l'avidité du prince, préparait les riches et les pauvres à la servitude. Occupés tout entiers de leurs plaisirs, tremblant pour ces biens qu'ils ne savaient pas défendre, les grands avaient, non moins que le peuple, perdu tout courage politique. Ainsi se réunissaient, pour favoriser le despotisme, l'ancienne aristocratie, la misère du peuple et la lâcheté des nobles; ajoutons aussi la politique habile ou l'insouciance des premiers empereurs, qui au dedans maintenaient les formes anciennes, et au dehors ne faisaient sentir que légèrement le joug: car les villes d'Italie conservaient en silence, et sans trop d'obstacles, ces franchises municipales qui, dans la ruine de l'empire et la barbarie du moyen âge, sauvèrent la vie civile par les libertés locales. Les Gaules cultivaient en paix les lettres, et se contentaient d'envoyer à Rome des généraux et des orateurs; la Germanie, en réserve dans ses forêts, montrait de loin les vengeurs d'Arminius; la Grèce se consolait par les arts de cette servitude qui avait adouci ses vainqueurs. Toutes ces nations assistaient donc de loin au spectacle de la tyrannie, et à la décomposition du cadavre de l'empire romain, qu'elles contemplaient avec plaisir. La contagion et la tyrannie se concentraient dans Rome et l'enveloppaient dans un cercle vengeur.

Privés de toute vertu politique, les Romains

avaient-ils dans leurs mœurs, dans leur éducation domestique, quelque ressource contre tant de dépravation? Ici se découvre une autre plaie de cette constitution: la guerre, seul but de la république, avait été aussi la seule éducation qu'on donnait à ses enfans : le peuple, élevé dans des habitudes dures et sauvages, ne respirait que les combats ; les jeux sanglans du cirque convenaient à son repos et à sa dégradation : à ce peuple qui avait conservé l'âpreté de son caractère, moins le courage, il fallait la vue du sang, et du sang répandu sans péril pour lui. La noblesse, empreinte de l'influence et aussi de la mollesse de l'éducation grecque, joignait à une barbarie mal effacée toutes les recherches de la volupté. La mort était un ornement des festins. Pour sentir la vie, il fallait à ces âmes flétries et desséchées les angoisses du trépas ; les combats de gladiateurs couronnaient dignement une journée commencée dans les bains de Baies : mélange le plus funeste, que cette alliance d'une nature féroce et d'une civilisation pervertie! Les affections domestiques, dernière vertu des peuples amollis, ne rachetaient pas tant de corruption : la société périssait par ce qui aurait dû la sauver, l'enseignement de la famille. Les femmes, qu'un préjugé barbare et une civilisation incomplète avaient bannies, en quelque sorte, de l'ordre social, y rentraient, comme toutes les exceptions injustes, d'une manière violente et déréglée : déshéritées des occupations et des douceurs de l'égalité, elles apportaient dans cette grande réaction de l'univers et de la morale contre le despotisme de Rome, toutes les bizarreries de leurs vices excessifs comme leurs vertus : de là Agrippine et ses noirceurs, Messaline et ses honteuses débauches.

Dégradés dans l'ordre politique et moral, les Romains l'étaient en outre dans le sentiment religieux; la religion s'était corrompue comme le reste; des empereurs elle avait fait des dieux : elle avait consacré leurs folies et leurs crimes. Tombant ainsi de ruine en ruine, les esprits se précipitèrent dans des imaginations monstrueuses : les peuples soumis contribuèrent à cette décadence : l'Égypte envoyait à Rome ses superstitions, la Grèce ses sophismes. Cette société malade était travaillée de tous les maux. Ce n'était pas seulement Rome, mais avec elle tout le vieil univers, qui se régénérait par la barbarie de la civilisation. Pour échapper à ses ennuis, la société romaine se jeta dans tous les excès de la volupté : de là ces débauches infâmes que nous révèle Juvénal. Compagne de la débauche, la folie eut aussi ses monstres : Néron, Caligula, Domitien, sont, pour ainsi dire, les représentans de ce vertige de la souveraine puissance ; leurs crimes, qui nous révoltent, ne sont que l'expression, le résumé de leurs siècles. Auprès de la multitude ils se conservaient par les vices mêmes qui les auraient dû perdre. C'est une triste condition de la nature humaine que la bonté soit souvent moins puissante que le crime dans des temps de dépravation. Dans ces luttes armées pour l'empire, nous voyons succomber la vertu : elle n'était plus de mise ; le peuple la redoutait. Ne serait-ce pas aussi la punition des peuples avilis que ce penchant pour les mauvais princes, instrumens tout à la fois et objets des vengeances célestes?

Tel était le fond de la société: cette profondeur de corruption ne se dévoila pas sur-le-champ; quelques restes effacés de grandeur, la vieille majesté du peuple-roi, les formes orientales de l'empire, maintinrent au dehors la foi chancelante des nations conquises, au dedans le respect extérieur des sujets : c'était Rome encore, mais Rome dans le silence de l'esclavage. Vous avez vu cette ville de Pompéia ensevelie vivante sous des laves ardentes : ses rues, ses temples, ses monumens existent. Que manque-t-il à cette scène? des acteurs : c'est la mort au sein de la vie : voilà Rome sous les empereurs. Si elle reprend quelque vigueur, c'est seulement sur les champs de bataille. Là elle semble retrouver sa vertu avec son ancienne fortune; le principe de sa force est sa dernière gloire; ses meilleurs empereurs sont ses plus grands généraux.

Dans une telle situation que deviendra la litté-rature? Image des mœurs, elle les réfléchira : pour cacher une misère réelle, elle se couvrira de pom-peux ornemens. L'emphase des expressions, l'exa-gération des pensées-trahiront, en voulant les ca-cher, la sécheresse des cœurs et les altérations du goût. Vainement quelques âmes privilégiées, quel-ques génies luttèrent contre cette inévitable fa-talité : comme ces caractères généreux, qui ne protestèrent que par la mort contre la servitude, ils en subirent l'influence. Les princes sages, les Marc-Aurèle, les Trajan, voudront ranimer les lettres languissantes : efforts louables, mais im-puissans : il n'appartenait pas à l'ancien monde, à ses croyances politiques et religieuses, de com-muniquer la vie ; cette vie devait renaître dans l'ordre politique par la destruction du colosse ro-main, dont les débris allaient former des états in-dépendans, et préparer ainsi cet équilibre des puissances modernes qui rend désormais impossi-ble le retour d'une monarchie universelle; dans l'ordre social, par l'égalité évangélique qui pré-para la liberté civile. Ce ne fut pas là le seul bien-fait du christianisme : il contribua aussi puissam-ment à la régénération politique par l'instruction du peuple. En enlevant au despotisme son appui

ordinaire, et en même temps sa base la plus fragile,
l'ignorance, il rendit moins fréquentes pour l'a-
venir ces révolutions militaires qui n'ont guère
pour auxiliaires que l'oisiveté, l'abrutissement
moral et la misère. Dans cet enseignement du peuple était contenu et se développa pour l'Europe
moderne le germe de la liberté politique, de la liberté civile, de la liberté religieuse.

CHAPITRE XXXI.

QUATRIÈME ÉPOQUE.

DANS cette troisième époque de la littérature latine que nous venons d'examiner, nous avons sans doute remarqué de grandes altérations : le goût a perdu sa pureté, l'imagination sa séve et son éclat : cependant quelquefois nous avons aperçu d'heureuses inspirations. L'époque dans laquelle nous allons entrer est une époque de dégradation complète et de stérilité : tout se mêle et se confond. De toute part la corruption entre dans le langage, comme les barbares dans l'empire. La distinction des genres s'efface, et les grandes compositions disparaissent avec les nobles caractères. Cette confusion, qui plaît et séduit par un air de nouveauté, est le dernier degré de la décadence : car le vice d'une littérature qui finit, comme le vice d'une littérature qui commence, c'est de ne savoir point prendre ou conserver le ton propre à chaque sujet. Une autre chose frappe dans ce siècle : la variété des genres dans lesquels s'exerce un même auteur. Au lieu de se renfermer dans un seul objet, le talent se dissipe et se perd dans diverses matières. Cette inconstance de la pensée, qui ne saurait long-temps s'arrêter sur le même sujet, trahit l'impatience d'une nation blasée. Attentifs surtout à saisir, dans la littérature, ce qui peut nous faire connaître l'état de la société, nous ne tirerons point de leur obscurité des noms ou des ouvrages qui sont et doivent rester également inconnus, parce qu'ils ne donnent rien à l'histoire de l'esprit humain. Qu'on se garde toutefois de penser que cette période n'a pas et son intérêt et son instruction. Ce travail secret d'une société qui se régénère par la barbarie; cette lutte des opinions et des croyances, du paganisme mourant et du christianisme vainqueur; cette imagination triste et rêveuse des peuples du nord se mariant aux mysticités platoniciennes et à l'exaltation religieuse ; ce mélange d'indifférence et d'enthousiasme, de lumières et d'ignorance ; ce spectacle d'une civilisation qui s'éteint et d'une civilisation qui commence, tous ces contrastes qui offrent avec notre situation présente plus d'un rapprochement ont bien certainement en eux une haute importance et un intérêt piquant de nouveauté.

Toutes les parties de la littérature portent l'empreinte de cette révolution : la poésie prend une teinte vague et obscure qui réfléchit ces inquiétudes secrètes de la pensée, ces combats in-

térieurs de l'âme, cette vie nouvelle que le christianisme est venu révéler. L'éloquence religieuse
présente, à côté des déclamations prétentieuses
des sophistes et des froides exagérations du panégyrique, ses sublimes élans et sa conviction profonde.

L'histoire périt et se partage avec l'empire romain. Nous ne rencontrons guère que des abré-
viateurs. Au milieu des terribles catastrophes qui
se pressent de tous côtés, au milieu de ce monde
romain qui tombe, les historiens ne saisissent que
des traits isolés et des scènes décousues : rien n'a-
nime leurs récits, on dirait qu'ils assistent de sang-
froid à cette ruine immense de l'empire de l'univers. Pour nous un vif intérêt, un intérêt en quelque sorte national, s'attache à ces recherches littéraires au milieu des altérations de la langue latine : la Gaule nous présentera ses poètes et ses
orateurs; nous verrons la littérature romaine,
dans sa vieillesse, s'embellir, s'animer de la vigueur
d'une littérature étrangère. Par là nous entrerons
dans la littérature moderne, et à travers les ténê-
bres de la barbarie qui vont couvrir l'Europe,
nous saisirons l'étincelle qui doit rallumer le flambeau des arts. Tel est l'ensemble du tableau que
nous allons examiner ; étudions-en les détails.

La poésie, qui avant tout demande une grande
fraîcheur d'imagination, dut se décolorer et s'é-

teindre plus tôt que les autres branches de la
littérature. Cette époque n'est cependant pas la
moins féconde en ouvrages poétiques; il semble
même que, plus l'inspiration est rare, plus
les vers deviennent communs; il n'est si mince
sujet, matière si rebelle à la poésie, qui ne soit
traitée en vers. La période que nous parcourons
nous offre, en aussi grande abondance qu'aucune
autre, épopées, poèmes historiques, héroïques et
descriptifs; le panégyrique lui-même revêt la
forme et la mesure poétiques. Mais de tant d'ouvrages il en est bien peu qui s'élèvent au-dessus
de la médiocrité; à tous manquent le goût, l'imagination et le génie. Le christianisme, qui ouvrait
à l'éloquence une source nouvelle d'émotions et
de beautés, inspira moins heureusement la poésie,
bien que beaucoup d'écrivains religieux aient cherché, en la ramenant à sa destination primitive, à
lui donner un caractère sacré. Peut-être doit-on
aussi attribuer cette médiocrité des ouvrages en
vers à la variété même des genres dans lesquels
s'exercèrent les écrivains qui nous sont connus;
les uns ayant également écrit en vers et en prose,
et ceux qui se sont livrés uniquement à la poésie
ayant dispersé et souvent égaré leur talent dans
diverses compositions ou poèmes fugitifs, au lieu
de se concentrer sur un même objet. Il faut l'a-
vouer, dans toute littérature la poésie n'a guère

qu'un siècle de splendeur ; et au milieu des sanglantes catastrophes qui enlevaient en un instant
tous ces princes qui ne faisaient que passer sur le
trône, l'imagination ne jouissait guère de ce calme
nécessaire pour rassembler les pensées et les couleurs qui conviennent à la poésie ; les encourage-
mens cependant ne manquaient pas, et, plus heureuse que la philosophie, plus d'une fois la poésie
s'assit sur le trône chancelant de l'empire romain.
L'empereur Adrien protégeait les lettres et aimait
à les cultiver ; il nous reste de lui quelques vers,
assez faibles d'ailleurs. Gordien le père fut, dit-
on, dans sa jeunesse un poète distingué; il composa
un poème dont Antonin le Pieux et Marc-Aurèle
étaient les héros. Gallien était un prince instruit,
aimant et cultivant avec succès l'éloquence et la
poésie. De ces deux empereurs il ne nous reste
rien.

Passons quelques noms obscurs pour arriver à
un nom plus célèbre ; laissons dans le silence de
faibles essais d'une poésie dégénérée.

Au milieu de cette dégradation de la poésie s'é-
lève Ausone. Ce qui le distingue surtout, c'est
une certaine fraîcheur d'imagination, une naïveté
quelquefois affectée, un mélange de recherche et
de simplicité ; on aperçoit pour ainsi dire dans
ses écrits cette civilisation de la Gaule qui, créée
par la domination romaine plutôt que sortie des

mœurs du peuple, cachait au fond une nature
encore neuve et vierge, qui devait, quand la civilisation artificielle qui la couvrait se serait effacée,
reprendre une vigueur nouvelle, et produire dans
le midi de la France cette langue et cette littérature romanes qui jetèrent un si court et si brillant éclat.

Après Ausone nous trouvons Prudence, le dernier et le plus célèbre des poëtes latins. Ses ouvrages décèlent de la vigueur et de l'imagination;
on sent que, par l'inspiration religieuse, l'auteur
s'élève au-dessus de ses contemporains, et triomphe souvent de la contagion et du mauvais goût,
bien qu'il n'y échappe pas toujours: son style, quoique formé sur l'imitation et la connaissance des
bons modèles, est incorrect; la mesure même est
quelquefois enfreinte.

D'autres poëtes se sont exercés, mais moins
heureusement, sur des sujets religieux. C. Veltius
Aquilinus Juvencus a laissé une *Histoire évangélique* en quatre livres, écrite en vers hexamètres :
son ouvrage, remarquable par une grande simplicité, n'est pas sans mérite; le sujet se refusait
aux ornemens poétiques, et c'est preuve de goût
que de ne les avoir pas recherchés. La préface est
une imitation de la fin des métamorphoses d'Ovide.
Ainsi cette imagination des poëtes et des orateurs
chrétiens avait peine à se détacher des riantes fic-

tions de la mythologie : c'est un mélange que
nous retrouverons souvent. La poésie sacrée était
encore confondue avec la poésie profane, et la société païenne avec la société nouvelle créée par
le christianisme.

Saint Paulin de Nola fut, après Prudence, le
poète chrétien le plus fameux du quatrième siècle :
sa réputation est peut-être au-dessus de son mérite. Ses poésies, qui ne manquent ni de facilité
ni de douceur dans les sentimens, sont vides de
pensées.

Le cinquième siècle fut plus heureux que les
siècles précédens : il vit naître Claudien, esprit
élevé, étendu, facile, abondant, et à qui il n'a
manqué qu'un meilleur siècle. Image de la double
décadence qui travaillait la société, Claudien essaie
vainement de ressusciter les fictions du paganisme
et les enchantemens de la poésie : la mythologie
avait perdu sa puissance sur les esprits, et la langue, altérée par le mélange des barbares, se remplissait de mots rudes, de formes heurtées, d'images
gigantesques.

Tout s'affaiblit et s'éteint ; nous ne trouvons
plus que des lambeaux altérés par le temps et par
la corruption toujours croissante du mauvais goût.
Nous ne citerons pas ces pâles productions qui
remplissent plus qu'elles n'honorent et n'éclairent
la fin du cinquième siècle. Nommons seulement

saint Prosper d'Aquitaine : entre autres poésies, il a laissé un poème sur *les Ingrats;* réfutation des semi-pélagiens, qui croyaient que l'homme peut parvenir par ses propres forces à l'état de grâce, que, d'après la doctrine de saint Augustin, il ne doit qu'à la bonté divine. Au dix-huitième siècle, les jansénistes ont beaucoup vanté ce poème comme un manuel de leur système sur la grâce divine. On le voit, les mêmes opinions meurent et renaissent, et le mouvement apparent de l'esprit humain se borne à revenir au point d'où il était parti, après avoir traversé sous d'autres formes et d'autres noms les mêmes vérités et les mêmes erreurs. On trouverait dans certaines lettres de Pascal plus d'un rapport avec quelques passages de saint Prosper.

Tels sont les monumens littéraires que nous présente la fin du cinquième siècle. On a cependant remarqué, et avec raison, que la poésie était relativement moins pauvre que la prose à cette époque de décadence : c'est, a-t-on dit, que les écrivains en vers ont formé leur style poétique par une étude quelconque des beaux modèles de l'antiquité, tandis que dans leur prose ils se sont abandonnés sans réserve au goût dépravé de leur siècle. Ce n'est point là, ce nous semble, la véritable raison. La poésie, étant un langage à part, une vocation spéciale, a d'abord dû moins se res-

sentir de la contagion du mauvais goût, à laquelle
la prose est plus exposée, puisqu'elle est l'instrument du peuple, qui fait et altère les langues ; ensuite
il y a dans la mesure même du vers et dans l'inspiration poétique, tant faible qu'elle puisse être,
quelque chose qui repousse les idées et les expressions communes, et appelle les images et les mouvemens : là, comme dans un dernier sanctuaire,
se réfugie l'étincelle sacrée. La poésie, qui est la
première littérature d'un peuple, est encore sa
dernière gloire et sa dernière histoire.

Le sixième siècle ne nous dédommagera point
de cette stérile abondance : les ouvrages que nous
allons examiner formeront moins un tableau littéraire qu'une nomenclature souvent sèche et sans
intérêt ; car rien n'est monotone et vague comme
la barbarie qui vient de l'excès de la civilisation,
ou comme cette dégradation intellectuelle qui succède à de vives lumières.

Le premier poète que le sixième siècle nous
présente est *Luxorius* : il vivait en Afrique. Ce
pays, si barbare maintenant, produisit des hommes distingués ; et sur ces rivages, que l'ignorance
semble aujourd'hui avoir pour jamais envahis,
s'agitèrent les plus hautes questions de la philosophie et de la théologie. Les lettres comme la
civilisation font le tour du monde.

CHAPITRE XXXII.

Philosophie. Histoire.

La philosophie ne fit jamais de grands progrès à Rome : les doctrines diverses de l'Académie, du Portique, du Lycée, ne furent pour
les esprits romains que d'ingénieuses occupations,
et non des préceptes d'une utilité pratique. Le
scepticisme de Lucrèce et le doute de la nouvelle
Académie furent les opinions les plus en vogue
sous Auguste et ses premiers successeurs. Mais
quand les cruautés et les insolences du pouvoir
eurent immolé tout ce qu'il y avait de citoyens
honorables et généreux, on sentit le besoin de
s'attacher à des principes plus solides, à de plus
sublimes espérances ; le stoïcisme fut la doctrine
des âmes fortes, et elle enfanta les derniers héros
de la vertu et de la liberté. Cette philosophie plus
noble brilla d'un nouvel éclat sous Marc-Aurèle,
qui en fut lui-même un zélé partisan. Après lui
les doctrines de l'école d'Alexandrie prévalurent :
elles s'accordaient mieux avec ce penchant pour
le merveilleux, qui est le besoin des peuples vieillis, comme des sociétés naissantes. Cependant
cette secte ne produisit aucun écrivain remar-

quable ; Apulée seul mérite quelque éloge. Initié,
dans son voyage en Grèce, aux systèmes de Platon
et de Pythagore, il les reproduïsit dans quelques
ouvrages dans lesquels on remarque les défauts
et les mérites particuliers à cet auteur : riches en
idées, en morceaux éclatans, ils manquent de simplicité et d'une critique éclairée.

- La religion chrétienne dut exercer son influence
sur la philosophie comme sur les autres branches
de la littérature ; elle s'éleva au milieu de toutes
les sectes, opposant à leurs incertitudes ses
croyances et ses écritures sacrées. Inexpugnable
dans ce poste, elle ne sut pas s'y tenir ; elle
se mêla à la philosophie, et en voulant la combattre avec ses propres armes, les simples lumières
de la raison, elle s'exposait à des contradictions
dont ses adversaires profitèrent heureusement,
et elle fut quelquefois obligée de reculer devant
certaines conséquences des principes qu'elle avan-
çait. Néanmoins souvent elle lutta victorieusement
même sur ce terrain. Cette confusion de la religion
et de la philosophie ne contribua pas peu à
embrouiller des questions déjà si obscures, et à
préparer cette longue suite de discussions religieuses et philosophiques qui a divisé et perdu le
bas-empire.

De tous les pères de l'Église qui appuyaient le
christianisme sur la philosophie, saint Augustin

est le plus illustre ; il sut allier sans les confondre
la science divine et la science humaine. La lecture
de l'*Hortensius*, ouvrage perdu de Cicéron, éveilla
en saint Augustin le goût de la philosophie, comme
plus tard un volume de Descartes révéla à Malle-
branche sa vocation, et la Bible à Bossuet son
génie. Dans son ardeur, saint Augustin étudia
tour à tour Aristote, le manichéisme, l'astrologie
et la magie ; et après avoir traversé toutes les
sectes, il tomba dans le scepticisme ; puis, ramené
par saint Ambroise aux philosophes de l'école
d'Alexandrie, dont il adopta la doctrine comme
conforme à celle du Nouveau Testament, il chercha à réconcilier cette philosophie avec le christianisme, et se perdit dans son système des idées
en Dieu, système qui se retrouve en partie dans
ceux du dix-huitième siècle.

La littérature, à la fin du cinquième siècle,
sembla faire un dernier effort, et rassembler toutes
ses forces dans un seul homme, Boëce, génie égal
aux plus grands génies de Rome, et qui eût arrêté
l'empire sur le penchant de sa ruine, si un seul
homme pouvait ressusciter une nation entière.

Boëce a laissé beaucoup d'ouvrages de théologie
et de philosophie. Son chef-d'œuvre, et son dernier ouvrage, *de la Consolation de la Philosophie*,
fut écrit dans les fers. C'est un dialogue entre la
Philosophie et l'auteur, dialogue en prose mêlée de

poésies de divers mètres. L'ouvrage *de la Consola-*
tion est bien au-dessus de tout ce que le cinquième
siècle a produit : formé sur les plus beaux modèles
de l'antiquité, il n'en est pas indigne ; il a cependant des défauts, dont le premier est le mélange de
prose et de vers. La prose, pure et facile, n'est pas
sans rudesse : les vers valent mieux ; faciles et harmonieux, ils ont de la grâce dans l'expression, du
charme dans les images.

Lorsque tous les intérêts de l'état se furent con-
centrés dans le palais impérial, quand le peuple,
spectateur désintéressé dans ces sanglantes tragédies qui se jouaient sous ses yeux, vit avec une
égale indifférence et un profond mépris les empereurs passer du trône aux Gémonies, et la pourpre
vendue sur la place publique, comme autrefois
les dépouilles ennemies, alors il n'y eut plus, il
ne put pas y avoir d'histoire : nous ne rencontre-
rons donc plus que de grossières compilations, de
sèches biographies. Incapables de saisir la physionomie d'un siècle, ou l'ensemble des grands événemens, les écrivains s'arrêtent à des nuances légères, à des détails frivoles : les intrigues de la vie
intérieure des princes, les révolutions de cour,
les descriptions des ornemens impériaux, remplacent le mouvement général de la société, la
peinture des mœurs publiques, les grandes figures
de l'histoire. Il y a toutefois dans ces esquisses

légères, dans ces secrets domestiques du pouvoir, quelque intérêt et quelque charme; et ces recherches minutieuses du caractère et des habitudes impériales, par cela seul qu'elles sont une image fidèle de l'époque qu'elles reproduisent, portent avec elles leur instruction par les réflexions qu'elles appellent naturellement.

Ce fut après les Antonins que vint cette décadence absolue de l'histoire. Les historiens cependant ne manquaient pas; marche ordinaire d'une littérature! il semble que le véritable génie disparaisse à mesure que la médiocrité facile augmente, et la multitude des livres, comme celle des lois, n'atteste que l'absence des mœurs et des talens. Ces historiens si faibles eurent des imitateurs plus mauvais; les abrégés et les vies particulières furent à la mode. Nous avons en ce genre un recueil fameux, l'*Histoire auguste*. Le nombre de ces biographies est de trente-quatre; elles s'étendent depuis l'avénement d'Adrien jusqu'à la mort de Carus et de ses fils, c'est-à-dire dans une période de cent soixante-huit ans environ : elles forment la continuation de Suétone, moins la vie de Nerva et celle de Trajan, qui manquent, et quelques lacunes depuis les trois Gordiens jusqu'à Valérien. Aucun de ces historiens ne raconte des événemens dont il a été témoin; leur style inégal est plus ou moins mauvais, suivant les sources plus

ou moins pures auxquelles ils puisent. Les faits
sont rapportés sans discernement. Ce recueil est
utile en ce qu'il fournit pour l'histoire des empereurs des renseignemens qui ne se trouvent
nulle part ailleurs.

L'histoire, près de s'éteindre entièrement, jeta
un dernier éclat; Ammien Marcellin la ranima.
Son *Histoire des Empereurs romains* est un monument remarquable : elle embrassait un espace
de deux cent quatre-vingt-dix ans ; nous n'avons
plus que les dix-huit derniers livres, partie, il est
vrai, la plus importante de ce travail. Acteur dans
les événemens qu'il décrit, Ammien Marcellin
joint à une grande exactitude beaucoup de candeur et d'impartialité. La description des pays
qu'il a vus lui-même est d'un grand intérêt ; ses
digressions géographiques et physiques contiennent des erreurs. Son style, boursouflé et barbare,
surchargé d'ornemens, ne doit point surprendre
dans une telle époque et dans un tel homme :
Ammien Marcellin était étranger ; une partie de sa
vie s'était écoulée au milieu de l'agitation des camps.
Loin de blâmer ces défauts, il faut s'étonner d'une
telle force d'esprit et de jugement dans des temps
si peu favorables au talent. Son ouvrage offre sur
les mœurs des grands, le luxe des empereurs, les
vices de la cour, de curieux renseignemens.

CHAPITRE XXXIII.

Lettres.—Chroniques.

Quelques traités de rhétorique, secs et stériles, voilà, avec des grammaires, tout ce que nous présentent ces derniers siècles de la littérature romaine; les lettres seules méritent notre attention : elles offrent à l'histoire un grand intérêt; dans l'absence d'autres documens, on y peut puiser beaucoup de lumières. Sous ce rapport particulièrement se recommandent celles de Symmaque, un des plus grands orateurs de la fin du quatrième siècle. Cette correspondance fut recueillie, mise en ordre et publiée par le fils de Symmaque; elle atteste une connaissance profonde des affaires. Utiles pour l'intelligence du droit romain, et pour l'histoire du temps, ces lettres sont écrites d'un style facile, agréable, simple, autant que le siècle le permettait. La plus fameuse de ces lettres est celle qui traite la question du rétablissement de l'autel de la Victoire. Saint Ambroise et Prudence l'ont réfutée. M. de Châteaubriand a, dans ses *Martyrs*, reproduit cette lutte du paganisme contre le christianisme.

Nous citerons les lettres de saint Paulin, évêque

de Nola, et un autre recueil de lettres par Sidoine Apollinaire, précieuses pour l'histoire du temps. Les lettres étaient à cette époque le grand moyen de communication entre les esprits ; elles avaient toute l'activité du mouvement nouveau qui agitait l'esprit humain. Parcourez-les, vous y trouverez débattues toutes les grandes questions politiques et religieuses ; elles traversaient avec une incroyable rapidité de vastes pays, établissaient une communauté de pensées et de sentimens entre des hommes qui souvent ne s'étaient pas vus. Elles secondèrent merveilleusement les progrès du christianisme : les églises dispersées se touchèrent par cet échange de doctrines entre leurs chefs ; la Grèce, l'Afrique, la Gaule, devenaient voisines l'une de l'autre : la voix d'un évêque gouvernait le monde entier.

Nous ne rencontrons plus que des chroniques et des abrégés. Il semble que, sous le sentiment de la destruction qui la pressait de toutes parts, Rome chercha à rassembler tous les souvenirs de son histoire, pour sauver au moins du torrent de barbares dont elle était inondée une image de sa fortune antique : elle redisait ses anciennes victoires pour se consoler de ses défaites présentes ; peut-être voulait-elle en opposer la lointaine magie aux hordes sauvages qui l'assiégeaient, comme un dernier rempart de majesté et de gloire. Cette

manie d'abrégés trahit aussi le dégoût et la pa-
resse des esprits : on voulait rendre la science facile, parce qu'on n'avait pas le courage d'en sur-
monter les difficultés.

On voit que les historiens n'ont pas manqué à
ces derniers temps. D'où vient donc le défaut d'intérêt qui s'attache à leur lecture? Ce défaut ne
tient pas seulement à la rudesse et quelquefois à
la barbarie du style; il ne tient pas non plus aux
événemens, qui ne sont ni sans grandeur ni sans
variété : il faut chercher ailleurs la cause de cette
absence d'intérêt dans ces vieilles chroniques,
dans ces monumens qui nous retracent les funé-
railles de Rome et l'établissement des empires modernes : la cause en est simple : c'est que dans
tous ces sanglans débats on voit des princes qui
s'élèvent et qui tombent, et l'on n'aperçoit pas de
nation. Or c'est le mouvement d'un peuple qui
seul donne la vie à une histoire; c'est là ce qui
anime les antiques compositions et rend si vive et
si dramatique la peinture de ces républiques où
sur la place publique s'agitaient les destinées d'un
peuple, et souvent celles de l'univers. Les grandes
catastrophes, la chute même des empires, ne sauraient par elles-mêmes exciter notre sympathie: pour
les nations et pour les individus, le malheur n'inspire d'intérêt que quand il est relevé et ennobli par
le courage. Ne nous étonnons donc pas de rester

froids devant les scènes qui se passent sous nos yeux. Toutefois ces récits dans leur naïveté grossière ne sont pas sans charme, ils éclairent d'un jour nouveau et d'une couleur singulièrement agréable les premières traces de notre histoire nationale : il y a dans cette littérature corrompue qui reproduit les mœurs originales et primitives de peuples sauvages, et les opinions de peuples usés, un contraste qui plaît à l'imagination ; on sent que, sous cette civilisation éteinte par le luxe et la barbarie, vit un principe fécond qui doit enfanter les prodiges de l'Europe moderne.

CHAPITRE XXXIV.

Éloquence chrétienne.

Lorsque Rome , devenue l'univers,, eut subi
avec l'empire d'Auguste l'empire de tous les vices
et quitté l'éloquence avec la liberté, pour réparer
tant de maux et ressusciter la société mourante,
la religion chrétienne parut. Le monde avait perdu
ses droits et ses croyances, la vertu ses espérances et son appui, le pouvoir ses bornes légitimes,
l'univers tout entier son avenir : la foi vint tout
ranimer. Les vertus et les libertés se réfugièrent
dans le sein de l'Église; elles y reposèrent sur l'é-
ternité. Les apôtres, érigés pour ainsi dire en défenseurs du genre humain, et en représentans de
la conscience universelle, placèrent le repentir
entre le crime et le supplice, Dieu entre la puissance et la faiblesse. L'éloquence chrétienne s'é-
leva à la place et non sur les ruines de l'éloquence
politique. Quelle est belle, cette tribune nouvelle
qui apparaît au milieu de l'univers esclave et du
silence du forum, pour annoncer au monde une
morale sublime qu'avait à peine pressentie Platon,
et cette immortalité que le dernier doute de Socrate semblait méconnaître ! Combien l'âme , flé-

.trie par les tristes déclamations des sophistes, aime à se rafraîchir, à se ranimer à ces sources abondantes d'une si vive et généreuse éloquence, à y retrouver cette liberté de la pensée, cette franchise de sentimens qui avait entièrement disparu au milieu du scepticisme de la philosophie et des exagérations de la rhétorique! Spectacle plein tout ensemble d'un grand intérêt de nouveauté et d'éloquence! Ce serait en effet mal comprendre l'éloquence et la liberté que de ne les voir que sous telles ou telles formes. Leur physionomie est plus variée, leur usage plus étendu : elles changent ou se déplacent, mais ne périssent pas. C'est un point de vue qu'il ne faut pas négliger en considérant les orateurs de l'Église. Pour bien apprécier leur courage, leurs efforts et leur talent, il faut entrer dans leur siècle, se placer au milieu des obstacles qu'ils eurent à vaincre, au milieu de cette société malade de l'absence et du besoin de croyance, de cette double corruption morale et politique, de cette dégradation intellectuelle et sociale, de ce paganisme fort encore de la puissance de l'habitude et des anciens souvenirs de gloire romaine attachés à son existence, de la durée de l'empire enfin liée dans les opinions populaires à sa propre durée.

Les premiers monumens de l'éloquence religieuse furent des sermons pleins d'onction, des

développemens simples de la morale évangélique,
des commentaires sur les livres sacrés, des ouvrages théologiques dans lesquels la philosophie prêtait ses armes à la religion, des ouvrages historiques destinés particulièrement à retracer les faits
qui intéressaient la religion et l'Église; quelques
poèmes bibliques et chánts religieux; des apolo-
gies du christianisme, des attaques contre l'hé-
résie : le principe et le but de tous ces ouvrages
était de défendre la foi contre les accusations vives
et continuelles du paganisme. Aussi on y remarque cette force de raisonnement, quelquefois
même cette rudesse ordinaire à la polémique,
plutôt que les agrémens du style ou la pureté du
langage. Les écrivains sacrés n'empruntaient de la
littérature latine que ce qui pouvait les faire
triompher dans les combats qu'ils étaient obligés
de livrer chaque jour. L'Église romaine s'annon-
çait dès lors avec ce caractère de fermeté opiniâtre, de fixité dans les principes, qui la distingue
de l'Église grecque. De là aussi dans les pères de
l'Église latine une couleur différente. Moins près
de ces riantes fictions de la mythologie grecque
qui séduisaient parfois le pieux enthousiasme de
saint Grégoire et de saint Chrysostôme, moins
emportés par cette imagination de l'orient si vive
et si poétique, obligés de lutter contre un idiome
pauvre de termes philosophiques, et souvent re-

belle à des discussions abstraites, ils dédaignent
la grâce de l'expression ou la correction du langage : leurs traits, plus acérés que polis s'enfon-
cent profondément quand ils portent droit; mais
quelquefois ils manquent de rapidité et de justesse.
Obligés de s'adresser à des peuples plus ignorans
que les peuples de l'orient, et dans une langue
plus corrompue que la langue grecque, leur style
dut offrir plus d'inégalités et de défauts. D'un
autre côté, ils présentent une vigueur de raisonnement, une vivacité d'attaque, une puissance de
conviction qui agit fortement sur l'esprit : on voit
en eux toute la chaleur, toute l'âpreté du combat.
Nés la plupart sous le climat brûlant de l'Afrique,
ils reproduisent dans leurs pensées quelque chose
de son ardeur. On sent que cette Église est appelée à vaincre et à triompher; car il n'est pas exact,
ce nous semble, de prétendre, avec un célèbre
critique, que Rome ait négligé les conquêtes de la
parole, et qu'il y ait eu dans ce silence un calcul
politique. Si l'Église latine a vu plutôt que l'Église
grecque s'éteindre ses plus grandes lumières, si
même elle n'a jamais été aussi éclatante, cette infériorité tient à la nature même des deux langues différentes dont se servaient les deux Églises, mais
non à un système profond de domination : le
même phénomène existait pour les littératures latine et grecque profanes. D'ailleurs les pères latins

ont été les défenseurs les plus opiniâtres du dogme, et les pères grecs l'ont été de la morale. Cette direction contraire des deux Églises explique suffisamment, selon nous, leur destinée différente : on comprend que l'Église romaine étant d'abord et se maintenant en possession du dogme, qui est le fondement de la doctrine chrétienne, a dû par ce seul fait l'emporter sur l'Église grecque, qui s'était réservé la morale, sujet plus favorable à l'éloquence que la théologie, mais sujet moins propre à donner l'autorité.

Nous ne rappellerons ici ni les noms de tous les écrivains ecclésiastiques, ni même tous les ouvrages des plus célèbres d'entre eux : nous ne prendrons de leurs écrits que ce qui, se rattachant plus particulièrement à la littérature, est le plus propre à nous en montrer l'histoire et les situations diverses.

Avant la fin du deuxième siècle et le commencement du troisième, la littérature religieuse ne nous offre aucun ouvrage latin ; aucun du moins d'une authenticité non contestée, et ceux d'ailleurs que la critique signale en les rejetant, n'entrent pas dans notre cadre : ce sont évangiles, légendes, histoires pieuses, toutes apocryphes. Le troisième siècle est plus riche : il nous présente d'abord Tertullien. Il y a, dit Fénélon, des choses très-estimables dans cet auteur ; la grandeur de

ses sentimens est souvent admirable; mais, pour
son style, je n'ai garde de le défendre : il a beaucoup de pensées fausses et obscures, beaucoup de
métaphores dures et entortillées. La diction de
Tertullien est extraordinaire et pleine de faste : il
faudrait donc bien se garder d'imiter ses pensées
et son style; mais on devrait tirer de ses ouvrages
ses grands sentimens et la connaissance de l'antiquité. Imagination brûlante, fécondité inépuisable,
érudition étendue et profonde, voilà en effet les
qualités de Tertullien. Son style, plein de verve et
d'originalité, de figures hardies et de vives images,
mais incorrect et dur, offre les mêmes inégalités
que son caractère impétueux et mobile. Dans ses
ouvrages on trouve sur la doctrine chrétienne de
son temps, la constitution de l'Église, les cérémonies religieuses, de précieux renseignemens.

Né comme Tertullien sous les inspirations pas-
sionnées du ciel africain, saint Cyprien trahit dans
ses écrits cette origine. Il est enflé; on ne pouvait
guère être autrement dans son siècle.

Ici peut s'élever une objection : les orateurs chrétiens que nous examinons reproduisent dans leurs
écrits presque tous les défauts de style que nous
reprochons à la littérature profane : cependant,
disons-nous, ils sont éloquens, ils remuent le cœur,
ils saisissent l'imagination, tandis que la littérature profane est froide et stérile. D'où vient cette

différence ? De la nature même des sujets sur lesquels s'exerçaient les deux littératures. Qu'on y
fasse attention, la littérature chrétienne agite les
plus hautes questions, celles qui importaient le
plus à l'homme, questions de liberté politique,
d'immortalité, c'est-à-dire tout un ordre nouveau
d'idées, un monde moral tout entier et un monde
intellectuel. La littérature profane, que faisait-elle ?
elle s'épuisait en traités de grammaire ou de rhétorique, s'évaporait dans une poésie vide de pensées et d'harmonie; elle n'était plus qu'un jeu de
l'esprit, une imitation étroite, en un mot une
littérature artificielle, dont les vains sons n'arri-
vaient point au cœur, et ne frappaient pas l'imagination : expression d'une société morte, elle était,
comme elle, sans vie et sans puissance.

Un nom célèbre, celui d'Arnobe, ouvre le quatrième siècle. Arnobe eut un disciple plus illustre
que lui : c'est Lactance. Nous avons de Lactance cinq
ouvrages, dont le principal, les *Institutions divines*,
contiennent la défense du christianisme. Exposition
de cette religion, plus juste et plus complète que
toutes celles qui avaient paru jusqu'alors; existence
de la Providence ; fausseté du polythéisme et des
oracles; vanité du polythéisme et son origine; frivolité et inutilité de la philosophie païenne, ses
erreurs et ses contradictions; la religion, source
unique de cette vérité vainement cherchée par la

philosophie; la justice reparaissant sur la terre
avec le culte d'un seul Dieu révélé par son fils;
la connaissance et l'adoration de ce Dieu; la pitié
et l'humanité envers nos semblables, fondement
et abrégé du vrai culte: tels sont les sujets renfermés dans les six premiers livres. Dans le septième,
qui traite de la vie heureuse, c'est-à-dire de la vie
qui doit suivre la fin du monde, qui aura lieu au
bout de six mille ans, Lactance peint à grands
traits cette terrible révolution; sa vive imagination le jette dans quelques-unes de ces visions
étonnantes qui plus tard dans l'île de Pathmos
apparurent à saint Jean, lorsqu'il dépeint dans les
profondeurs de l'*Apocalypse* les enthousiasmes
d'une âme ardente et les terreurs d'un esprit religieux.

L'antiquité chrétienne compté les *Institutions
divines* au nombre de ses plus beaux morceaux.
Remarquable par la pureté et l'élégance presque
classique de son style, par la vigueur de ses raisonnemens, l'étendue de son érudition, l'adresse
de sa polémique, la clarté de sa pensée, Lactance
est le *Cicéron chrétien.*

D'autres noms paraissent à cette époque; mais
ils s'effacent entièrement devant celui de saint
Ambroise.

.. Un courage inébranlable, une infatigable activité, une éloquence brillante; rehaussée encore

par l'éclat d'une vie passée au milieu des grands et
sur le théâtre du monde, par la pureté des mœurs,
et les triomphes pour la foi, tels sont les titres
qui recommandent saint Ambroise à l'admiration.

La dogmatique, science inconnue aux premiers
siècles de l'Église, naquit au commencement du
cinquième.

Jusque là des traités plus ou moins complets
avaient servi à l'exposition des vertus chrétiennes
ou à la réfutation des erreurs et des reproches du
paganisme. Le premier, saint Augustin enseigna
la religion dans son ensemble et dans un ordre
systématique. Le cinquième siècle fut surtout
rempli par ces discussions théologiques : il vit
aussi paraître sur la morale, la discipline et l'histoire ecclésiastique, des ouvrages importans. Saint
Augustin contribua principalement à donner ce
mouvement à la littérature sacrée.

De tous les ouvrages de saint Augustin, nul n'a
plus contribué à jeter de l'intérêt sur lui que ses
Confessions. La piété de saint Augustin avait ce caractère d'amour passionné pour Dieu qui, dans tous
les siècles, a toujours séduit et entraîné. Les récits
qu'il a faits de ses fautes, de son orageuse jeunesse,
l'effet progressif des sentimens religieux sur son
âme, qui a été long-temps faible après avoir été
persuadée, tout cela le rend moins étranger à
notre humanité que la plupart des autres pères

de l'Église. Les *Confessions* de saint Augustin sont
une prière continuelle : il l'adresse sans cesse à
Dieu avec une sorte de familiarité, d'adoration
singulière et touchante. Il le supplie de lui donner
la lumière nécessaire pour découvrir les fautes
qu'il a pu commettre dans tous les temps de sa
vie, et il exhale avec force des sentimens de honte
et de repentir. Ses scrupules ont parfois trop de
subtilité ; c'est là le défaut de son génie. L'étude de
la philosophie, le goût particulier aux Africains,
et le caractère général de l'esprit à cette époque,
l'ont quelquefois éloigné de la simplicité.

Nul écrivain ne fut plus fécond, plus animé,
plus habile. Ses *Confessions*, premier modèle de
cette espèce d'ouvrages si nombreux sous des titres différens dans les siècles modernes, nous
intéressent, non seulement par la vivacité des
affections et des mouvemens qu'ils nous représentent, mais parce qu'on y trouve comme une
image vivante de cette inquiétude pénible, de
cette régénération morale qui travaillait alors la
société ; car, aux époques de dégradation, lors
que les nations engourdies ne se réveillent pas
même au bruit des révolutions et de la chute des
empires, un instinct secret appelle les grandes
âmes à la retraite, où bien les fait rentrer en
elles-mêmes pour y trouver une solitude intérieure, et ce calme que le monde ne saurait don-

ner. C'est là ce qui rend pour nous si intéressant ce drame que présentent les *Confessions* de saint Augustin. Ces larmes du repentir, ces regrets des passions, ces cris de souffrance morale qu'il élève vers le ciel, cette vie nouvelle à laquelle il aspire : telles étaient alors les espérances et le besoin des âmes. Ses plaintes, ce sont les plaintes du monde·entier; son ardeur dans la foi, c'est la conviction du christianisme naissant : ainsi l'absence des croyances et les vices de la société rendent plus puissans pour les âmes généreuses les sentimens religieux.

Ce caractere de passion et de repentir, d'enthousiasme et de naïveté, distingue surtout les auteurs chrétiens des écrivains profanes. Tandis qu'au sein des voluptés et des misères de Rome vieillie et fatiguée, la littérature appauvrie se perdait en frivolités, au sein du désert brillait jeune et animée une autre littérature. Ardente et réfléchie, elle exprimait ces combats du cœur, cette lutte intérieure, cette foi nouvelle qui régénérait le monde : rêveuse et solitaire, elle se nourrissait, elle s'inspirait des images et du spectacle de la nature. Ces longues méditations du désert imprimaient à ces vives et fortes imaginations une couleur pleine de fraîcheur et d'éclat. Ce mélange de religion et de solitude, de goût et d'âpreté, cette exaltation mystique, et tout ensemble cette simpli-

cité de sentimens, donnent aux Augustin, aux
Jérôme, un caractère singulièrement original. Leur
style, rude, sauvage quelquefois, quelquefois aussi
recherché et obscur, exprimait bien tout ce qui se
passait au fond de cette société ancienne qui, empreinte encore des formes du polythéisme et des
souvenirs de sa littérature, renaissait cependant à
une vie nouvelle par l'inspiration religieuse du
christianisme.

Saint Grégoire, pape, est la dernière lumière
de l'Église en ces temps de décadence : il a beaucoup écrit, quelquefois avec force et dignité, le
plus souvent avec l'obscurité et le mauvais goût
de son siècle ; il est le terme de la littérature sacrée en occident.

Sa dernière homélie sur Ézéchiel offre des traits
d'une véritable éloquence : il la prêchait devant
le peuple romain au moment où la ville, pressée
par l'armée des Lombards, était réduite aux plus
affreuses extrémités. Voici ses dernières paroles :
« Ne vous assemblez plus pour m'entendre ; mon
« cœur est flétri par la douleur. Nous ne voyons
« plus autour de nous que le glaive et la mort.
« Nos citoyens nous sont enlevés par le massacre
« ou l'esclavage ; ceux qui rentrent dans Rome
« n'y rapportent que les malheureux restes de
« leurs corps mutilés par le fer ennemi. Non, je
« ne vous parlerai plus ; ma voix se glace et ne

« forme que des soupirs ; mes yeux ne sont ou-
« verts qu'aux larmes ; mon âme s'afflige de ma
« vie. »

Ce morceau est remarquable par une teinte de
tristesse, que l'on sent du reste dans toutes les productions de cette époque. On dirait que l'âme des
écrivains, et surtout des écrivains ecclésiastiques,
réfléchit tout ce qu'il y avait de douleur dans ces
grandes catastrophes, qui, en amenant la destruction de l'empire romain, préparaient les malheurs de la barbarie. De ce mélange de peine et
de religion naît une harmonie pleine de charme
et d'originalité. L'humeur sombre et rêveuse
des peuples du nord se joignant à cette disposition de la pensée, a donné à la littérature du
moyen âge un intérêt particulier. Telle est en effet
l'origine de cette mélancolie, que l'on ne retrouve
point dans les auteurs anciens, et qui, reproduite
de nos jours, trahit, malgré ses exagérations, une
indécision morale pénible, une lutte entre les
croyances et les opinions, un malaise réel. Sous
ce rapport, notre époque offrirait avec le commencement du moyen âge des rapprochemens
nombreux et un sujet de profondes méditations :
il serait curieux de comparer deux civilisations
usées, se retrempant, l'une par la barbarie et le
mouvement religieux, l'autre par une industrie
plus étendue et un mouvement politique nouveau.

CHAPITRE XXXV.

Droit romain.

Parmi les premiers essais de la littérature latine, nous avons remarqué les douze tables, et autres monumens de la jurisprudence romaine, déjà empreints d'un caractère de noblesse et de raison : les formes graves de la législation ont toute la majesté des lois et du commandement; cette physionomie sérieuse et pure ne s'est point altérée au milieu des révolutions de la république. Rome est véritablement le monde du droit. Sans doute les nouvelles conquêtes des Romains, le luxe et la corruption des mœurs, ont dû multiplier les lois; mais, dans ces changemens même, le langage reste toujours imposant. Sous les empereurs, les lois devinrent chaque jour plus nombreuses, et la faculté laissée aux préteurs et aux magistrats de régler par des édits annuels la manière dont ils entendaient rendre la justice ne contribua pas peu à augmenter cette confusion que les princes s'occupèrent peu d'éclaircir; car cette multitude de lois, qui se contredisaient souvent ou se détruisaient, ouvrait un vaste champ aux interprétations du pouvoir et des excuses fa-

ciles pour l'arbitraire. Adrien le premier songea
à réprimer ce désordre : la promulgation de son
édit perpétuel, qui prescrivait une marche invariable de procédure, opéra une grande révolution
dans l'histoire du droit romain ; il mit fin au vague
qui avait jusque alors troublé la jurisprudence ; il
y introduisit plus d'ordre et de méthode. Toutefois cette mesure, bonne pour arrêter le mal à
venir, ne remédiait point aux vices du passé ; elle
empêchait les lois de se multiplier, elle n'en di-
minuait pas le nombre beaucoup trop grand.
Valentinien III voulut faire cesser cette confusion :
une ordonnance détermina les constitutions, lois
et rescripts des princes, les réponses ou décisions
des anciens jurisconsultes, auxquelles on devait
dorénavant avoir égard dans les tribunaux. A la
même époque Théodose, qui gouvernait l'orient,
fit faire un recueil des constitutions des princes.
Le *Code Théodosien* offrit du reste dans sa rédaction des obscurités, des répétitions et des omis-
sions importantes. Au cinquième siècle les barbares qui envahirent les provinces de l'empire
romain laissèrent aux peuples leurs lois, dont ils
reconnaissaient la supériorité. C'est ainsi que la
jurisprudence romaine passa dans les mœurs et
les lois de l'Europe. Pendant que l'occident vivait
sous le régime du *Code Théodosien*, le droit romain éprouvait en orient une réforme complète.

Justinien résolut de mettre fin à la confusion qui
régnait dans toutes ces lois, produit de la république et de l'empire, et de former un corps complet du droit romain : il préluda à cette grande
entreprise par une nouvelle collection de toutes
les constitutions impériales depuis Adrien jusqu'à
lui, qui fut publiée sous le titre de *Code Justinien.*
Elle abrogeait les codes de Gregorius, d'Hermo-
génès et de Théodose. Ce code lui-même fut, en
524, abrogé par un autre plus complet et plus
correct, sous le titre de *Codex repetitæ lectionis.*
C'était peu de détruire ; Justinien fit faire des
Institutes pour servir de base aux *Pandectes*, dont
la rédaction était confiée aux plus habiles jurisconsultes ; elles devaient former la préparation
et le portique du grand édifice qu'il voulait
élever. Les *Pandectes*, extraites de plus de deux
mille volumes, devaient présenter, dans un ordre
clair et méthodique, les décisions des anciens jurisconsultes, en en faisant disparaître les contradictions et les anomalies ; de là aussi le titre de
Digeste. Toutes les décisions qui ne furent point
reçues dans ce recueil perdirent dès ce moment
toute autorité, et ne furent plus admises dans les
tribunaux. Enfin Justinien, sous le titre de *No-
velles*, publia diverses constitutions, et compléta
ainsi le système de la jurisprudence romaine. Ce
vaste travail fut utile sans doute ; il eut cependant

un grand inconvénient : les anciens textes disparurent au milieu de ces corrections, de ces
retranchemens ; quelques-unes des dispositions
simples des beaux temps de Rome furent altérées
par les inquiétudes du pouvoir ou les complaisances des compilateurs. D'autres dispositions
moins généreuses y furent introduites ; un édifice
plus correct, mieux proportionné, moins large,
moins noble peut-être, s'éleva sur les ruines de
l'ancien : partout le génie primitif de Rome s'ef-
façait. Le droit romain, tel qu'il fut ainsi réformé,
ne périt jamais en Europe : il régna du cinquième
au treizième siècle, bien que mêlé à d'autres coutumes. Nous avons tracé l'histoire du droit, considérons-le sous le rapport philosophique.

Les trois époques principales de la vie politique
de Rome se dessinent dans les trois âges de son
droit. Sous les rois, le droit romain reste enveloppé d'un voile mystérieux : il a un caractère
divin, une physionomie mystique, *jus divinum,
pontificum, feciale* : c'est alors un secret au
profit des patriciens. Cependant toutes ces solen-
nités, tous ces mystères qui entouraient le droit,
n'étaient pas le produit seul de l'imposture : ce
caractère religieux tenait à la nature même des
choses, à l'enfance de la société ; une telle nature
devait produire de tels usages, et de tels usages
devaient entraîner nécessairement de telles pra-

tiques. Dans le premier âge d'un peuple, le droit
et la raison, c'est ce qui est ordonné d'en haut,
c'est ce que les dieux ont révélé par les auspices,
par les oracles et autres signes matériels. La jurisprudence, la science de ce droit divin, *scientia
rerum divinarum atque humanarum*, ne pouvait
être que la connaissance des rites religieux. La
justice était tout entière dans l'observation de
certaines pratiques, de certaines cérémonies. De
là, dans le droit, ces *formules d'actions*, formules créées, non par l'imposture, mais par l'im-
possibilité où étaient les premiers fondateurs du
droit romain de s'élever encore par l'abstraction aux idées générales. Pour y suppléer ils inventèrent des caractères poétiques par lesquels ils
désignaient les genres. De même que les poètes
portaient les personnages et les masques sur le
théâtre, les fondateurs du droit, conduits par
la nature, avaient, dans des temps plus anciens,
porté sur le forum les *personnes*, *personas*, et les
emblèmes. La première jurisprudence fut donc
toute poétique, et toutes les fictions furent des
vérités sous le masque; les formules dans lesquelles s'exprimèrent les lois furent appelées
carmina, à cause de la mesure précise de leurs
paroles, auxquelles on ne pouvait ajouter ni retrancher. Ainsi tout l'ancien droit romain fut un
poème sérieux que les Romains représentaient

sur le forum, et l'ancienne jurisprudence fut une poésie sévère. De ces *personæ*, de ces *masques* qu'employaient ces fables dramatiques si vraies et si sévères du droit, vinrent les premières origines de la doctrine du droit personnel. Les *acta legitima* sont un témoignage éclatant de cette langue du monde à sa naissance, de cette langue toute en action, de cette pantomime qui accompagnait toutes les transactions civiles [1].

La république vint soulever le voile mystérieux qui jusque là avait enveloppé le droit et la royauté : je dis soulever, car il fallut du temps pour le déchirer entièrement. Cette union de la royauté et de la religion était si fortement gravée dans les esprits, qu'après l'expulsion des rois, de crainte d'altérer la forme des cérémonies, on créait un roi des choses sacrées : c'était le chef des Féciaux, ou héraut de la république. On voit que la première période du droit se divise elle-même en trois degrés successifs. Empreint d'abord d'un caractère éminemment antique, il représente ces temps héroïques où les fonctions de roi, de père, de prophète, se confondent, *jus divinum;* plus tard la royauté délègue en quelque sorte ses pouvoirs sacrés à un collége de prêtres chargés de maintenir les cérémonies, *jus pontificum;* enfin le droit se sépare en quelque sorte du pouvoir politique,

---

[1] Vico, *la Science nouvelle.*

bien qu'encore il, en reçoive l'influence, *jus feciale,*

La république, c'est-à-dire la lutte des patriciens et des plébéiens, est aussi la lutte du droit religieux contre le droit politique; c'est la seconde époque du droit, *stricti juris.* Les plébéiens veulent que les patriciens leur communiquent leurs droits civils, en même temps que ces lois dont ils se réservent la connaissance mystérieuse; les patriciens défendent avec opiniâtreté un privilége si précieux. Alors il y eut moins de bonne foi dans le droit. Les nobles font de la connaissance des lois le *secret de* leur ordre, afin qu'elles dépendent de leurs caprices, et qu'ils les appliquent aussi arbitrairement que des rois. De là la persévérance du peuple à demander la loi des douze tables. Les questions de droit étaient des questions politiques. Chaque victoire du peuple sur les patriciens avait pour résultat la conquête d'une loi favorable au peuple. La loi *Publilia* est le premier passage de l'aristocratie à la démocratie; la loi *Petilia de nexu* est le second. Jusque là, avec l'histoire *héroïque* des Romains, dominent le droit divin, la hiérarchie sacerdotale, l'autorité patricienne. La multitude, incapable de s'élever aux idées générales, voulait à chaque occasion une loi nouvelle comme gage de sa liberté : les patriciens s'y refusaient et maintenaient même par la force leurs priviléges. Quand la loi *Petilia* vint leur enlever

leurs droits sur la personne des plébéiens dont ils
étaient créanciers, le sénat conserva son empire
souverain sur toutes les terres de la république.
Ce combat de l'ancienne société contre la nouvelle,
du privilége contre la liberté, fut long et sanglant :
il vint se résumer dans Marius et Sylla. Aussi,
Sylla, chef du parti de la noblesse, n'eut pas plus
tôt vaincu Marius, chef du peuple, et rendu à l'a-
ristocratie sa puissance, qu'il remédia à la multitude des lois par l'institution des *quæstiones per-
petuæ.* De même dans le droit civil le caractère
primitif s'efface : aux actes religieux qui composaient seuls toute la justice de l'âge divin, aux *formules d'actions* succédèrent les formules parlées ;
elles héritèrent du respect qu'on avait pour les premières, comme les patriciens conservèrent une
partie de l'influence que leur avait donnée la connaissance mystérieuse des premières lois.

Jusqu'ici le droit a été revêtu d'un caractère religieux, politique et public ; le droit privé ne s'est
pas encore développé dans ses rapports et ses théories : avec l'empire la vie publique s'éteint, la vie
privée et le droit civil commencent véritablement ;
c'est le temps de la science. La sagesse des jurisconsultes interprète ces lois, en augmente l'utilité
en les appliquant à de nouveaux cas, selon ce que
demande la raison. La monarchie veut l'égalité des
sujets : de là, sous Auguste et ses successeurs, des

lois innombrables pour des cas particuliers. La jurisprudence romaine, qui, dans les temps héroïques, n'avait eu pour base que la loi des douze tables, commença, dès le temps de Cicéron, dernière période de la république, à suivre dans la pratique l'édit du préteur. Enfin, depuis Adrien, elle se régla sur l'*édit perpétuel*. Ainsi, religieux et poétique dans son principe et sous les rois, politique mais inflexible encore sous la république, le droit, plus indulgent sous les empereurs, ne consulta plus que l'équité naturelle. Dans ces changemens de la jurisprudence, résultat des mœurs, nous avons les variations du gouvernement : les rois veulent le droit divin, la république la liberté, l'empire l'égalité sous le despotisme.

CHAPITRE XXXVI.

Résumé.

Nous avons parcouru l'histoire de la littérature romaine, il nous reste à en rassembler les différens traits pour en former un tableau complet et en laisser dans l'esprit une vive image.

Nous avons vu à son origine la langue romaine sortir avec peine de dessous les idiomes particuliers qui alors se partageaient le Latium ; nous avons reconnu que cette langue couvrait deux autres langues plus vieilles qu'elle, l'une contemporaine de l'origine même des langues, la seconde débris des colonies grecques qui se répandirent dans le Latium ; idiome qu'il faut admettre, et avec lequel seul on peut expliquer un grand nombre d'étymologies romaines, et justifier l'orthographe d'une foule de mots. C'est de cet idiome, dans lequel s'est conservé principalement le dialecte éolien, et du mélange des autres dialectes qui régnaient au centre de l'Italie, que dut se former et se forma lentement la langue romaine. Si l'imperfection du langage s'opposait au développement de l'imagination, elle n'était pas la seule cause qui l'arrêtât. D'un côté occupés à la

guerre, de l'autre captifs sous les formes graves et
immobiles de la religion étrusque, les Romains
n'eurent que de faibles essais de poésie ; quelques
chants religieux,. quelques hymnes nationaux,
voilà tout ce que nous avons trouvé. La poésie ne
naquit qu'avec Ennius : gênée par'les entraves
d'une langue barbare encore, elle chercha, pour
se soutenir, l'appui de la Grèce, dont l'imitation
eut ses inconvéniens.

En faisant la part des injures du temps, nous
avons été obligés de reconnaître chez les Latins
l'absence du génie dramatique; car à peine, en rassemblant avec beaucoup de soin des noms épars
çà et là, en jugeant sur des souvenirs, des allu--
sions, des admirations contemporaines, avons-
nous pu reconstruire et présenter quelques
faibles parties, une image légère de ces proportions magnifiques, de cet ensemble harmonieux
que nous offre le temple de la tragédie grecque, bien que mutilé lui aussi et incomplet?
La comédie a eu ses lacunes; nous les avons
signalées. En tenant compte des ravages du
temps, nous devons avouer que le génie latin est
loin d'avoir reproduit l'abondance, la verve, l'originalité du génie grec. Encore cette comédie ne
dura-t-elle pas long-temps; elle fut remplacée par
des genres inférieurs, les mimes et les pantomimes, production indigène; car, sans véritable ta-

lent dramatique, les habitans de l'Italie ont toujours singulièrement réussi dans un genre de
farces très-gaies, quoique un peu vulgaires, où
ils accompagnent de gestes bouffons des discours
et des chants improvisés.

L'épopée s'est montrée à nous, comme la tragédie et la comédie, empreinte des formes, des
beautés et des défauts de l'imitation, irrégulière
et froide dans Ennius, admirable dans Virgile,
raide et emphatique dans Lucain et ses successeurs, mais noble, mais animée de généreux sentimens. La poésie lyrique, à part quelques chants
animés de Catulle, quelques belles odes d'Horace,
ne s'est pas élevée à la hauteur de l'inspiration
grecque. L'élégie nous a offert un caractère particulier de mélancolie : expression d'une société
moins jeune que la société grecque. La poésie didactique n'a rien à envier à la Grèce : Rome a
trouvé dans Ovide et les Métamorphoses un poète
et une gloire spéciale. Les autres genres de poésie,
la poésie légère par exemple, n'ont pas la grâce
et la finesse attiques.

La poésie s'affaiblit plus vite que l'éloquence,
d'abord parce que la langue latine n'a pas la liberté, la vivacité, la richesse de la poésie grecque ;
ensuite l'introduction du christianisme, qui avait
ranimé l'éloquence, fut fatale à la poésie, qui dut
disparaître avec l'ancienne mythologie. Les essais

d'une poésie chrétienne dans le genre lyrique pour
les chants et les hymnes, productions spontanées
de la croyance, réussirent : les tentatives faites
pour traiter publiquement et avec plus d'étendue
les mystères furent moins heureuses. Ajoutons que
l'oreille du peuple romain ne fut jamais aussi délicate que celle du peuple grec. Les mètres héroïque
et élégiaque seuls, étaient pour lui une chose
réellement naturelle et.vivante.

L'éloquence est la partie brillante du génie romain; long-temps rude et grossière, elle ne laisse
pas de monumens : elle triomphe et meurt au
sein du peuple pour lequel ou contre lequel elle
combat. Instrument de troubles et de puissance,
d'autorité et de sagesse entre les mains des patriciens et des tribuns, jusqu'à Cicéron, et au
témoignage même de Cicéron, elle ne compte
guère par génération que deux orateurs estimables : Cicéron la représente tout entière; encore,
malgré tout son génie, Cicéron ne nous a guère
offert que l'éloquence judiciaire et l'éloquence de
la tribune. L'éloquence politique, celle que nous
appellerions aujourd'hui l'éloquence parlemen-
taire, nous ne la possédons pas, ou nous la possédons incomplète : les registres du sénat romain,
dépositaires de cette calme et majestueuse éloquence, ont péri; et cette perte littéraire, une des
plus regrettables de l'antiquité, nous réduit à

chercher des traces incertaines et effacées de cette éloquence dans les harangues des historiens. L'éloquence disparaît avec la république; cependant, dans la servitude même de l'empire, au sein d'un dénat dégradé, retentissent quelques voix qui dans des élans de liberté retrouvent des mouvemens éloquens; cette puissance de la parole semble même la dernière dont le pouvoir se montre jaloux; par elle il veut en quelque sorte se légitimer. Les empereurs ne négligent point cet art; et l'on a remarqué, comme un fait singulier, que, sur les douze premiers empereurs romains, il n'y en eut qu'un qui ne sut pas faire usage de la parole. L'éloquence néanmoins périssait; de la tribune elle se réfugia dans le panégyrique; elle tombe bientôt dans tous les excès et les défauts de l'éloge, et vient mourir dans les douze panégyristes. Ranimée par le christianisme, elle lutta quelque temps contre ce torrent du mauvais goût, et fut à la fin entraînée. Toutefois elle assiste à la chute de Rome, et ses dernières paroles en peignent avec énergie les malheurs et les ravages.

De l'éloquence nous avons porté nos regards sur la philosophie. Nous l'avons vue introduite à Rome malgré Caton. Chantées par Lucrèce, expliquées et modifiées par Cicéron, les doctrines d'Épicure et de l'Académie se sont d'abord plus facilement, plus généralement répandues que celles du

Portique, qui plus tard rencontrent dans Sénèque un habile et brillant interprète. Mais la philosophie latine ne saurait se placer auprès de la philosophie grecque, dont elle est un résumé imparfait. L'idiome romain, qui long-temps rebelle à la métaphysique ne s'y était plié que sous la main puissante de Cicéron, se prêtait péniblement aux subtilités de la dialectique, si familières aux Grecs. La religion chrétienne, qui, forcée de combattre pour le soutien de ses dogmes, eut un saint Augustin pour défenseur, la religion chrétienne ne put vaincre entièrement cette raideur de la langue romaine. *La Cité de Dieu*, l'ouvrage le plus original et le plus considérable de la littérature sacrée, est plutôt moral que métaphysique. La philosophie, comme les autres branches, et plus que les autres branches de la littérature, se dessécha et s'épuisa en frivoles discussions, en questions stériles.

Quelques froides annales, quelques récits sans art, voilà tout ce que l'histoire nous montre à son origine; elle arrive en un instant à la perfection. Plus long-temps que les autres genres, elle se soutient forte et animée. Enfin elle a aussi sa décadence : resserrée dans le palais impérial, elle en décrit souvent avec trop de complaisance les misérables caprices, et elle va se perdre dans les légendes et les chroniques. L'histoire naturelle reste interrompue ; née avec Pline, elle meurt avec lui. Le roman , autre genre d'histoire, retracé les vices, les superstitions, les intrigues, les misères de Rome. La rhétorique, la grammaire, s'affaiblissent comme tout le reste. Le droit, la première gloire de Rome, en est aussi la dernière et la plus durable; ce fut sur les peuples barbares la conquête des vaincus : Rome ne se survécut que dans l'éternité de ses lois et de ses monumens.

Tel est l'abrégé de la littérature romaine : religieuse et dramatique à son origine et à son premier développement, politique sous la république, poétique sous Auguste, philosophique aux premiers siècles de l'empire, chrétienne aux siècles suivans, la littérature reproduit les phases différentes du génie romain , et les changemens divers de sa constitution politique et morale. Ces altérations du goût ont été souvent classées en différentes périodes; mais il nous semble difficile de marquer d'une manière précise où commencent et finissent les nuances plus ou moins prononcées du mauvais goût, et de partager en époques égales et fixes la vie intellectuelle d'un peuple. Sans donc attacher à ces distinctions plus d'importance qu'elles n'en méritent, nous dirons que l'altération de la langue latine commença vers la fin même du règne d'Auguste; que, dès le temps des premiers Césars, on trouve chez les écrivains romains moins de pureté et de fréquentes incorrections. Les écrivains nés en Espagne donnèrent les premiers exemples de mauvais goût, et imprimèrent à la langue quelque chose d'étranger. Nous avons Sénèque et ses antithèses, Lucain et son enflure. Plus tard les écrivains africains et gaulois achevèrent de la corrompre par les duretés et les exagérations. L'ancienne littérature classique, à proprement parler, s'éteint avec Trajan. Dès lors, jusqu'aux écrivains des quatrième et cinquième siècles, stagnation presque générale; et rien n'atteste que nous ayons perdu des productions meilleures que celles qui nous restent. Au nombre des causes qui hâtèrent cette décadence, on doit compter le goût que les Antonins montrèrent pour la littérature grecque; le changement du siége de l'empire, transporté de Rome à Constantinople. Cette corruption fut complétée par l'invasion des Goths. Écrit et parlé par tant d'hommes pour qui il restait une langue étrangère, le latin offre à cette époque les derniers vestiges de son premier caractère. Les écrivains du siècle de Théodose séparent l'antiquité du moyen âge. Dès lors, mêlée aux idiomes du nord, la langue romaine, long-temps indécise et corrompue, reparaîtra dans la langue romane, puis dans la langue italienne. Car, dans les différentes provinces de l'empire romain démembré, et même avant ce démembrement, et de bonne heure, se formèrent plusieurs dialectes et un langage populaire différent de la langue écrite, et nommé *lingua rustica;* c'est l'origine de l'italien moderne.

Pendant ces derniers siècles, bien que la langue fût altérée, les esprits n'étaient cependant pas sans mouvement. Les diverses opinions religieuses et philosophiques de l'orient introduites en Europe s'y combattent pendant la période qui s'étend du règne d'Adrien à celui de Justinien, époque à laquelle finit la lutte de la philosophie païenne contre le christianisme. Cette période est remarquable par l'activité des esprits, le goût des recherches et la diffusion des connaissances littéraires et philosophiques : mais les erreurs, les visions s'y pressent à côté de la vérité : l'astrologie, la métaphysique, la mythologie, le polythéisme vainement replâtré par les philosophes, s'y mêlent et s'y confondent. Dans la société même lutte : à côté du paganisme décrépit et mourant, une religion pleine de vie et d'enthousiasme. Partout un grand mouvement agite les esprits : c'est le combat du scepticisme contre les croyances, de l'ancienne civilisation contre la nouvelle, de la philosophie contre le christianisme. Sous cette décadence apparente se cache une régénération vigoureuse. Si les formes de la pensée sont altérées, cette pensée reste active et ardente : l'esprit humain tout entier se renouvelle par un travail · intérieur et général : la société ancienne finit, la société moderne commence; et à l'unité politique de Rome brisée va succéder l'unité religieuse ; un nouveau monde s'élève sur les débris de l'ancien.

Ici se termine l'histoire de la littérature latine considérée comme expression d'une société vivante, et comme représentant l'empire romain. Mais après cette existence, la langue latine en eut une seconde et qui survécut à Rome : long-temps cette langue servit d'interprète au moyen âge, qui avait remplacé le monde romain : partout répandue et se mêlant aux idiomes barbares des peuples du nord, elle se conserva dans les Gaules surtout et en Italie. Cette seconde histoire du langage romain, qui est celle de la plupart des langues modernes, ne saurait donc être sans intérêt.

CHAPITRE XXXVII.

Littérature romaine moderne.

Rome, devenue l'univers, étendit sur tous les peuples sa langue avec sa domination : pour les dédommager de la conquête, ou pour mieux assurer

leur portait la civilisation. Les Gaules, qui longtemps résistèrent à la puissance de la république, cédèrent enfin au génie et à la fortune de César. Dès le temps d'Auguste les Gaules méridionales furent latines; il en fut bientôt de même des Gaules plus septentrionales. Les villes principales virent s'élever dans leur sein des écoles célèbres, et sous l'empire fournirent au sénat, à l'armée, aux lettres, des hommes illustres : Pomponius Méla, Columelle, Martial, Silius Italicus, Hygin, Cornélius Gallus, Trogue-Pompée, Pétrone, Lactance, Ausone. Plus tard, quelques empereurs d'Occident ayant établi leur résidence dans les Gaules, et surtout à Paris, on parla latin sur les rives de la Seine comme sur celles du Tibre. Les sciences étaient principalement cultivées à Trèves, à Bordeaux, à Toulouse, à Autun, Poitiers, Lyon, Narbonne, Marseille, Vienne, Besançon. Dans ces écoles on enseignait la philosophie, la jurisprudence, les belles-lettres, la grammaire, l'astrologie, toutes les sciences du temps. Sous l'administration de Constance Chlore, de Julien et de Gratien, ces écoles auparavant languissantes se ranimèrent.

La Gaule présentait au quatrième siècle un aspect singulier, une scène pleine d'intérêt et de variété. Reflet brillant de la civilisation romaine, elle en montrait sur son sein les arts, les sciences, les lettres, les mœurs et aussi un peu la corruption. Mais sous cet éclat emprunté, sous cette civilisation transplantée perçaient une couleur locale et une fraîcheur native : image des mœurs, là littérature offrait le contraste piquant d'une nature vieillie et d'une nature jeune et réservée à un long avenir. La Gaule renfermait deux nations dans une seule, la nation romaine et la nation du sol, c'est-à-dire l'aristocratie et le peuple; de là dans la poésie, l'éloquence, un mélange de simplicité et de recherche, toutes les finesses de la rhétorique qui alors à Rome tuaient le talent, alliées à des traits d'une vivacité originale et d'une délicatesse charmante. Et de même que plus tard les monumens de Rome, épars sur la surface du midi de la France, se confondirent avec les monumens gothiques du moyen âge et offrirent les ruines de la civilisation à côté des édifices de la barbarie, ainsi à cette époque des mœurs douces, des occupations libérales, une vie intellectuelle très-active, se mêlaient à des habitudes grossières, à des usages bizarres, à une existence encore sauvage.

Pendant les trois siècles suivans qui préparèrent et précédèrent l'origine des langues modernes, on vit paraître de loin en loin dans les pays romains, surtout en France et en Italie, quelques historiens judicieux, des philosophes subtils, de savans théologiens, et même quelques poètes : les noms de Paul Warnefrid, de Luitprand, d'Alcuin, d'Éginhard, sont encore respectés; près d'eux on remarque Procope et Agathias. Ces esprits distingués ne furent que d'heureux accidens, et comme des éclairs qui échappèrent à un siècle malade. La barbarie s'étend et les ténèbres couvrent l'Europe. Cependant, au milieu de la nuit épaisse répandue sur les esprits, quelques ecclésiastiques jetaient quelque éclat. En France brillent Grégoire de Tours, regardé comme le père de notre histoire, Frédégaire, son continuateur, saint Fortunat, poète, le Franc Marculfe, auteur des *Formules de droit;* en Espagne Isidore de Séville; en Angleterre Gildas et le vénérable Bède.

Dans les couvens, de nombreux agiographes écrivent les vies des saints.

On a beaucoup reproché aux moines de rétrécir l'histoire en la renfermant dans leurs couvens. Mais

leur couvent était pour eux la France, la patrie :
en effet, quand la véritable patrie a disparu, quand
l'intérêt public a fait place aux intérêts particuliers, les sentimens se resserrent avec les idées,
les affections particulières remplacent les dévouemens publics. Ces chroniqueurs d'ailleurs ne méritent pas tous les reproches qu'on leur a adressés ;
les histoires des couvens, qui font ordinairement
le sujet et l'exercice de leurs travaux, bien qu'ayant
perdu une très-grande partie de leur intérêt, ne
sont pas sans quelque utilité, même aujourd'hui :
ce sont des monumens isolés, il est vrai, mais des
monumens nécessaires du passé. Ces couvens
conservèrent le dépôt des sciences comme plus
tard en Grèce, dans leurs solitudes, de simples prêtres, qui furent depuis de nobles victimes, conservaient avec le feu sacré de l'indépendance nationale les grands souvenirs de l'antiquité, le dépôt
du génie d'Athènes, et cette foi religieuse qui a
sauvé la Grèce.

Cependant les barbares inondaient tout, et apportaient avec eux leurs rudes idiomes. Ce mélange de tant de dialectes informes et grossiers
qui s'introduisirent dans son sein fut funeste à
la littérature latine, et chaque jour elle allait s'altérant : au sixième siècle sa décadence fut irré-
parable.

Alors au sein du peuple se formait lente-

ment une langue vulgaire composée du celtique
et du latin. L'existence de la langue romane paraît remonter au commencement de la monarchie
française. Des faits certains, des preuves matérielles attestent l'existence de la langue romane en
Italie aux huitième et neuvième siècles : l'usage de
cette langue etait général en France au huitième
siècle. La langue latine, sous Charlemagne, n'é-
tait plus comprise par le plus grand nombre des
Français.

Dès l'origine de ces idiomes informes, des
hommes instruits ont fait des efforts pour conserver le latin. Mais les ténèbres se répandirent
avec rapidité sur l'Europe ; cette langue perdait
tous les jours de sa pureté primitive et s'exilait
devant la barbarie pour faire place aux langues
modernes, qui presque toutes en sont sorties, à
l'exception peut-être de l'allemand, venu de l'Asie,
et des langues danoise, suédoise, islandaise, qui
en sont sœurs. Il paraîtrait en effet que le sam-
scrit a passé d'abord en Perse, et il est très-pro-
bable que l'allemand est le persan transplanté en
Europe. Leibnitz a remarqué que les Allemands
comprennent des lignes entières de persan écrit
avec des caractères européens. L'italien, au contraire, le français, l'espagnol, le portugais ne sont
que des débris de la langue latine.

Le huitième siècle est tout à la fois et le dernier

terme de la première décadence des lettres dans les Gaules, et la première époque du soin que l'on prît de les ressusciter.

La langue romane, encore grossière au huitième siècle, comme le prouve le serment de 842, se perfectionna rapidement dans le midi de la France. L'union de la Provence pendant deux cent treize ans suffit pour consolider les lois, les mœurs et la langue des Provençaux. Le roman provençal prit alors complètement la place du latin, qui ne servit plus que dans les actes.

La cour de nos rois, qui se tenait à Aix, se tint à Paris. Ce changement produisit une troisième langue, qui conserva, il est vrai, le nom de *romane*, mais qui, avec le temps, devint tout-à-fait différente de l'ancienne langue *romane*, laquelle cependant retint sa pureté dans les provinces qui sont en deçà de la Loire : de là la division en langue d'*oil* ou française, et en langue d'*oc* ou provençale.

Ainsi, au neuvième siècle, se forma une langue nouvelle, intermédiaire entre le français et le latin. La langue latine continua à être la langue savante. On a dit que l'existence de cette langue latine avait eu de grands inconvéniens ; qu'elle avait pendant long-temps étouffé la langue nationale ; mais cet envahissement des usages et de la langue du peuple-roi eut aussi plusieurs résultats

heureux : il éveilla le génie des peuples, et conserva, au milieu de la diversité de langages et de
mœurs de tant de barbares, cette unité précieuse
de croyances et d'idées à laquelle l'Europe dut
plus tard la renaissance des lettres, la force de ses
opinions et cet esprit d'amélioration et de liberté
générale que l'antiquité ne connut pas; esprit caché quelquefois, mais toujours actif, et qui, suivant une judicieuse remarque, produisit au douzième siècle les croisades, au treizième le régime municipal, au seizième l'indépendance religieuse, au dix-huitième l'indépendance politique. Le latin eut encore un autre avantage : au
milieu de tant de causes d'ignorance, au milieu
de ces invasions continuelles des peuples du nord
qui se poussaient les uns les autres, ce fut pour
la renaissance des lettres un grand bonheur que
cette universalité de la langue latine, qui, bien
que défigurée, offrit comme un lien commun, une
communication plus durable de pensées dans une
telle confusion. Ce fut donc au latin que l'on dut
de recueillir les traditions fugitives des événemens du moyen âge, qui sans cela nous auraient
échappé.

Le neuvième siècle fut pour l'esprit humain
une époque de réveil. Charlemagne fit de grands
efforts pour dissiper la barbarie. Le premier il
ouvrit des écoles publiques dans les monastères

et près des églises. Il distingua alors la langue vulgaire et la langue de la cour : le langage du peuple
était le *roman rustique*, c'est-à-dire un latin ex-
trêmement altéré ; le tudesque ou teutonique,
idiome des vainqueurs, était parlé à la cour et
par les grands : Charlemagne voulut le faire pré-
valoir.

Probablement dans le dixième siècle naquirent
les langues qui partagent aujourd'hui l'Europe
méridionale. Ces langues, connues sous la dénomination commune de langues romanes, sont
toutes nées du mélange du latin avec le teutonique, et des peuples devenus romains avec les peuples barbares qui renversèrent l'empire de Rome.

Du neuvième au onzième siècle l'esprit humain
retombe dans la barbarie ; du onzième au treizième il se ranime et fait de merveilleux efforts.

Au douzième siècle on vit naître la langue et
la poésie vulgaires. On vit les troubadours, avec
leurs ménestrels et leurs jongleurs, descendre en
Italie et y répandre le goût de la musique et des
vers.

A cette époque la langue latine, qui s'était
étrangement corrompue, commence à s'épurer ;
alors elle reprend une existence nouvelle, une
existence plus brillante. En cessant d'être langue vulgaire elle avait regagné en élégance ce
qu'elle perdait en étendue. Devenue entièrement

langue savante, cultivée avec plus de soin par conséquent, elle devint plus claire et plus régulière.

Au douzième siècle renaît en Italie l'étude du droit romain. Plus tard, vers la fin du treizième siècle, l'étude du latin se ranime et est sur le point d'étouffer la langue italienne, qui, née de la langue romane, sembla comme elle devoir être éphémère. Cette puissance de la langue latine était alors si forte et si générale que Dante, qui fit de Virgile une étude particulière, avait d'abord songé à composer sa *Divine Comédie* en vers latins; que plus tard Pétrarque, nourri également de la lecture de Virgile et de Cicéron, et qui contribua si puissamment à la restauration des lettres latines, fondait l'espoir de son immortalité, non sur ses poésies qui l'ont consacrée, mais sur divers ouvrages latins. Tous les hommes les plus distingués de cette époque écrivaient en latin, et le latin acquérait une pureté qui nous étonne. Ce culte de l'antiquité ne se bornait pas à une froide étude; il éclatait dans des interprétations pleines de verve et d'éclat, de poésie et d'élévation. Cette admiration pour le latin, cet enthousiasme de l'érudition, cette ardeur des commentaires, ce travail opiniâtre sur les textes ne doivent pas nous surprendre. Quand nous voyons une littérature pleine de jeunesse et de vie, la littérature italienne;

se consacrer dans ses plus illustres représentans, Dante, Pétrarque, Boccace, à l'étude profonde de l'antiquité, nous devons reconnaître que sous cette passion pour les manuscrits se cachait une autre pensée. Ne croyez pas en effet que les beautés littéraires fussent le seul mobile des travaux qui alors ressuscitaient les lettres latines; un déssein plus haut inspirait les génies qui arrachaient aux ruines du moyen âge l'antiquité défigurée: reconnaissez dans ce mouvement classique le réveil de l'esprit humain tout entier; reconnaissez l'empire moral et intellectuel remplaçant la force et la violence de la barbarie. Tel était au fond le but et l'intérêt de ces études. Deux grands événemens, la chute de Constantinople et la découverte de l'imprimerie vinrent hâter cette heureuse révolution. Cette littérature grecque, autre débris de la civilisation, gagnant à la lueur de l'incendie allumé par les barbares les rivages de l'Italie, qu'elle avait déjà une fois visités, excita un merveilleux enthousiasme : des flottes furent employées à la recherche des manuscrits grecs et latins; le don d'un manuscrit rétablissait l'harmonie entre les souverains. Le génie de l'antiquité se révéla tout entier: Homère, Platon, dignement interprétés, remplirent le monde savant d'admiration pour cette poésie si naïve tout ensemble et si sublime, pour cette philosophie si féconde et si religieuse. Alors marchaient de front. deux-études jusque là séparées, le grec et le latin; néanmoins le grec ne fut jamais en quelque sorte aussi populaire que le latin.

Ce goût du latin n'était pas moins vif au dehors qu'au dedans de l'Italie, mais il y était moins pur; il était altéré par des usages barbares : par exemple, en France, l'usage d'écrire en latin les actes publics, usage qui subsista jusqu'au règne de François Ier. Aujourd'hui nous avons peine à comprendre cet empire que conserva sur l'Europe la langue latine. Tel est l'esprit humain : les impressions qui l'ont frappé survivent long-temps aux causes qui les ont produites. Il y avait dans la grandeur de Rome, dans le souvenir du peuple-roi, une telle majesté, que les hommes avaient peine à se persuader que la ville éternelle dût périr. Cette vieille autorité de Rome était si fortement gravée dans les esprits qu'en Italie la langue vulgaire, celle qui au quatorzième siècle avait produit et inspiré le génie de Dante, de Pétrarque, faillit s'éteindre dans le quinzième, tant on pouvait difficilement croire que l'antique langage pût disparaitre : c'était comme un dernier hommage rendu à la souveraineté du Capitole.

En France, long-temps l'usage de s'exprimer en latin, et d'employer cet idiome dans les exercices de l'esprit, les traditions historiques; lutta contre

l'activité des esprits et retarda la formation de
notre langue. Aussi la voyons-nous long-temps
indécise dans ses expressions comme dans ses
formes ; image fidèle et vive, dans ses laborieux
essais, de cette société des Gaules, qui, composée
de tant d'élémens divers, placée entre la barbarie
et les restes de civilisation qu'avait laissés la domination romaine, attendait avec peine que de ce
mélange de traits sauvages, de caractères âpres et
généreux, mêlés et confondus avec une nature
plus polie, mais moins forte, il se formât un tout
uniforme plein de vie, de grandeur et d'éclat. Ce
combat de la lumière contre les ténèbres, de la
barbarie contre la civilisation, fut long. Concentrée
dans le sein de quelques universités, la lumière
ne pénétrait point au sein du peuple, interceptée
qu'elle était par les formes étrangères dont on
l'environnait. La langue des savans était pour la
nation cette langue mystérieuse dont en Égypte
les prêtres semblaient s'être réservé les secrets.
Bien qu'une langue nationale fût créée en France
comme en Italie, bien qu'elle eût déjà commencé
à se produire sous sa véritable physionomie, cette
langue n'était point en possession de répandre les
connaissances : c'était encore la langue profane ;
la langue sacrée, la langue de la science, c'était le
latin. Cet usage d'une langue morte retardait sans
doute les progrès et surtout la diffusion des lu-

mières ; peut-être, nous le répétons, était-il nécessaire à une époque où les langues, encore incertaines et confuses, n'offraient point à la science
une garantie assez solide, une expression assez
claire, un dépôt assez sûr.

Le mouvement qui, au quatorzième siècle, avait
porté tous les esprits vers l'étude de l'antiquité,
se continua dans le quinzième ; de l'Italie il se
communiqua aux autres nations. Le quinzième
siècle fut surtout un siècle d'érudition. L'antiquité, effacée en quelque sorte de la mémoire
des hommes, reparut brillante et animée ; cet enthousiasme eut même ses dangers, puisqu'il faillit
étouffer la langue vulgaire, l'italien. La langue
latine surtout fut étudiée, approfondie avec un
zèle qui était de l'enthousiasme. Cicéron était le
principal objet de cette admiration ; il y avait alors
de longues, d'opiniâtres, de ridicules disputes
pour Cicéron et sa latinité : le style cicéronien,
qui plus tard charma l'abbé d'Olivet, était alors
la prétention des plus beaux esprits. On sait qu'un
secrétaire de Léon X, Pierre Bembo, aimait mieux
écrire des hérésies que d'altérer la pureté de son
latin, en employant, pour rendre des idées modernes et chrétiennes, des expressions et des tours
qui n'auraient pas été dans Cicéron. On sait aussi
que cet enthousiasme alla jusqu'à l'idolâtrie ; que
certains esprits, dans leur exaltation classique,

dans leur admiration profane pour les beautés littéraires de l'antiquité, s'égarèrent jusqu'à vouloir en ressusciter le culte et la mythologie.

Cette imitation, ce culte de l'antiquité, quelquefois aveugle et excessif, était cependant le plus généralement éclairé. Ce n'était plus, il est vrai, l'admiration féconde du Dante, de Boccace; c'était encore une critique ingénieuse, une critique brillante de la teinte pure et éclatante de l'imagination italienne. L'Italie moderne produisit des poètes latins distingués, entre autres *Sadolet*, dont les vers sur le Laocoon semblent, comme ce chef-d'œuvre même de la sculpture, une ruine du génie romain échappée aux injures des barbares et du temps, Sannazar, Vida, Frascator et l'élégant Politien. Dans une autre contrée et plus tard, Érasme sut animer le latin de toute la finesse, de toute la malice de l'esprit moderne; c'est avec le latin que s'agitaient ces questions théologiques qui, au seizième siècle, remuaient les esprits et ébranlaient les imaginations.

Ce culte pour le génie de l'antiquité introduit, ou plutôt réveillé en France, n'y avait pas trouvé moins de zèle et d'admiration. Le seizième siècle fut pour notre littérature un siècle de recherches patientes et de savantes compilations, dont le latin faisait presque toujours les frais. Le latin était encore la langue de la science; il eut la gloire

de répandre dans le monde les premiers ouvrages qui créèrent la philosophie moderne : Descartes, en France ; Bacon, en Angleterre, écrivirent en latin. Le latin était aussi la langue de la poésie. Les plus grands hommes de ce siècle ne dédaignaient pas de cultiver les muses d'Horace et de Virgile : Lhospital nous a laissé des vers où respirent la sagesse de son esprit et la beauté de son âme ; De Thou écrivit en latin son *Histoire universelle*. En Angleterre Milton se distingua comme poète latin avant de s'immortaliser comme poète national.

Le seizième siècle tout entier, en Angleterre, en Italie, en France, en Espagne, fut un siècle de latinité. On sait les prétentions d'Élisabeth à bien parler le latin ; on sait que Jacques Ier a écrit en latin plusieurs ouvrages de controverse religieuse. Buchanan, Budée, les Estienne, Muret, Ramus, sont restés célèbres ; Passerat, Balzac, Ménage, auteurs si jaloux de l'élégance de la langue française, ne l'étaient pas moins de celle de la langue latine.

Au siècle de Louis XIV, banni de l'histoire, le latin se maintint dans la poésie. Les vers latins ont conservé la réputation de Santeuil. De même, chez l'étranger, Addisson, poète élégant, rappelle le bon goût du siècle d'Auguste. Pascal résolut en latin les plus hauts problèmes de la science.

Bossuet a animé la langue latine de toute l'énergie, de tout le feu de sa pensée : sa dissertation sur les psaumes, sa lettre au pape sur l'éducation du duc de Bourgogne, brillent de ces vives images, de ces expressions hardies qui marquent son éloquence. Cette étude de la langue latine, loin d'affaiblir le génie, sembla lui communiquer plus de force ; elle le nourrissait de cette séve féconde de l'antiquité, qui, mêlée à l'activité de la pensée moderne, donne aux productions de notre grand siècle littéraire cette solidité, cette gravité de raison, ce calme et cette profondeur de sens qui sont le caractère particulier du génie ancien. Les sciences mêmes empruntèrent ce langage comme plus universel : la plupart des découvertes de la science moderne sont consignées en latin ; c'était la langue de Leibnitz. Aujourd'hui encore, en Allemagne, les ouvrages d'érudition s'écrivent en latin ; et un peuple de l'Allemagne, les Hongrois, ont conservé dans leurs actes publics l'usage du latin, comme un dernier héritage de cet empire romain qu'ils ont détruit avec les autres barbares. La langue *romande*, langue dérivée du latin, ou de même origine que le latin, se parle encore aujourd'hui, sous différens dialectes, dans la moitié du canton des Grisons.

Voici un fait récent. Le latin, corrompu, il est vrai ; et on ne peut plus défiguré, mais langue vulgaire encore, existe dans certains pays. Écoutons ce que rapporte le révérend docteur Walsh, *Relation d'un voyage de Constantinople en Angleterre :*

« Traversant la chaîne des Karpathes par Rothembourg, je me rendis en Transylvanie. Là les paysans me parlèrent en latin barbare. A la poste de Prépora une jeune femme me présenta une assiette de pommes et de poires. Comme je demandais au maître de la maison si c'était sa sœur, celui-ci me répondit : *Non soror, domni ; esti uxor.* Je lui donnai de l'argent en échange de son cadeau, et le mari dit encore : *Ago tibi gratias, domni.* Je me préparai à partir, et ne trouvant pas qu'il y eût assez de foin dans la petite charrette (seul moyen de transport à ma destination), je fis signe d'en mettre davantage ; l'homme dit : *Pone fen,* et on me remplit ma charrette. Quand j'y montai, je ne sentis point la corde qui me soutenait ordinairement les pieds, et je fis signe qu'elle manquait : *Ligate fun haich,* dit le maître à son garçon en montrant du doigt la place, et l'ordre fut de suite exécuté. Je pris congé de ces descendans des anciens Romains par un *valete* qu'ils me rendirent. » (*Recherches sur la Transylvanie.*)

Cet usage du latin comme langue savante est légitime ; il établit en effet entre les hommes de

tous les pays une communication d'idées autrement impossible. Il assure la science elle-même
contre les changemens et les altérations inévitables
d'une langue vivante : il présente dans sa fixité
quelque chose d'immortel comme la pensée. Il a
encore en sa faveur d'autres titres : si en effet
toutes nos littératures, toutes nos sciences ont
leurs racines dans le monde ancien, pour y pénétrer il faut nécessairement conserver la langue
qui en perpétue les traditions, les arts, la civilisation tout entière; autrement, séparés du passé,
nous ne le connaîtrions qu'à travers l'image infi-
dèle de traductions ou de résumés inexacts. La
chaîne des temps serait pour nous rompue; la
science deviendrait une énigme; nous perdrions
le secret de l'antiquité. Telle, dans ses hiéroglyphes, l'Égypte nous a caché son histoire et sa civilisation singulière. Pour la retrouver nous
sommes obligés d'interroger des ruines souvent
muettes, de rassembler des caractères brisés, de
reconstruire enfin par l'imagination, et souvent
sans doute sur un autre dessin, ce vieil édifice,
mystérieux berceau des connaissances humaines.

Ainsi théologie, philosophie, histoire, belles-
lettres, sciences naturelles, le latin a survécu dans
toutes les branches de la littérature.

CHAPITRE XXXVIII.

Différence de la littérature ancienne et de la littérature française, considérées dans leurs rapports avec les institutions
politiques.

La littérature française a ses racines dans la
littérature grecque et latine; la littérature latine
elle-même est sortie de la littérature grecque.
Pour en compléter l'histoire, et en connaître à
fond le caractère, il est donc nécessaire de jeter
un coup-d'œil sur cette source première du génie
romain, et partant du génie moderne; ces études
se tiennent étroitement. Il est curieux d'ailleurs
de voir en quoi ces trois littératures se ressemblent, en quoi elles diffèrent; ce que Rome a emprunté à la Grèce, la France à la Grèce et à Rome;
enfin quelle influence a dû avoir sur le génie des
peuples anciens et des peuples modernes la différence de leurs institutions politiques.

De toutes les littératures, la littérature grecque
est regardée, et avec raison, comme la plus naive
tout ensemble et la plus éclatante. Primitive et
originale, elle a cependant cette pureté de goût
qui semble appartenir surtout à une littérature
savante et d'imitation. Sans doute, dans cet heu-

reux privilège qui réunit l'imagination au jugement et la hardiesse à la simplicité, l'admirable
organisation du peuple grec fut pour beaucoup;
mais, chose trop peu remarquée, le travail et l'art
n'y furent pas étrangers, et les institutions politiques surtout y eurent une grande part.

C'est l'opinion générale que la littérature grecque fut tout entière d'inspiration; que, née de
l'enthousiasme, l'enthousiasme seul la développa,
l'étendit. Il est bien vrai que les plus anciennes
traditions nous ont conservé les effets merveilleux
opérés par la poésie et les prodiges de la lyre
d'Orphée. Plus tard nous voyons les rapsodes,
troubadours de l'antiquité, parcourir les villes,
chantant les louanges et les exploits des demi-
dieux: Mais dans toutes ces fictions brillantes,
dans cette admiration populaire qui les accueillait;
il y a, suivant nous, une double action qui n'a
point été saisie, et qui contribua puissamment à
nourrir l'enthousiasme des poètes, et à faire descendre au sein de la multitude cette délicatesse et
cette vigueur de goût qui ensuite remontaient aux
poètes comme aux orateurs: Quelle était en effet,
en Grèce, la condition des orateurs et des poètes?
où puisaient-ils, où versaient-ils l'inspiration? Au
sein du peuple et sur le peuple; ils n'étaient que
les interprètes de ses croyances, de ses passions,
ou les défenseurs de ses libertés et de ses intérêts.

Toujours en face de lui, ils s'animaient de sa vie,
s'éclairaient de ses plus soudaines saillies; il y
avait dans cette communication intime, sans cesse
renouvelée, une source toujours abondante, toujours vive, de pensées, d'expressions et d'images.
D'un autre côté, le peuple ne profitait pas moins
de ces révélations du génie qui à chaque moment
le frappaient, et entretenaient dans son esprit
l'amour, le sentiment et le goût du beau. Cet
échange public de pensées entre les illuminations
du génie et l'instinct du peuple ne se bornait pas
aux seules impressions que la poésie pouvait donner ou recevoir : cette action, lente d'abord et
cachée chez les nations modernes, des pensées du
génie sur l'esprit humain en général, cette action
qui, avant la découverte de l'imprimerie, se renfermait dans le cabinet et le travail obscur du savant,
et qui, au quinzième siècle, répandue, agrandie,
multipliée par l'imprimerie, précipitée aujour-
d'hui par les productions journalières de la presse,
forme un enseignement aussi vaste que le monde
même, aussi rapide que la pensée, cette action,
dis-je, chez les peuples anciens, s'exerçait surtout
par la parole. Ce n'est pas, comme chez nous,
dans le mouvement secret et intérieur de la société, dans la marche diverse des esprits, qu'il faut
chercher cette influence de la poésie, de l'éloquence ou de la philosophie en Grèce : tout se

faisait au grand jour. Voulez-vous connaître quelles sont les passions qui agitent Athènes, quelles croyances religieuses dominent les esprits? allez au théâtre : Eschyle vous dira la gloire de Salamine; Sophocle vous attendrira sur les malheurs de la fatalité; Euripide reproduira les différens systèmes de philosophie qui occupent l'attention ou l'oisiveté d'Athènes. Vous êtes sur la place publique : c'est de vous, et de vous seuls, que les orateurs attendent leur triomphe : leur langage, leurs mouvemens, leurs idées, pour agir sur le peuple, doivent sortir de son sein. Là donc encore une action spontanée, immédiate, active, entre le génie et l'instinct populaire. Ainsi nous voyons la poésie et l'éloquence, expression vivante de la société, la reproduisant et s'y fortifiant tour-à-tour. Toutefois cette influence sur les opinions, sur les mœurs du peuple, nous ne l'avons point encore saisie tout entière; nous ne trouvons point là ce coup direct et violent de la presse moderne sur les esprits. Entrez dans les académies, dans les écoles des sophistes et des rhéteurs; voyez cette foule de disciples qui en sortent et qui y entrent : sur les places publiques, sous les vastes allées du Lycée, sous les voûtes du Portique, entendez s'agiter et gronder le flot bruyant des vérités et des erreurs; croyez-vous qu'au milieu de ce commerce habituel, de ce choc journalier

des opinions, l'esprit de la multitude ne reçoive
aucune secousse? et cette instruction, pour être
moins régulière, moins rapide que l'instruction
moderne, n'avait-elle pas aussi ses avantages? ne
gagnait-elle pas en noblesse, en libres discussions,
ce qu'elle perdait en étendue?

Après avoir considéré quelle pouvait être l'influence de ces conditions sociales sur le caractère
général de la littérature grecque, cherchons ce
qu'il en pouvait résulter pour la langue en elle-
même.

Entre toutes les langues anciennes et modernes,
la langue grecque a cet avantage de ne point se
diviser en langue savante et en langue du peuple;
elle ne connaît point d'expressions relevées ou
triviales, élégantes ou communes, de tours nobles
ou abjects : en elle tout est grand, tout est choisi.
D'où vient cette propriété particulière de l'idiome
grec? Encore de ces communications fréquentes,
habituelles du génie avec le peuple. Les expressions, en passant par cette double épreuve, par
ce double contrôle, dépouillaient ce qu'elles
avaient de mauvais; elles trouvaient dans la création du génie et le suffrage du peuple une garantie d'élévation et de vérité. Le génie élevait le
peuple, le peuple avertissait le génie. Cette réaction avait un autre avantage : mêlé ainsi à toutes
les émotions, à toute la vie du peuple, par con-

séquent à toutes les images, à tous les accidens
de son langage, qui n'est que l'expression fidèle
de ses passions, le génie y trouvait naturellement
cette couleur locale qui manque à la plupart de
nos ouvrages modernes ; il pouvait aussi emprun-
ter de chaque dialecte le mot ou la désinence dont
l'harmonie exprimait la nuance la plus délicate et
la plus fine du sentiment, de la pensée ou de
l'image. Ce mélange, en même temps qu'il ajou-
tait singulièrement à la variété de l'ensemble,
devait avoir pour la peuplade à laquelle appartenait ce mot un attrait particulier. Ces dialectes
divers conservaient à chaque pays, au milieu du
caractère général, une physionomie originale :
c'est cette variété de dialectes qui, indépendamment des autres beautés, charmait les Grecs dans
les poèmes d'Homère ; c'était pour eux, comme
pour Philoctète dans sa solitude, un son ami qui
leur rappelait plus vivement la patrie.

Il ne faut pas croire néanmoins que la nature
seule, et cette influence du génie sur le peuple, et
du peuple sur les hommes de génie, aient tout fait
pour les Grecs, et que l'art et l'étude n'y soient
pour rien : car en même temps que cette action
puissante du théâtre, de la tribune, des académies,
se faisait sentir sur la nation, et que d'un autre
côté la nation était pour le talent une source perpétuelle d'inspiration, la langue elle-même était

en particulier pour le génie un sujet d'études sérieuses. On connait les célèbres rhéteurs qui donnaient publiquement des leçons d'éloquence ; on connaît surtout les scrupules d'Isocrate dans le choix des mots et l'arrangement des périodes. Ce qu'il faut savoir aussi, c'est que non seulement les différentes parties du discours, mais une seule partie, ont été la matière de longs traités ; que les mots eux-mêmes, leur place, leurs nuances les plus légères, ont été examinés avec un soin minutieux par plusieurs écrivains. Séparées de la vie puissante de la tribune et de la publicité, ces recherches sur une langue auraient été froides et stériles ; animées par le mouvement journalier des esprits, elles devenaient fécondes. Elles prouvent aussi que chez ce peuple privilégié de la Grèce, l'inspiration était toujours alliée au goût, la réflexion à l'enthousiasme : réunion qui, pour avoir été moins complète chez d'autres peuples, a produit des littératures moins parfaites.

Rome, nous l'avons vu, reçut d'Athènes presque sa littérature tout entière. Au moment où la Grèce vint exercer cette influence sur elle, l'Italie, jusque là occupée aux guerres, était rude encore dans son langage, non moins que dans ses mœurs. Cette lumière venue d'Athènes hâta, il est vrai, dans quelques esprits, et fit plus promptement éclore les germes féconds qui y

étaient contenus; elle eut néanmoins l'inconvénient de séparer en quelque sorte la littérature
du peuple, et par conséquent d'en faire une littérature d'imitation plus que d'inspiration. Dès lors
se prononce plus fortement à Rome cette distinction que nous avons déjà signalée d'une langue
noble et d'une langue vulgaire, division à laquelle
on doit attribuer cette indigence de l'idiome national dont se plaint Lucrèce. Que l'on y fasse en
effet attention : à l'époque où la littérature grecque se répandit à Rome, quel était l'état des
esprits? quelles préparations avaient-ils reçues?
quels monumens, même grossiers, attestaient
leur essor? Quelques chants informes, quelques
harangues où se trahissait le germe, bien faible
encore, d'un art que Cicéron devait perfectionner
et emporter avec lui; mais le goût même des lettres, l'enthousiasme pour la poésie, cette chaleur
des esprits qui, au sein d'une nation, annoncent
le besoin et le développement de la pensée, je les
cherche vainement. Il fut heureux sans doute
pour Rome que la Grèce vînt les y éveiller; le malheur, c'est que cette révolution ne se soit pas
faite au sein du peuple; qu'elle se soit, pour ainsi
dire, arrêtée à la surface des esprits. De là, pour
les écrivains, la nécessité d'aller chercher dans une
langue étrangère les richesses qui leur manquaient
dans leur propre langue, et par suite d'envelop-

per d'une forme grecque la physionomie romaine. Devenue une langue savante, plus qu'une langue populaire, la langue romaine, moins souple, moins riche, moins naïve, moins brillante que la langue grecque, conserva, comme l'aristocratie qu'elle représentait, un caractère spécial de noblesse et de gravité. Elle fut long-temps la langue des lois et du commandement : comme l'aristocratie aussi, la fierté ne la sauva pas de l'indigence. Faut-il en conclure que la littérature latine ne mérite ni notre admiration, ni nos études? Non, sans doute : si elle n'a pas toutes les qualités de la littérature grecque, elle a les siennes qui sont grandes. Vous ne trouverez point en elle l'inspiration primitive, l'élévation et l'étendue de sa rivale. La première est la littérature de la démocratie, naïve, hardie, brillante, variée; la seconde, nous l'avons dit, est la littérature de l'aristocratie, élégante, châtiée, pleine de dignité et de force; sa période, moins éclatante, moins flexible, moins variée, se développe avec une majestueuse régularité. Si les auteurs latins ne vous offrent pas ce premier jet, cette sève d'imagination que vous présentent les auteurs grecs, leur inspiration, plus sage, n'est pas moins vraie. La littérature romaine, ainsi que la littérature grecque, se distingue des littératures modernes par un calme et une maturité de pensée qui ne sont pas dans nos écrivains. En effet, dans Athènes et dans Rome, les lettres n'étaient pas, comme chez nous, l'expression de toutes les agitations intérieures : elles étaient une grande et sainte mission ; elles formaient l'enseignement universel de l'antiquité, la morale du monde païen.

Représentans d'une civilisation plus uniforme, plus grave en quelque sorte, les auteurs latins n'écrivent déjà plus sous l'inspiration du premier développement humain ; ils ne reçoivent pas avec autant de violence ce mouvement du peuple que nous avons peint comme agissant sur les Grecs ; ils ont l'étude des Grecs eux-mêmes, et cette méditation du génie par le génie, qui est une autre nature.

Un des caractères particuliers de la littérature grecque singulièrement, et aussi de la littérature latine, était donc de tenir aux institutions politiques, d'être avec elles une harmonie, un ensemble nécessaire. Il n'en a point été ainsi des littératures modernes ; elles ont toujours été en dehors de la société politique. Manifestation de l'état des esprits plus que de celui des mœurs, elles ont souvent été en opposition avec les institutions, bien qu'elles exprimassent les opinions. Pour les peuples civilisés, la vie est dans l'exercice de l'intelligence ; pour les peuples barbares, elle est dans le mouvement et l'abus de la force. Les

nations du nord qui renversèrent l'empire romain, et avec lui les arts, les lettres et les sciences,
par ignorance et par mépris, répandirent sur
l'Europe une longue nuit et d'épaisses ténèbres.
L'unité du monde romain et de l'ancienne civilisation brisée par la violence, fut pour le monde
moderne rétablie par là violence seule : la féodalité reconstruisit cette société qu'elle avait dis-
soute; mais elle la reconstruisit à son profit seul,
et dans un but purement matériel. Opprimé sous
cette puissante unité de la conquête, l'esprit humain fût long-temps encore resté étouffé, si, à
côté de cette force brutale, ne se fût élevée une
autre force, une autre unité, l'unité religieuse.
C'est au christianisme, et à cette communauté de
croyances qu'il a établie, que l'on doit, au quatorzième siècle, l'affranchissement des communes.
Dès lors commence entre la puissance et la littérature cette opposition qui en est un des traits
principaux. La littérature fut long-temps parmi
les peuples modernes, bien que souvent enchaî-
née, la seule liberté, la seule protestation publique : elle seule reproduisit cette vie singulière
qu'avaient créée les formes gigantesques, les
usages bizarres de la féodalité, dont elle donna
l'épopée, le roman et la satire. A la fin du quinzième siècle, la féodalité avait expiré sous le
pouvoir monarchique habilement aidé de la na-

tion : l'unité religieuse fut attaquée. Le seizième
siècle fut un siècle de lutte, de travail, de préparation : pour la France surtout c'est l'époque
où la littérature s'épure, se fixe. L'étude des anciens en est l'initiation nécessaire. Cette étude
a-t-elle changé son caractère ? avons-nous avec
des formes classiques altéré le fond moderne ? Je
ne saurais le croire. Examinons la face générale
de la littérature au dix-septième siècle, au siècle
de Louis XIV, et nous verrons qu'elle est tout
entière empreinte d'une couleur et d'un esprit
modernes.

L'inspiration principale de la littérature ancienne fut la liberté politique ; son caractère général, la peinture de l'humanité dans son unité
ou développement premier. L'inspiration de la
littérature française fut la liberté religieuse ; son
caractère, la peinture de l'individualité. Ce fut au
sein même de la conscience, dans l'homme intérieur, dans le tableau de ses plus intimes affections, et de leurs nuances les plus délicates, que
le génie moderne a été chercher ses inspirations.
Ainsi, la tragédie ancienne, sous la figure d'Œdipe,
nous montre l'humanité tout entière ; la tragédie
moderne, dans les fureurs d'Hermione, dans les
remords de Phèdre, dans tous ces caprices et
ces combats des passions, nous peint l'homme
seul, tel que l'a fait la civilisation moderne. De

même, dans la morale, les anciens abondent en maximes générales; nous, en observations de détails. Pour peindre la physionomie variée des modernes, ses teintes si légères, ses traits si changeans, le roman devait naître. Ces rapprochemens, que nous pourrions étendre, suffisent pour montrer que l'imitation des anciens n'a point nui chez nous à la vérité de la littérature dans son esprit général, bien qu'elle ait influé sur ses formes. Cependant la littérature française n'a pas cette simplicité que l'on trouve dans la littérature ancienne : à quoi tient cette différence? A la nature différente des institutions et de la vie sociale, et non à l'influence même des anciens.

En France et en Europe long-temps il n'y eut pas de nation, par conséquent de littérature nationale. La vie populaire, réfugiée, après la chute de l'empire romain, dans les communes, qui en furent la seule sauve-garde, finit par s'éteindre sous l'aristocratie féodale et l'affermissement du pouvoir monarchique : il n'y eut plus, comme manifestation extérieure de la société, qu'une noblesse. Ainsi donc manquait à l'inspiration des lettres cet enthousiasme, cette action de la multitude, qui, chez les anciens, animaient le génie. Ce n'était pas au sein même des passions contemporaines que pouvait naître et se perfectionner la littérature. Obligée de s'animer des souvenirs et des inspirations de l'antiquité, de chercher dans les écrivains de Rome et d'Athènes cette pureté de goût qu'elle ne trouvait pas autour d'elle, nécessairement elle n'eut pas cette vivacité d'expressions et de mouvemens que produit l'impression immédiate des événemens ou des passions; mais aussi elle évita cette trivialité, ces exagérations, ce mauvais goût qu'elle aurait nécessairement contractés dans le commerce d'une grossièreté populaire, qui n'était pas, comme dans la Grèce, corrigée par l'influence de cet enseignement public élevé que le peuple recevait journellement de toutes parts.

La littérature française fut donc noble, d'une noblesse cependant qui n'excluait pas la vérité et la franchise de l'expression ou de la pensée; car il peut y avoir et il y a dans l'élégance du ton et du goût autant de naïveté que dans la rudesse. C'est là ce qu'on n'a point assez remarqué dans la littérature du siècle de Louis XIV : on l'a crue timide parce qu'elle était sage; maniérée, parce qu'elle était décente; étroite, parce qu'elle était régulière. On n'a pas vu qu'elle était l'expression exacte du siècle qu'elle reproduisait. On a reproché à La Bruyère de ne peindre que la cour : c'est que la cour en effet était la société tout entière à cette époque. Cette littérature, en ce qu'elle représen-

tait, était donc fidèle autant que vraie : est-ce à
dire qu'elle a donné toute la nature humàine,
qu'elle en a exploré toutes les faces? Nous sommes
loin de le prétendre; nous sommes loin de croire
que toutes les richesses de l'imagination soient
épuisées : nous pensons seulement que la nature
humaine, toujours la même au fond, si elle s'offre
sous des formes nouvelles, si elle exige de nou-

jusqu'ici inconnus, et par conséquent une littérature nouvelle à attendre; que la littérature de
chaque épóque doit sans contredit se teindre de la
couleur de cette époque, mais en conservant la vérité absolue; que cette vérité, c'est aux anciens et
à la connaissance du cœur humain qu'il l'a faut demander, et l'autre vérité, la vérité relative, à l'observation de la vie contemporaine. Sans doute à
des institutions nouvelles et pleines de vie il faut
une littérature jeune et forte : cette littérature ne
manquera point à la France, pas plus que les autres gloires; mais là, comme ailleurs, la sagesse
et le génie se touchent : la littérature, ainsi que
nos libertés, doit sortir de nos mœurs, de nos
souvenirs, de nos études, et non de théories plus
séduisantes que fécondes : le monde intellectuel
et le monde politique ne vivent pas d'abstractions.

CHAPITRE XXXIX.

De la nécessité d'étudier les langues anciennes.

Il est, pour les littératures comme pour les nations, une époque d'épuisement, d'agitation et de
décadence : alors on néglige la simplicité et le naturel pour courir après la recherche et l'affectation ; on abandonne les règles fixées par le bon
sens et l'expérience pour de vagues et trompeuses
théories. En visant à la nouveauté, on tombe dans
l'exagération. L'étude des anciens, cette source
féconde de tout ce qui est beau et vrai, est abandonnée ; on s'en éloigne avec dédain. On demande
aux circonstances qui nous entourent, aux événemens qui nous affectent, à l'esprit et aux passions
du siècle, à nos sensations récentes, de plus vives
peintures, un enthousiasme plus vrai, un caractère plus original : on suppose que dans sa rudesse
primitive le génie doit avoir plus de séve et d'élan ;
l'imitation l'affaiblit et l'éteint. Tel est aujourd'hui
l'état des esprits. Voyons ce qu'il y a de juste dans
ce superbe mépris, de réel dans ces magnifiques
promesses, de fécond et de solide dans ce vaste
champ ouvert à l'imagination : cherchons s'il y a
quelque raison légitime dans le culte que tant de

siècles ont rendu aux génies d'Athènes et de Rome, ou bien si une admiration superstitieuse, en condamnant l'esprit à une servile imitation, ne lui a pas permis jusqu'ici d'atteindre la gloire qui eût couronné plus de hardiesse. Cette question est importante; elle touche aux intérêts les plus nobles de l'homme, l'exercice et le développement des facultés intellectuelles, la grandeur et la beauté de la pensée.

Abandonné à ses seules ressources, l'homme n'aurait jamais élevé les monumens qui attestent à la fois la force de sa pensée et la puissance de sa volonté. C'est en réunissant ses efforts à ceux de ses semblables qu'il est parvenu à vaincre une nature rebelle; c'est en profitant des découvertes, stériles quelquefois, le plus souvent heureuses, des générations qui nous ont précédés, que l'industrie est parvenue insensiblement à ce haut degré de perfection où nous la voyons. Cette étude attentive du passé, qui créa les merveilles des arts utiles, ne fut pas moins féconde pour les beaux-arts. Dans les essais informes et grossiers des premiers statuaires était sans doute bien imparfaitement contenu, mais existait cependant, le germe des chefs-d'œuvre qu'enfanta le ciseau immortel de Phidias. La main incertaine dut long-temps tracer des traits et des figures discordantes, avant que le pinceau d'Apelle réalisât l'idéal de la beauté.

Néanmoins ces deux extrémités se touchaient, ces deux époques étaient, pour ainsi dire, voisines l'une de l'autre. En effet, nés d'hier, devant mourir demain, comment pourrions-nous construire le vaste édifice des sciences humaines, si chacun de nous n'y apportait son tribut, ne remplissait sa tâche, et si celui qui arrive ne recueillait, de celui qui l'a devancé, l'héritage de son expérience et de son savoir? On nous répondra peut-être : nous concevons que dans les arts qui appartiennent moins à l'imagination qu'à la justesse de l'esprit, et qui exigent des connaissances positives, les exemples puissent être utiles, et les modèles indispensables; que l'architecture, par conséquent, ne marche que lentement et à l'aide des anciennes règles; que la peinture même, qui a ses procédés particuliers, et ses artifices de convention, ne puisse, jusqu'à un certain point, se passer de l'étude de l'antiquité. Mais la poésie, mais l'éloquence, qui ne vivent que d'images, de mouvement, de passions, n'est-ce pas les tuer que de les astreindre à une froide et étroite imitation? Les anciens furent de grands hommes, je le veux; ils le devinrent en peignant la nature. Eh bien! cette même nature n'est-elle pas sous nos yeux? A quoi bon consulter la copie quand nous possédons l'original? Au premier coup-d'œil ces objections paraissent spécieuses; une attention plus sé-

rieuse en montrera facilement la faiblesse et la
fausseté. D'abord, on accorde que dans les sciences,
dans les arts, il faut suivre les vestiges des anciens;
on ajoute, il est vrai, que c'est ici une série de
faits pour ainsi dire matériels, qui peuvent s'é-
clairer les uns les autres, une chaîne dont on ne
saurait détacher un anneau sans la rompre entièrement, et qui, présentant à l'esprit un point de
départ fixe, une donnée sûre, le fortifie sans le
gêner, le guide sans l'asservir. Eh quoi! les idées
morales, les idées intellectuelles ne se tiennent-
elles pas aussi rigoureusement? Le cœur de l'homme
est-il donc si simple, si facile à connaître, qu'il se
révèle tout entier dans une certaine époque, et à
un seul homme; l'imagination si puissante que,
seule, dans un si court espace, elle s'empare de la
nature entière, y trouve des images vraies, des
couleurs naturelles, de naïves peintures, s'élève
d'une ignorance profonde à une science immense,
et franchise d'un seul trait le ciel et la terre? Ah!
plutôt reconnaissons notre faiblesse! les progrès
lents et difficiles qui, dans les arts, conduisent au
beau et au vrai sont bien rapides encore, comparés au mouvement des esprits. Les villes ont
possédé les bienfaits et les richesses de l'industrie,
long-temps, bien long-temps avant les saines idées
de la morale. Une vérité est à peine la conquête
d'un siècle, et les nations, comme les individus,

n'arrivent au savoir et à la sagesse qu'avec le temps et le travail. Il serait donc bien trompeur, ce système, qui, dans ses rêves de perfectibilité et d'indépendance, prendrait l'exagération pour la force, la licence pour la liberté, et l'absence de toute règle pour preuve de génie. Cette impatience d'un frein salutaire, ce mépris des anciens modèles n'est pas d'aujourd'hui. Loin d'indiquer une nouvelle activité dans les esprits, une vigueur nouvelle dans les imaginations, ces paradoxes brillans ne trahissent que l'impuissance et le dégoût. C'est une inquiétude qui ne se manifeste guère que dans une société languissante: tels ces corps faibles et usés qui ne paraissent reprendre un moment de vie et de chaleur que pour s'éteindre bientôt après. A Rome, lorsque l'éloquence eut disparu avec la liberté, on trouvait Cicéron trop simple; bientôt le goût s'altéra entièrement. Alors aussi on négligeait les anciens modèles. Mais lorsque, après cette longue nuit qui couvrit l'Europe, l'on voulut ramener l'ordre et la lumière, il fallut bien, pour dissiper les ténèbres et la barbarie, rallumer le flambeau qui avait déjà lui sur le monde. L'étude des anciens fut reprise, continuée, soutenue avec une persévérance, une ardeur, dont s'effraie aujourd'hui notre mollesse, et qu'elle a peine à comprendre. Aussi quelle vive et soudaine clarté brille au milieu de cette nuit épaisse! L'Ita-

lie, terre féconde de la gloire, voit sortir de son
sein une foule de génies, dignes rivaux de ceux qui
l'ont déjà illustrée. L'Angleterre la suit et la sur-
passe ; l'Espagne elle-même semble atteinte de
cette vive lumière ; la France a son siècle de
Louis XIV ; mais au moment même où elle jouissait de cette gloire immortelle, des esprits chagrins
protestèrent contre le culte rendu aux anciens.
Cette dispute ne fut que le prélude d'une lutte
plus sérieuse qui se renouvela au dix-huitième
siècle, et qui maintenant partage le monde savant. Singulière condition de l'esprit humain, que
les mêmes effets se reproduisent à des époques si
éloignées ! Rome vieillie, la France blasée, veulent
une littérature nouvelle, et la cherchent dans des
théories également stériles et dangereuses, au lieu
de la chercher dans ces modèles auxquels elles
doivent leur gloire et leurs plus beaux monumens.
Mais peut-être cette inquiétude même révèle-t-
elle un besoin réel, une tendance utile ; c'est
peut-être pour l'avoir méconnue, que les littératures ont passé si rapidement de la perfection à la
décadence, et que, une fois vieillies, elles n'ont
pu se rajeunir et se ranimer. Pénétrons donc plus
avant, et voyons si l'influence des anciens, cette
influence si vantée, est bien légitime, si cet empire
n'est pas usurpé. En prouvant qu'on ne les a pas
faits plus grands qu'ils ne sont réellement, peut-

être ferons-nous mieux sentir la nécessité de les étudier pour les égaler ou les surpasser.

La société, plus raffinée chez les modernes, les idées plus nombreuses, la science plus profonde, ou du moins plus générale, les arts plus avancés, une vie plus active, plus morale, sembleraient promettre plus de richesse dans l'imagination, d'abondance dans les mouvemens, dans les sentimens plus de grandeur. Il n'en va pas ainsi : les images se sont effacées comme les caractères; les nuances se sont multipliées à mesure que les traits saillans disparaissaient. Le poète, l'orateur cherchent vainement autour d'eux quelques-unes de ces simples et grandes figures qui remplissent et animent un tableau. Combien les anciens étaient plus heureux! des mœurs fortes et naïves, une société vierge encore qui avait corrigé l'âpreté des esprits sans rien retrancher de leur vigueur native, des formes robustes et gracieuses, de grandes révolutions, des prospérités éclatantes, mêlées à d'éclatans revers, tous les enthousiasmes de la gloire, de la liberté et de la patrie, unis à toutes les inspirations d'un climat enchanteur, quelle source inépuisable de situations dramatiques, de vives descriptions, de mouvemens sublimes! Aussi les anciens écrivent-ils presque toujours sous l'inspiration. Des scènes majestueuses frappaient leurs regards, de nobles infortunes excitaient leur admiration ou

leur pitié; ils transmettaient au dehors les impressions que produisaient sur eux ces grands
spectacles. Leurs ouvrages ne sont que l'expression d'une pensée profonde, d'un sentiment vrai
qui se produit sans effort, plein d'éclat et de simplicité. Loin donc de condamner les anciens, ap-
prenons à les connaître; et plus nous les étudie-
rons, mieux nous comprendrons leur influence.
Pourquoi, nous dit l'orateur romain, s'amuser à
suivre les ruisseaux, plutôt que de puiser aux
sources? Et Cicéron joignit l'exemple à la leçon.
Ainsi nous voyons l'étude des auteurs grecs échauf-
fer le génie des écrivains de Rome. Virgile va
chercher sous le doux climat de la Grèce des
inspirations que semblait ne pouvoir lui fournir
le riant soleil de l'Italie elle-même. Pourtant, Cicéron, Virgile, auraient pu, ce semble, se suffire
à eux-mêmes; mais ils savaient bien que l'étude
des anciens, loin d'affaiblir leur génie, lui don-
nerait plus de force et de souplesse, et que les
bien connaître, c'était connaître la nature elle-
même. En effet, placés plus près d'elle que nous,
ils en ont mieux surpris le secret et les traits primitifs, ils l'ont rendue plus fidèlement, parce que
l'impression était immédiate. Et gardez-vous de
croire que l'imitation de ces anciens modèles altère la séve et la fraîcheur du talent. Semblable à
cet arbre que le poète nous représente se couvrant

d'un feuillage nouveau, et d'un fruit qui n'était
pas sien, sans rien perdre de sa force et de sa
beauté, l'esprit, dans le commerce des grands
hommes, puise une vigueur nouvelle, et devient
plus poli sans être moins naturel et moins solide.
Quelle multitude de vives expressions, de mouvemens animés, d'images gracieuses et nobles, de
tours heureux et faciles, viennent d'eux-mêmes
se placer sous notre plume, se graver dans notre
imagination, l'embellir et la fortifier! Comme l'âme
s'élève et grandit aux sons de la lyre de Pindare,
aux mâles accens de Démosthènes, nobles interprètes de la gloire, du courage et de la liberté!.
Non, elles ne sont pas nées hier, elles ne périront
pas demain, les doctrines salutaires qui proclament
les anciens comme les modèles éternels du beau
et du vrai; elles sont indestructibles comme la raison qui les a établies, et comme la nature de
l'homme, sur laquelle elles sont fondées.

Une dernière objection se présente : les anciens,
nous dira-t-on, ont peint avec vérité les mœurs de
leur temps; mais ces mœurs sont bien changées :
les mêmes couleurs ne sauraient tracer des physionomies aussi différentes que celles des anciens
et des modernes. Ainsi, en vous accordant même
que l'étude des anciens peut n'être pas sans utilité
pour tout ce qui tient à ce que l'on nomme plus
particulièrement le style, elle ne saurait servir à

la connaissance du cœur humain et à la peinture
des sociétés modernes. De nouvelles idées, des
opinions nouvelles, d'autres croyances, d'autres
caractères, demandent un autre système. Notre
goût usé trouve un peu fade la monotone simplicité des anciens. Sortons donc de ces entraves de
convention qui arrêtent l'essor du génie et com-
priment l'élan de la pensée : qu'une littérature
nouvelle s'élève avec de nouveaux besoins ; que
le génie moderne secoue enfin le joug de l'antiquité, sous lequel il gémit captif depuis tant de
siècles, et nous allons bientôt le voir, livré à lui-
même, produire en foule les chefs-d'œuvre. Elles
sont bien séduisantes, sans doute, ces magnifiques
promesses qui assurent à l'avenir des plaisirs et des
gloires inconnues à nos pères, qui, à si peu de frais,
nous prodiguent tant de merveilles. Voyons si
elles tiennent tout ce qu'elles annoncent.

Une des prétentions de la nouvelle école, c'est
de reproduire la nature, les hommes, les sentimens, la vie enfin dans toute sa réalité, de sub-
stituer à des peintures factices, à des beautés ar-
tificielles, l'expression naïve et simple du cœur
humain, de ne donner à la pensée d'autre limite
que le monde même, à l'imagination d'autres lois
que son caprice. Entendons-nous d'abord sur le
mot expression de la nature. Il y a, s'il est permis
de s'exprimer ainsi, deux natures : l'une éternelle,

immnable, se maintient sous toutes les formes de gouvernement, dans tous les pays, dans tous les temps; elle constitue l'homme tout entier, avec ses affections si variées, ses vices, ses vertus. C'est elle qui, simple et touchante, parle à toutes les âmes dans les vers d'Homère et de Virgile; elle est aujourd'hui la même qu'il y a deux mille ans. Source féconde de généreuses pensées, de dévouemens héroïques, elle fait battre notre cœur au récit d'une belle action, d'un sentiment sublime, d'une vertu obscure et libre. Voilà la nature qu'ont peinte les anciens, après eux les grands écrivains du siècle de Louis XIV. Elle se révèle quelquefois dans un idiome encore grossier, dans un siècle encore barbare. Montaigne l'a reproduite avec sa vive et puissante imagination; Shakespeare lui-même lui doit une gloire que n'ont pu étouffer tant de défauts et de bizarreries. Il est pour ainsi dire une seconde nature artificielle, telle que l'ont faite nos coutumes, nos mœurs fausses, nos vices polis, notre civilisation corrompue; celle-là se trahit par l'exagération des sentimens, une simplicité affectée, l'impatience de toutes les règles, le vague de ses rêveries, l'obscurité pénible de la pensée qu'elle prend pour profondeur. Mélange de mille nuances diverses, dans ses traits indécis elle représente parfaitement cette vieille Europe, tourmentée de ses doutes comme de ses croyances,

fatiguée de ses anciennes institutions, et mécon-
tente de ses nouvelles libertés, se jetant hors de
toutes les routes connues pour atteindre à une
perfectibilité imaginaire, et se sauvant de l'ennui
par l'extravagance. Peignez la première de ces natures, et vous vivrez éternellement; car si la forme
extérieure de l'homme peut changer, le fond reste
toujours le même, et tôt ou tard le vrai reprend
son empire sur les esprits : seul il est éternel. Au
contraire, la seconde de ces natures, expression
fugitive d'une société qui passe, ombre fausse et
légère d'un tableau que chaque jour efface, ne
saurait fournir au génie des couleurs solides, des
inspirations durables. Étrange phénomène qui se
renouvelle pour les nations comme pour les individus! C'est aux époques des dégradations morales et intellectuelles que l'on vante le plus la
vertu et la perfectibilité. Ne nous faisons pas illusion; n'épuisons pas ce qui nous reste de vie dans
de vaines tentatives, dans des théories stériles. Il
est, pour les littératures comme pour les peuples,
un certain charme de jeunesse, une vivacité d'i-
magination, une fleur de naturel qui se flétrit
promptement et meurt pour ne plus renaître.
Si quelque chose peut les ranimer, c'est l'étude
de ces mêmes anciens qui, à leur naissance, leur
servirent de guides et de modèles. Ainsi, à l'aspect
des lieux célèbres, au souvenir des antiques ver-

tus, l'âme retrouve son énergie, et s'élance à une
hauteur que d'elle-même elle n'aurait su atteindre.
Les lois du goût sont à une littérature épuisée ce
que de bonnes lois sont à un peuple corrompu par
la civilisation et l'excès des richesses : si elles ne
créent pas toujours des beautés ou des vertus,
elles arrêtent du moins le torrent des mauvais
exemples; elles perpétuent les saines traditions,
les admirations fécondes. Pour créer ou rajeunir
une littérature, il faut l'enthousiasme de la liberté
ou de la religion. Ainsi le siècle de Louis XIV vit
paraître un genre nouveau d'éloquence, qui place
la tribune moderne à côté de la tribune antique,
l'oraison funèbre. Ainsi, peut-être encore, dans
cette Grèce, terre classique de l'héroïsme et du
génie, toutes les gloires renaîtront avec le sublime
enthousiasme du martyr, de la patrie et de la liberté, et les ouvrages immortels qui conservaient
en secret et nourrissaient chez cette admirable nation, avec le souvenir de ses ancêtres, le feu sacré
de l'indépendance, qui restaient là comme pour
protester contre son esclavage, et réveiller, quand
il en serait temps, des vertus obscurcies mais non
éteintes, ces ouvrages pourront seuls encore créer
de nouveaux chefs-d'œuvre, comme les Thermo-
pyles ont enfanté de nouveaux Léonidas. Gardons-
nous donc d'abandonner cette étude des langues
anciennes, si nécessaire, si féconde, si riche en

beaux sentimens, en nobles pensées, en grandes
vertus. Cette habitude de vivre avec les anciens
imprime à l'esprit une teinte délicate et pure qui
se reproduit dans notre style, sans effort, sans
même que nous y songions. Nos couleurs sont plus
brillantes et plus fraîches, notre touche plus ferme
et plus hardie, nos traits plus simples et plus
grands tout ensemble. Elle contribue encore à
donner au jugement plus de sagacité, à l'expression plus d'éclat, plus de souplesse à l'imagination.
On apprécie mieux les beautés, on en jouit avec
plus de délices, parce que l'on a eu plus de peine
à les saisir et à lever le voile secret qui les couvrait : on ajoute à ses richesses naturelles tous les
trésors de l'antiquité. A l'aide de ces vastes et profondes connaissances, l'écrivain franchit les bornes
étroites dans lesquelles se renferme nécessairement une seule littérature. Contemporain de tous
les grands hommes, il vit dans tous les siècles, et
l'univers entier est son domaine. Ajoutons que
cette étude n'est pas seulement une mine inépuisable de connaissances utiles et variées, agréables
et profondes; elle est aussi une nécessité. Le moyen,
en effet, de pénétrer nos littératures modernes, si
nous ne remontons aux langues grecque et latine,
qui les ont formées, et dont elles ne sont que des
branches plus ou moins éloignées? Prétendre les
connaitre, les cultiver sans cette préparation in-

dispensable, ce serait ressembler à ces hommes qui se piquent de savoir les manières, les mœurs, les coutumes d'un peuple au milieu duquel ils n'ont jamais vécu, et qui s'imaginent en reproduire la physionomie parce qu'ils en empruntent le costume. Sans la connaissance des anciens, vous vous trouvez arrêtés à chaque pas dans la carrière des lettres : mille nuances vous échappent, mille beautés secrètes perdent pour vous la moitié de leur charme. Vous êtes privé de ce plaisir de la comparaison, si vif pour l'esprit, si utile pour le goût; vous ne sauriez distinguer ce qui est imité de ce qui est original, ce qui appartient au génie antique de ce qui appartient au génie moderne: car les traductions ne sont qu'un supplément très-incomplet; elles ne conservent, pour ainsi dire, que l'esquisse d'un auteur; la vie et le mouvement ont disparu.

Combien l'imagination s'enflamme à tous les tableaux animés, à toutes les scènes vivantes et dramatiques dont sont remplis les ouvrages des anciens! En les méditant, l'esprit est transporté d'une noble émulation; pour atteindre à leur hauteur, il déploie toutes ses forces; pour pénétrer la profondeur ou la finesse de leur pensée, il redouble de patience, d'ardeur, de sagacité. Il se féconde par la méditation de ces grandes et utiles vérités, de ces sentimens simples et héroïques, de ces peintures vives et frappantes qui semblent faire entrer les objets eux-mêmes dans l'imagina-gination. Son instruction, loin de l'accabler, de-vient le germe des productions les plus naïves, les plus variées, les plus brillantes; il reste créateur en imitant: car il n'en est pas des œuvres du génie et de l'imagination comme des sciences naturelles; ces dernières s'augmentent, se perfectionnent avec le temps. Chaque jour, en apportant des découver-tes nouvelles, ajoute à leurs richesses, et étend leur domaine. Il semble, au contraire, que les grandes créations de la poésie et de l'éloquence demandent cette séve, cette fraîcheur native d'imagination, qui ne se trouve que dans la jeunesse des peuples, et qui va s'altérant à mesure que les sciences font plus de progrès. La grande figure d'Homère nous apparaît encore à travers l'obscurité des âges, écla-tante d'une beauté simple et majestueuse, et comme le modèle le plus parfait qui soit sorti des mains de la nature. Ce n'est donc qu'aux sources anti-ques que peuvent se retremper des littératures vieillies et épuisées. On concevra en effet comment les inspirations sacrées que l'on y puise, se confon-dant avec l'impression vive des mœurs, des événe-mens, des spectacles contemporains, loin de l'af-faiblir, doivent l'animer, et faire sortir de ce mélange une nouvelle espèce, pleine à la fois de fraîcheur, de naturel, de force et de raison; comment se concilient ainsi la création libre et sublime, avec l'imitation noble et généreuse, l'imagination et le goût, l'art et la nature. Telle, en s'emparant des diverses productions du sol ou de l'industrie, la science dans ses combinaisons ingénieuses ou profondes, utiles et agréables, sait, sans altérer leurs propriétés primitives, leur beauté première, en tirer des espèces nouvelles, les produire sous des formes plus variées, les multiplier à l'infini sans les épuiser, et dans la nature créer une seconde nature. Car c'est le privilége du génie en tout genre, de trouver des rapports ou des différences là où le commun des hommes ne voit que l'uniformité ; de deviner ce qu'ils ne sonpçonnent même pas ; de produire au dehors, vives et distinctes, les impressions confuses que chacun éprouve, mais ne peut s'expliquer ; de réveiller ces pensées, ces images qui reposent en nous obscures et comme assoupies, jusqu'au moment où le génie les anime et leur donne la vie. C'est là la véritable, la seule création. De même les beautés secrètes qui se cachent dans les écrits des anciens ne se révèlent pas à toutes les intelligences : cependant, pour qui sait les y découvrir, elles existent ; et les trouver, c'est créer aussi. Les grands génies, comme les belles âmes, savent seuls se comprendre, et l'enthousiasme pour les beaux arts tient de bien près à l'enthousiasme pour la vertu : mais il n'est pas

donné à tout le monde de le sentir. Pour en être
saisi, il faut une âme pure et ardente, une sensibilité exquise et vraie, un esprit religieux, la chaleur et le feu de la conviction. Ce serait donc,
suivant nous, une opinion fausse que celle qui in-
terdirait l'étude et l'imitation de l'antiquité, et
qui, sous prétexte de nous rendre la naïveté, nous
ramenerait l'enfance de l'art et la confusion des
principes. Sans doute chaque siècle doit être peint
avec des couleurs qui lui soient propres, représenté avec sa véritable physionomie. Mais cet art
ne s'apprend-il pas aussi dans les anciens ? là est
le foyer du beau et du vrai. Il faut toutefois y
joindre l'observation, l'étude des hommes : alliance indispensable, et à laquelle ont toujours
été fidèles nos grands écrivains. Chez eux le goût
est antique, mais l'impression moderne. Simples
sans cesser d'être nobles, sublimes dans leur naturel, pleins de raison dans leur enthousiasme,
une douce chaleur anime leurs pensées, et y répand avec la vie une variété charmante de tons
et de couleurs. Leurs traits sont plus polis, et non
moins fiers et élevés : semblables à ces caractères
généreux qui, au milieu du frottement de la société et des opinions, demeurent intacts, et conservent leur grandeur primitive, en acquérant
plus de grâce et d'élégance.

On voit que l'étude des anciens se rattache

étroitement à la connaissance du cœur humain,
au développement de l'imagination, à l'intelligence
des langues modernes; qu'enfin non seulement
elle n'affaiblit et ne comprime point la vigueur
du génie, mais encore lui prête une force nouvelle. Semblable, a dit un ingénieux critique, à
ces armures de l'ancienne chevalerie qui forti-
fiaient les corps assez robustes ou assez patiens
pour les supporter.

TABLEAU DES AUTEURS

LES PLUS CONNUS

DE LA LITTÉRATURE LATINE.

POÉSIE.

Anciens monumens.

Prêtres saliens.—Ils datent des premiers temps de Rome. Leurs chants, nommés *axumenta*, étaient destinés à honorer les dieux, les demi-dieux, les hommes illustres.

Prêtres arvaliens.—Il nous reste d'eux un chant écrit, dans l'ancienne langue latine, sur deux tables de marbre trouvées à Rome, dans une fouille, en 1777.

Prophéties, ou réponses des oracles.—Il n'en reste que quelques traces dans les historiens latins, particulièrement dans Tite-Live, au sujet des prophéties des deux Marcius au temps des guerres puniques.

Chants de table.—Il en reste également peu de traces. Ils étaient chantés avec accompagnement de flûte, et renfermaient les louanges des hommes illustres.

Vers fescenniens.—Ainsi nommés de la ville de *Fescennia*, et composés en l'honneur de Saturne. On ne peut en déterminer l'ancienneté. Le mètre irrégulier des premiers poèmes des Romains fut nommé le mètre saturnien, jusqu'au temps où l'hexamètre grec fut admis parmi eux.

Fables atellanes, apportées d'Atella, ville de Campanie.—
Elles formaient une sorte de drame populaire simple. Elles
furent très-accueillies à Rome, qui en conserva des traces
jusque sous les empereurs. Elles étaient composées, du moins
lors de leur origine, dans la langue des Osques.

Satyres. — Mélanges, farces, bouffonneries improvisées,
sans aucune forme dramatique, aussi grossières que les atellanes, et n'ayant en rien leur source dans la satyre grecque.

Tragédie.

Livius Audronicus, d'origine grecque, né probablement à
Tarente, apporta le premier à Rome un ouvrage dramatique,
l'an 514 ou 513; on ne sait si c'est une tragédie ou une comédie. Dans le nombre considérable de ses pièces, parmi lesquelles il y en a vingt dont nous savons encore le nom, il se
trouve plusieurs comédies, quoique les tragédies forment le
plus grand nombre. Parmi ses pièces se trouvaient celles intitulées : *Achilles, Ægistheus, Ajax, Andromeda, Antiope,
Centauri, Helena, Hermiona, Laodamia, Lydius, Tereus,
Protesilaüs, Ino.*

Cneius Nævius, d'origine grecque, né en Campanie, ser-
vit dans l'armée romaine lors de la première guerre punique.
Il parut à Rome vers 519, avec ses tragédies, dont plusieurs
nous sont encore connues de nom; ce sont : *Alcestes, Ægis-
theus, Tereus, Danae, Dulorestes, Equus trojanus, Hector,
Hesione, Iphigenia, Lycurgus, Phenissæ, Protesilaodomia.*
Il s'essaya aussi dans la poésie épique. Il mourut en exil à
Utique, l'an 550 de la fondation de Rome.

Ennius, imitateur des Grecs, naquit en 515, apporta
aussi dans Rome la poésie épique, et contribua beaucoup à
la pureté du langage. Il composa *Medea, Iphigenia* d'après
Euripide, *Achilles, Ajax* d'après Sophocle, *Telamon, Hec-*

toris Lustra, *Alexander*, *Andromache*, *Hecuba*, *Eumenides*
d'après Eschyle, *Dulorestes*, *Erechtheus*, *Cresphon*, *Athamas*,
Andromeda, *Telephus*, *Thyestes*, *Phœnix*, *Menalippa*,
Alcmaön, *Cressæ*, *Alcestis*, *Neméa*, *Ilione* ou *Polydorus*,
Antiopa.

Pacuvius, neveu d'Ennius, naquit à Brindes en 534, et
mourut à Tarente en 624. Imitateur des Grecs aussi, mais
avec plus de liberté que ses prédécesseurs, il est regardé
comme le meilleur tragique de la première période. Nous
connaissons de lui quelques fragmens et les titres de vingt de
ses tragédies; savoir : *Hermiona*, *Atalanta*, *Antiopa*, *Teucer*,
Medea, *Orestes*, *Amphion*, *Anchises*, *Armorum Judicium*,
Chryses, *Dulorestes*, *Iliona*, *Niptra*, etc.

Attius, mieux que Accius, le plus proche contemporain
de Pacuvius, naquit l'an 584, et mourut aussi dans un âge
très-avancé. Il fut aussi heureux et hardi imitateur des Grecs,
comme on le voit d'après les noms suivans de plusieurs de ses
tragédies : *Achilles*, *Ægistheus*, *Æneas*, *Alcestis*, *Alcmæa*,
Andromache, etc.

Sénèque. On lui attribue communément les dix tragédies
suivantes : *Hercules furens*, *Thyestes*, *Thebais* ou *Phœnissæ*,
Hippolytus ou *Phædra*, *OEdipus*, *Troades* ou *Hecuba*, *Medea*,
Agamemnon, *Hercules Octæus*, *Octavia*.

Auteurs dont les tragédies sont perdues.

Attilius.—Titius.—J. Cæsar Strabo.—Quintus Tullius Cicero.— C. Titius Septimius.—Turanius.— Gracchus. —Ma-
mercus Æmilius Scaurus.—C. Cassius Severus Parmensis.—-
Lucius Varius.—Asinius Pollio.—Mæcenas.—Cæsar.—Augustus.—Ovidius.—Pomponius Secundus.—Curatius Maternus.—Bacchius ou Paccius.—Faustus.—Rubrenus Lappa.

Comédie.

Livius Andronicus.—Cneius Nævius.—Ennius.—Attius Plautus.—Publius Terentius Afer.

Auteurs dont les comédies sont perdues.

Cæcilius Statius.—Lucius Afranius, dont il ne reste que quelques fragmens.

Sextus Turpilius, fragmens.

C. Licinius Imbrex, peut-être le même que Licinius Tegula nommé par Tite-Live.

Q. Trabea.—Fabius Dorsennus.—Quintus Novius.—Vectius Titinius —Quinctius Atta.—L. Pomponius Bononiensis, qui a écrit des atellanes.

Mummius, *idem.*

Melissus.—T. Annianus, qui a écrit des vers fescenniens du temps d'Adrien.

Suetius.—Sutrius.—Aquilius.—L. Cornelius Sylla.—Plotius.—Juventius.—Luscius Lavinius.—Valgius.—Decimus Laberius.—Publius Syrus.—Cn. Mattius.—Philistion.—Q. Lutatius Catullus.—Lentulus.—Verginius Romanus.—M. Marullus.—Silo.—Calpurnius, qu'il faut distinguer de celui qui a écrit des bucoliques.

Callimachus.—Flaccus Tibulus.—Lucilius.—Publilius.—Rammachius.

Poésie épique.

Livius Andronicus, traducteur de *l'Odyssée* en vers saturnins.

Cneius Nævius, qui a traduit de la même manière *l'Iliade cyprique*, et qui a écrit un poème héroïque sur la première guerre punique.

Quintus Ennius a écrit *les Annales*, poème épique en dix-huit chants; un poème sur la table intitulé *Edesphagitica* ou *Phagetica*, et des épigrammes; une traduction de l'ouvrage grec d'Épicharmus, *sur la Nature des choses; Protrepticus*, ouvrage de morale, peut-être le même que celui nommé *Præcepta; Asotus* ou *Sotadicus;* de plus une traduction latine de l'ouvrage grec en prose de Euhemere *sur les Dieux;* peut-être aussi, également en prose, un ouvrage sur l'enlèvement des Sabines et sur la supputation de l'année, si cet ouvrage n'appartient pas à Epicharmus.

Auteurs remarquables, dont les poèmes épiques sont perdus.

Cn. Mattius, mimographe, traducteur de *l'Iliade* en vers iambiques.

P. Terentius Varro Atacinus.—Hostius.—Lucius Varius. T. Valgius Rufus.—C. Rabirius.—M. Furius Bibaculus, surnommé Alpinus, auteur présumé d'un ouvrage intitulé *Æthiopis*; peut-être sur les fables de Memnon, et d un autre sur les Bouches du Rhin, et qui probablement faisait partie d'un poème épique sur la Guerre des Gaules.

Auteurs moins estimés qui ont paru dans le siècle d'Auguste.

Anser.—Bavius.—Mœvius.—Cornelius Severus.—Sextilius Hœna.

On connaît encore, à peu près de nom seulement : Albinus. —Lupus Siculus.—Julius Montanus.—Largus.—Carmerinus. Thuscus.—Tuticanus.—Les deux Priscus.— Ponticus.—Carus.—C. Memmius.—Abronius Silo.—C. Pedo Albinovanus. —Codrus (sous Vespasien).

Salejus Bassus, regardé par Wernsdorf comme auteur du *Carmen Panegyricum ad Calpurnium Pisonem*, attribué par d'autres ou à Lucain, ou à Ovide, ou à Stace.

P. Virgilius Maro. Ses poèmes ont été commentés par de savans grammairiens dont les ouvrages ne nous sont parvenus qu'en partie ; ce sont : L. Annœus Cornutus.—Hyginus. Alexander.—Asper.—Avienus.—Tiberius Claudius Donatus. —Julius Pomponius Sabinus.—Valerius Probus.—Servius Maurus.—Honoratus, savant grammairien du temps de Théodose, et dont le commentaire est le plus complet.

Junius Philargyrius, ou Philargirus, dont nous avons aussi le commentaire, vivait probablement du temps de l'empereur Valentinien.

Suite des poètes épiques.

M. Annæus Lucanus. Outre son poème *Pharsalia*, il y a eu de lui plusieurs poèmes qui ont été perdus; savoir : *Catacausmus Iliacus; Catalogus heroïdum; Hectoris Lyra; Orpheus; Saturnalia; Sylvæ; Medea*, tragédie non achevée, et quelques autres.

C. Valerius Flaccus.—C. Silius Italicus.—P. Papinius Statius.—Claudius Claudianus.

Poésies mythologiques.

Catullus.—C. Helvius Cinna.—Cornelius Gallus.—Cicéron. —P. Ovidius Naso.—Cicero.—Attius Labeo, traducteur d'Homère.

Macer.—Camerinus.—Largus.—Lupus.—Tuticanus.— Antonius Rufus.—Lævius.—Verax.—Petronius Arbiter, auteur de *Trojæ Halosis* en vers iambiques.

Nero, regardé comme auteur d'un poème du même titre,

Lucanus, à qui on attribue aussi une partie du poème ci-dessus.

Festus Rufus Avienus, quatrième siècle après J.-C., cité par Wernsdorf comme auteur de *Epitome Iliados Homeri*, ouvrage intitulé aussi *de Bello trojano*, ou *de Destructione Trojæ*, attribué par quelques-uns à un Pindarus ou Thebanus.

Joseph Iscanus, au douzième siècle, a écrit *Libri sex de Bello trojano*.

Albertus Stadensis, au treizième siècle, a écrit *Troïlum*.

Ausonius.—Lactantius.—T. Cæsius Taurinus.

Nota. Ici se trouvent les titres seulement de plusieurs poèmes attribués à des rhéteurs ou à des grammairiens.

Tibullus. — Gordianus (imperator), auteur du poème intitulé *Antonias*, qui a été perdu.

Claudius Claudianus. — Flavius Merobaudes.— Sidonius Apollinaris.—Flavius Cresconius Corippus, en orient, de 565 à 578.

Poésies mêlées de descriptions géographiques.

Lucilius.—C. Terentius Varro Atacinus.—Hyginus.—Julius Tatianus (sous Septime Sévère).

Lactantius.—Aquilius Severus.—Rufus Festus Avienus.—Claudius Rutilius Numatianus.—Priscianus.

Poésie didactique.

T. Lucretius Carus.—Cicéron, traducteur des *Phænomena* d'Aratus.

Virgilius (*Georgica*).

Ovidius (*Ars amatoria*, etc.).

Olympius Memesianus. — Gratius. Regardés l'un ou l'autre comme auteurs de *Halieuticon*, attribué à Ovide.

Æmilius Macer, à distinguer de Macer (Iliacus), un des imitateurs d'Homère.

Cæsar Germanicus (fils de Drusus) a imité le *Phænomena* d'Aratus, et a fait un poème didactique, *Diosemeia*, qui paraît aussi imité du grec.

Gratius Faliscus. — Manilius (sous Auguste), regardé comme auteur des cinq livres *Astronomicon*, attribués par quelques-uns à Mallius, ou à d'autres.

Horatius (*Ars poetica*).

Crispinus, que l'on croit avoir écrit un poème sur la philosophie des stoïciens.

Cornelius Severus. — Lucilius Junior. Cités tous deux comme auteurs d'un poème, *Ætna*, qui avait été aussi attribué ou à Virgile, ou à Claudien, ou à Manilius.

Terentianus Maurus (*de Litteris, Syllabis, Pedibus et Metris carmen*).

Q. Serenus Samonicus (*de Medicina*).

Vendicianus (sous Valentinien), auteur d'un poème plus court, ayant le même titre, et attribué avec plus de fondement à Marcellus Empiricus, du temps de Théodose le jeune.

M. Aurelius Nemesianus, né l'an 282 après J.-C. Poème sur la chasse, etc. Quatre églogues qu'on lui attribuait appartiennent plutôt à Calpurnius ; mais il est probablement l'auteur de *Laus Herculis*.

Palladius Rutilius. — Taurus Æmilianus. — Vomanus. — Priscianus. — Rhemnius Fannius Palæmon. — Remus Favinus.

L'ouvrage intitulé *Dionysii Catonis Disticha de Moribus*,

ad filium, ne peut être attribué ni à l'un ni à l'autre Caton.
L'auteur, que l'on croit païen, est inconnu ; l'ouvrage paraît
avoir été écrit sous l'empereur Valentin ou sous Constantin.

Satire.

Pacuvius.—C. Lucilius.—M. Terentius Varro.—L. Annæus
Seneca.—Petronius.—Albutius.—M. Furius Bibaculus.—Julius Florus.—Q. Horatius Flaccus.

Pentilius ou Pantillius.—Demetrius.—Fannius.—M. Tigel-
lius Hermogenes.—Bavius.—Mœvius, détracteurs d'Horace.

Acro.—Pomponius Porphyrio. Deux de ses nombreux
commentateurs ; nous n'en avons que des fragmens.

Valerius Cato. Du siècle d'Auguste, célèbre grammairien,
auteur présumé de *Virgilii Maronis Diræ, Lydia, Diana,
Indignatio.*

Ovide, comme auteur de *l'Ibis.*

Aulus Persius Flaccus.—Decimus Junius Juvenalis.—Sulpicia (femme de Calenus), auteur de la satire *de Edicto Do-
mitiani quo philosophos urbe exegit,* qui avait été attribuée à
Ausone.

Poëtes satiriques dont les ouvrages ne nous sont pas parvenus.

Julius Florus. — Turnus. — Lenius. — Silius. — Tucca. —
Manlius Vopiscus.—Julius Rufus.—Cornutus. — Gavius Bassus.
—Rabirius.—Appuleius.—Tetradius.—Cœcina Decius Albinus.—Lucillus ou Lucullus.—Eucheria, femme qui a vécu
dans le quatrième ou cinquième siècle après J.-C.

Poésie lyrique.

Caius Valerius Catullus.—Q. Horatius Flaccus.—Hortensius, d'après le témoignage positif de Titius Septimius, dont les poésies sont perdues, aussi bien que celles de Titus Valgius.

Cæsius Bassus.—Tiberius (imperator), regardé comme auteur d'un poème grec et du poème latin *Conquestio de L. Cæsaris morte.*

Aulus Septimius Severus.—Papinius Statius.—Aruntius Stella.—Vestritius Spurinnæ.—Passienus Paulus.—Alphius Avitus.—Septimius Afer.—Sabellus.—Musœus.—Titus Annianus.—Julius Paulus.—Cœlius Firmianus Symposius.—Rufinus. — Palladius.—Valerius Cato.— Ausonius.—Pentadius.—Sulpicius Lupercus Servastus Junior.—Foca.—Prosper Tyro.—Lindinus.—Boethius.—Flavius Merobaudes, qui a vécu dans la première moitié du cinquième siècle.

Catullus Urbicarius.—Luxorius.— Florus.— L. Annæus Florus, historien.—Vibia Chelidon, femme de Lucius Vibius Florus, vers l'an 252 après J.-C., présumés auteurs du *Pervigilium Veneris.*

Épithalames.

Licinius Calvus.—Ticida.—Statius.—Avienus.—Claudianus.— Sidonius Apollinaris.—Ennodius.—Venantius Honorius Fortunatus.—Patricius.

Élégie.

Catullus.—C. Cornelius Gallus. Ses quatre livres d'élégies sur *Lycoris* sont perdus; on croit n'avoir de lui réellement que plusieurs petits poèmes, entre autres le *Civis,* communément attribué à Virgile. Six élégies, publiées sous son nom appartiennent à Maximianus Gallus Etruscus, qui florissait sous Anastase.

C. Cornelius Gallus a traduit le poème grec d'Euphorion de Chalcédoine.

Albius Tibullus.—Lygdamus, regardé par Voss comme auteur du troisième livre des élégies de Tibulle : opinion combattue depuis par Spohn et plusieurs autres.

Sulpicia, femme poète qui vivait sous Domitien, est regardée comme auteur de plusieurs élégies (deuxième à douzième) du quatrième livre. Heyne penche à les attribuer à une autre Sulpicia du temps d'Auguste.

Sextus Aurelius Propertius.—P. Ovidius Naso.—Aulus Sabinus, généralement regardé comme auteur de trois lettres en vers élégiaques, écrites en réponse à trois héroïdes d'Ovide.

Julius Montanus.—Proculus, imitateur de Callimaque.

Fontanus.—Capella.—C. Pedo Albinovanus.

Elegia ad M. Valerium Messalam, dont l'auteur est inconnu, a été écrite vers l'an de Rome 725.

> Poètes élégiaques moins importans et d'un temps plus éloigné du siècle d'Auguste.

Lucius Paulus Passienus, imitateur heureux de Properce.

Pentadius, grammairien (et chrétien).

Flavius Merobaudes, dont on a retrouvé les débris de trois poèmes élégiaques.

Depuis la renaissance des lettres au moyen âge, on cite, dans le genre de l'élégie : Angelus Politianus.—Jo. Jov. Pontanus.—Jo. Secundus.—Micyllus.—Pet. Lotichius Secundus.—Dousa (le père et le fils).—Dan. Heinsius.

Poésie bucolique.

Virgilius. On lui attribue généralement en ce genre les poèmes suivans :

1°. *Culex*, dont le sujet est un moucheron dont l'ombre demande la sépulture. On croit que ce poème, de quatre cents treize vers, ne nous est parvenu que changé par de nombreuses additions.

2°. *Civis*, métamorphose de Nisus et de Scylla; petit poème attribué par quelques-uns à C. Cornelius Gallus, ou à Valerius Cato, ou à Catulle. On y reconnaît en plusieurs endroits la manière de ce dernier.

3°. *Copa* ou *Copo*, d'environ quarante vers, du mètre de l'élégie : tableau d'un hôtelier babillard. Quelques-uns l'attribuent à Septimius Severus, d'autres à T. Valgius Rufus.

4°. *Moretum*, de cent vingt-trois vers, ou occupations de la matinée. D'après un manuscrit, on croit que c'est une traduction d'un poème grec de Parthenius, maître de Virgile. Klopfer le croit du siècle d'or, et Wernsdorf l'attribue à Aulus Septimius Severus.

5°. *Catalecta*, recueil de quatorze petits poèmes, attribué aussi à Virgile.

Titus Calpurnius Siculus.—Severus Sanctus, auteur du poème *de Mortibus Boum*.

Claudius Claudianus, auteur de quelques idylles.

Decimus Magnus Ausonius, auteur de vingt idylles et d'un grand nombre d'ouvrages. On lui conteste la quatorzième idylle, qui a pour titre *Rosæ*.

Fables.

Phædrus ou Phæder. Plusieurs fables du second et du cinquième livre ont été perdues.

De vives discussions se sont élevées au sujet de trente-deux fables tirées d'un manuscrit de Nicolaüs Perrottus, imprimées à Naples, en 1808, par Cassiti, et attribuées à Phèdre. Cette identité, défendue par Cassiti, Hager, et par un Français anonyme, a été combattue par Eichstadt, et encore défendue en 1822 par Bothe, qui en attribue à Phèdre au moins la plus grande partie.

Anianus, ou Avianus, ou Avienus, nommé comme auteur d'une traduction en latin de quarante-deux fables d'Ésope, dédiée à un certain Theodosius. On croit devoir l'attribuer à Flavius Avianus, qui a dû vivre sous Théodose. Quant à Theodosius, à qui elles sont dédiées, on croit que c'est le grammairien Macrobius Theodosius, auteur de *Saturnalia.*

J. Titianus, 234 ans après J.-C.

Romulus; nom sous lequel ont paru pour la première fois, en 1476, quatre-vingts fables en prose, publiées à Ulm par J. Zeiner. Elles sont une imitation de Phèdre, et on n'a rien de certain sur l'existence de cet auteur. Soixante fables publiées en 1707 à La Haye par Nilant, sans nom d'auteur, sont probablement des débris de l'ouvrage de ce Romulus. Soixante fables, publiées de même sans nom d'auteur par Nevelet, à Francfort, en 1660, et qui sont en vers élégiaques, paraissent une imitation de l'ouvrage de Romulus, mais n'attestent pas davantage son existence.

Épigramme.

Porcius Licinius, qui probablement fut consul l'an de Rome 570. — Q. Lutatius Catulus; tous deux cités avec de grands éloges par Aulu-Gelle.

L. Valerius Ædituus. — Catullus, pour ses petits poëmes qui ont au moins la brièveté de l'épigramme.

M. Terentius Varro.— Lucilius, auteur de satires.

Helvius Cinna. — C. Ticida, amis de Catulle.

L. Julius Calidus ou Calidius, dont Cornelius Nepos parle avec éloge.

M. Tullius Cicero et son frère Quintus; auteurs de deux épigrammes.

Julius Cæsar.— Augustus.— Germanicus.— C. Cilnius Mæcenas. — Asinius Gallus Saloninus, fils d'Asinius Pollio.

Laurea Tillius. — Cornelius Gallus.— C. Licinius Calvus. — L. Manilius. — Cassius Parmensis. — Cornelius Severus. — Domitius Marsus. — Cornificius, dont les épigrammes sont perdues, aussi bien que celles que Pomponius Atticus (d'après Cornelius Nepos) avait composées sur les images des plus illustres Romains.

Priapeia, aut diversorum poetarum in Priapum lusus. — Recueil de quatre-vingt-sept épigrammes ou petits poèmes mêlés d'obscénités, en l'honneur de Priape, protecteur des champs et des jardins, attribué ou à Virgile, ou à Ovide, ou à Domitius Marsus, ou, d'après Scioppuis, à un amateur qui a recueilli diverses inscriptions qui se trouvaient dans un temple de Priape à Rome. Elles sont évidemment de plusieurs auteurs, parmi lesquels on reconnaît Catulle, Ovide, Martial, Pétrone et quelques autres.

M. Valerius Martialis. Nous possédons de lui environ cent douze épigrammes en quatre livres, dont les deux derniers ont pour titre *Xenia* et *Apophoreta*. Elles sont précédées d'un certain nombre d'épigrammes, sous le nom de *Spectacula*, sur les spectacles donnés par Titus et par Domitien. On ne croit pas les cent douze épigrammes toutes de Martial; et, d'un autre côté, on pense que toutes ses poésies ne sont pas venues jusqu'à nous.

Cn. Cornelius Lentulus Gœtulicus, consul l'an 26 après Jésus-Christ.

Alfius Flavus. — Seneca. — Sentius Augurinus; dont nous ne possédons rien.

Plinius junior et son ami Voconius Victor, grand tréso-

Vulcatius Sedigitus. —Petronius Arbiter. — Appuleius.— Hadrianus (imperator). — Aulus Septimius Serenus. — Ausonius.— Cælius Firmianus Symposius, qui a laissé, du quatrième siècle, un recueil de cent énigmes en vers, mal à propos attribué au père de l'Église Lactantius.

Claudius Claudianus. — Rufus Festus Avienus. — Reposianus. — Pentadius.— Palladius. — Aurelius Symmachus.— Sulpicius Apollinaris. — Ennodius. —Luxorius; en grande partie grammairiens ou scoliastes de la fin du cinquième siècle.

Nous ne connaissons que de nom les épigrammatistes suivans : Alanus.— Alcinoüs.— Avitus. —C. Aurelius Romulus. —Citerius Sidonius. — Eusébius. — Julius Romanus.

Du même temps sont les suivans : Florus. — Modestinus. —Coronatus.

Wernsdorf a donné un tableau des nombreuses épigrammes des grammairiens sur Virgile et autres écrivains ou poètes distingués de la première période, et sur les états, villes ou îles remarquables.

PROSE.

Anciens monumens.

Fasti. — *Commmentarii, aut Annales Pontificum*, perdus lors du pillage de Rome par les Gaulois (an de Rome 389).

tei. — *Laudationes funebres.* — *Leges regiæ.* — *Jus civile papirianum.* Recueil de statuts du temps des rois, attribué à Papirius, et fait après leur expulsion. Comme il a été perdu, plusieurs savans modernes se sont occupés d'en recueillir les débris.

Lois des Douze Tables, écrites par les décemvirs, ans 303 et 304 de la fondation de Rome, avec l'aide de l'Éphésien Hermodorus.

Legis actiones, code de procédure dont la connaissance était indispensable aux patriciens.

Jus Flavianum, code rédigé vers le milieu du cinquième siècle par Cneius Flavius.

Jus Ælianum, code rédigé environ cent ans plus tard par le célèbre jurisconsulte Sextus Ælius Pœtus.

Fasti. Recueil où étaient notés les jours où l'on rendait la justice. Il était dans l'origine entre les mains des pontifes patriciens seuls; il fut pour la première fois rendu public par ce même Flavius.

Inscription trouvée en 1780 sur le tombeau de L. Cornelius Scipio Barbatus, consul l'an de Rome 456, antérieure à la *Columna rostrata*, élevée à Duillius, consul en 494, et au tombeau de L. Cornelius Scipio, fils de Scipio Barbatus, et consul l'an 495.

Senatus-consultum marcianum de Bacchanalibus, qui date de l'an de Rome 568.

Histoire.

Annalistes.—De leurs nombreux ouvrages il ne nous reste que quelques fragmens.

Q. Fabius Pictor, qui porta les armes dans la seconde guerre punique.

L. Cincius Alimentus a écrit en grec, entre autres ouvrages dont les titres nous sont encore connus, une histoire de Rome depuis sa fondation jusqu'au temps où il vivait, celui de la deuxième guerre punique.

Acilius, dont les annales, écrites en grec, ont dû être traduites en latin par un certain Claudius, qu'il faut distinguer d'un autre annaliste, Q. Claudius Quadrigarius, contemporain de Sylla, dont les annales sont un autre ouvrage que celui d'Acilius.

M. Porcius Cato Censorinus, auteur de *Origines*, en sept livres, ouvrage perdu, qui contenait depuis la fondation de Rome jusqu'à l'an 603.

Scribonius Libo. — A. Postumius, consul, an 603.

L. Calpurnius Piso Frugi, consul, an 620.

L. Cassius Helmina, vers l'an 608.

Q. Fabius Maximus Servilianus, consul, an 611.

C. Fannius, gendre de Lælius, questeur en 614.

C. Sempronius Tuditanus, consul en 624.

L. Cœlius Antipater. — C. Sempronius Asellio.

Les quatre annalistes suivans sont moins connus : Sextus

Gellius. — Cneius Gellius. — Clodius Licinius. — Junius Gracchanus.

M. Æmilius Scaurus, qui a écrit sa propre vie en trois livres.

P. Rutilius Rufus. — Q. Lutatius Catulus, consul en 641.

Commentarii Syllæ, ouvrage perdu; il contenait vingt-un livres : il avait été, après la mort de Sylla, achevé par son affranchi Epicadus.

L. Otacilius Pilitus, aussi du temps de Sylla.

T. Manilius. — L. Cornelius Sisenna, qui écrivit particu-lièrement les guerres civiles de Sylla.

Q. Claudius Quadrigarius. — Q. Valerius Antias, souvent cité par Tite-Live, Pline, etc.

C. Licinus Macer. — M. Pompilius Andronicus. — Cnœus Aufidius, qui a écrit en grec dans le temps de la jeunesse de Cicéron.

Q. Hortensius Ortalus. — T. Pomponius Atticus Cicero, qui avait écrit en grec l'histoire de son consulat et un poème historique sur Marius.

Q. Lutatius. — M. Terentius Varro, auteur de nombreux ouvrages.

Q. Ælius Tubero, qu'il faut distinguer de L. Ælius Tubero, souvent nommé par Cicéron.

L. Luccejus, qui a écrit les guerres des alliés et les guerres civiles.

Tanusius Geminus. — Volusius. — Procilius. — Sulpicius Galba, grand-père de l'empereur de ce nom.

Venonius. — Munatius Rufus. — Q. Dellius. — C. Julius

Cæsar; plusieurs de ses ouvrages ont été perdus. Nous possédons de lui 1° *Commentarii de Bello gallico;* 2° *de Bello civili.* Des *Commentaires*, composés de huit livres, on attribue le dernier à son lieutenant Hirtius, que l'on regarde aussi comme l'auteur des deux livres *de Bello alexandrino*, *de Bello africano*, communément ajoutés aux écrits de César; on lui attribue aussi, mais avec moins de certitude, le livre *de Bello hispanico.*

Cornelius Nepos, à qui on attribue *Chronica*, en trois livres; *Exemplorum Libri; Epistolæ; Libri illustrium Virorum; de Historicis*, et quelques ouvrages sur la géographie et les antiquités. Mais nous possédons de lui *Vitæ excellentium Imperatorum.*

Les *Vies* de Caton et d'Atticus sont attribuées à Æmilius Probus, qui vécut 379 ans après J.-C.

Aurelius Victor, auteur de *de Viris illustribus Romæ.*
Historia excidii Troja. Traduction d'un ouvrage grec dont l'auteur est Darès de Phrygie, et qui est due probablement à Joseph Iscanus, Anglais qui a écrit sur la guerre de Troie un poème en six chants.

C. Sallustius Crispus. Un de ses ouvrages, *Sex Libri Historiarum*, est perdu, à l'exception de quelques discours et de quelques lettres.

Duæ Epistolæ de republica ordinanda. Leur authenticité est contestée par quelques-uns. Il en est de même de *Declamatio in Sallustium*, faussement attribuée à Cicéron, et qui est d'un rhéteur du temps d'Auguste, ainsi que *Declamatio in Ciceronem*, attribuée mal à propos sans fondement à Salluste.

C. Asinius Pollio. — Atejus Philologus. — Tullius Tiro, affranchi de Cicéron. — Bibulus. — Volumnius.

Augustus (imperator) avait écrit, en treize livres, sa vie jusqu'à l'an 26 avant J.-C. Cet ouvrage est perdu, ainsi que plusieurs autres d'Auguste.

Le *Breviarium totius imperii*, tableau statistique de tout l'empire, a été également perdu.

Le *Monumentum Ancyranum*, en Galatie, est une sorte de copie du premier de ces ouvrages. Les habitans de cette ville l'avaient fait graver sur un autel.

M. Vispanius Agrippa, à qui on attribue des mémoires sur la vie d'Auguste.

M. Valerius Messala Corvinus, auteur de *de Auspiciis*, *de Romanis familiis*. — L'ouvrage *de Progenie Augusti Cæsaris*, qui lui est attribué, est une production du moyen âge.

Arruntius, auteur d'une histoire de la première guerre punique.

Titus Livius, auteur de *Annales*, divisé d'abord en cent quarante-deux livres, et plus tard divisé de nouveau et transcrit en décades; nous n'en possédons plus que trente-cinq livres. On lui attribue aussi *Dialogi*, ouvrage également utile pour la philosophie et l'histoire.

Libri philosophici; Epistola ad filium. Il y recommande à son fils la lecture de Démosthènes et de Cicéron.

Pompeius Trogus, auteur de *Historiæ Philippicæ et totius mundi origines et terræ situs*, en quarante-quatre livres, depuis Ninus et la monarchie jusqu'à l'an de Rome 748. L'abréviation faite plus tard de cet ouvrage en a probablement occasioné la destruction. Il ne reste plus d'espoir de le recouvrer.

Pline cite de Pompeius Trogus un ouvrage sur les animaux.

M. Junïanus Justinius ou Justinus M. Frontinus, abréviateur de Pompeius Trogus.

Historiarum Philippicarum et totius mundi originum, et terræ situs excerptarum, libri XLIV a Nino ad Cæsarem Augustum.

Historiens de cette période dont les ouvrages sont perdus.

L. Fenestella, auteur de *Annales*.

L'ouvrage *de Sacerdotiis et magistratibus Romanorum*, qui porte son nom, est dû au Florentin A. D. Floccus, au commencement du quatorzième siècle après J.-C.

C. Julius Hyginus, affranchi d'Auguste.

Julius Marathus, affranchi d'Auguste, avait écrit l'histoire de cet empereur.

Verrius Flaccus; on lui attribue le *Calendrier romain*, dont on a découvert, en 1770, des fragmens qui ont été publiés par Foggini, en 1779. A cet ouvrage se rattachent les *Fasti Capitolini*, du temps d'Auguste, découverts à Rome en 1547.

Q. Vitellius Eulogius ou Eclogius Ruso. — Cremutius Cordus. — Aufidius Bassus. — T. Labienus, surnommé Rabienus Tiberius (imperator), dont on cite quelques mémoires.

Acta senatûs, Acta diurna, Acta publica, Acta populi: leur origine date du premier consulat de César, qui établit un double journal pour les séances du sénat et pour les affaires qui concernaient tout le peuple. Auguste interdit la publicité des *Acta senatûs*. On communiquait au peuple tout ce qui le regardait au moyen des *Acta publica*, ou *diurna*, ou *urbana*. Nous possédons quelques restes de ces derniers actes; mais on doute de leur authenticité.

Velleius Paterculus. Aucun écrivain de l'antiquité ne fait

mention de lui. Il n'est connu, que d'après les ouvrages qu'il a laissés. A l'âge de vingt-cinq ans, il fut questeur l'an de Rome 760, et vivait encore du temps de Séjan, en 784. Son ouvrage, *Historiæ Romanæ ad M. Vicinium consulem*, *libri II*, ne nous est pas parvenu en entier : on croit qu'un grammairien y a fait des additions.

Valerius Maximus, dont l'ouvrage, *Factorum dictorumque memorabilium libri IX ad Tiberium Cæsarem Augustum*, paraît avoir été écrit vers les dernières années du règne de Tibère. Quelques-uns ont regardé, mais sans une certitude positive, cet ouvrage comme faisant partie d'un ouvrage dû à Julius Pâris. On trouve encore dans des manuscrits, comme dixième livre, un extrait intitulé *de Nominibus*, qui, d'après ce qu'il contient, diffère de l'ouvrage de Valerius Maximus, et est plutôt un extrait des *Annales* de Valerius Antias (ou d'Antium) et dont l'auteur serait ce Julius Pâris, et non Titus Probus.

C. Cornelius Tacitus. Outre ses ouvrages connus, on lui attribue *Liber Facetiarum* et *Orationes*, qui sont perdus, ainsi qu'une grande partie de ses histoires et de ses annales.

Q. Curtius Rufus. *De Rebus gestis Alexandri magni*, histoire partagée en dix livres, dont nous manquent les deux premiers.

C. Suetonius Tranquillus, rhéteur, grammairien, et ami de Pline le jeune. A ses nombreux écrits déjà connus on en ajoute quelques autres dont on a retrouvé des fragmens. On lui attribue *de illustribus Grammaticis*, comme une partie seulement d'un ouvrage plus considérable; *de Viris illustribus*, qui probablement renfermait le *de claris Rhetoribus*, dont nous ne possédons qu'une partie. On croit que d'un ouvrage plus considérable, *de Poetis*, faisaient partie de courtes biographies de poètes romains. Cependant quelques-uns ne regardent pas Suétone comme auteur de *Vita Terentii*. *Vita*

Horatii est attribuée par quelques-uns à Suétone. *Vita Persii*, *Vita Lucani*, *Vita Juvenalis*, ont été attribuées par d'autres au grammairien Probus. *Vita Plinii* semble encore moins appartenir à Suétone.

L. Annæus Florus, ou L. Julius Florus selon quelques manuscrits, ou, selon Quintilien, Julius Florus Secundus, est regardé par quelques-uns comme auteur de la tragédie de Sénèque, *Octavia*, ou du *Pervigilium Veneris;* tandis que d'autres attribuent à L. Annæus Seneca l'ouvrage sur l'histoire qui a été laissé sous le nom de Florus avec ce titre : *Epitome de Gestis Romanorum*, ou *Rerum Romanorum Libri IV*. Quelques-uns regardent Florus comme auteur des *Argumenta Librorum Historiæ Livianæ*, qui avaient été substitués aux livres perdus de Tite-Live; mais on est mieux fondé à ne pas les lui attribuer. Quant à *Lucii Ampelii Liber memorialis*, qui depuis Saumaise se trouve dans des éditions de Florus, il est d'un grammairien qui n'est pas autrement connu, et qui vivait sous Trajan.

Brutidius Niger.—Cornelius Thuscus.—Cn. Lentulus Gætulicus.—Agrippina, mère de Néron.—Claudius (imperator). —Fabius Rusticus.—Cn. Domitius Corbulo.—C. Balbillus.— C. Suetonius Paulinus.—L. Thraseas Pætus.—M. Servilius.— Cornutus.—M. Licinius Crassus Mucianus.—Servilius Nonianus.—M. Cluvius Rufus.—Vipsanius Messala.—Plinius (natu major).— Herennius Senecio.— Junius Rusticus.—Nerva (imperator).—Plinius (junior).—Pompeius Saturninus.— C. Fannius.—Titinius Capito.—Septimius Severus (imperator).

Ælius Maurus.—Lollius Urbicus. (Sous Macrin et Héliogabale.)

Aurelius Philippus, qui écrivit l'histoire d'Alexandre Sévère.

Encolpius.—Gargilius Martialis.—Marius Maximus.(Après

Alexandre.) Ce dernier écrivit l'histoire de Trajan et de ses successeurs jusqu'à Héliogabale.

Æmilius Julius Cordus.—Ælius Sabinus. (Tous deux sous Maximien.)

Vulcatius Terentianus, biographe de l'empereur Gordien.

Curius Fortunatianus, biographe de l'empereur Maxime.

Maconius Astyanax. — Palfurnius Sura.—Cælestinus.— Acholius. (Sous Galien et ses successeurs.)

Julius Aterianus.—Gallus Antipater. (Sous les trente tyrans.)

Aurelius Festivus (sous Aurélien).

Suetonius Optatianus.—Gellius Fuscus. (Sous Tacitus.)

Onesimus (sous Probus).

Fabius Cerilianus.—Aurelius Apollinaris.—Fulvius Asprianus. (Sous Carus et ses fils.)

Asclepiodotus (sous Dioclétien, dont il écrivit la vie).

Claudius Eusthenius (du même temps), qui écrivit la vie de plusieurs empereurs.

Scriptores historiæ Augustæ, recueil des biographies, écrites par six auteurs différens, des empereurs romains de 117 à 285 après J.-C. (depuis Adrien jusqu'à Carus et ses fils).

1°. Par Ælius Spartianus (il vivait sous Dioclétien);

2°. Vulcatius Gallicanus (aussi sous Dioclétien); quelques manuscrits lui attribuent *Vita Avidii Cassii*, que d'un autre côté l'on dit être l'ouvrage de Spartianus.

3°. Trebellius Pollio (sous Dioclétien et Constantin le Grand). Nous ne possédons pas tous ses ouvrages.

4°. Flavius Vopiscus (qui vécut sous Constantin le Grand). Il fut le seul de ces six écrivains qui fut témoin de plusieurs événemens qu'il a racontés. Il a écrit, d'après des matériaux officiels, la vie d'Aurélien, qu'aucun historien avant lui n'avait écrite; mais il n'a rien publié de celle d'Apollonius de Tyane, comme il en avait eu le projet.

5°. Ælius Lampridius, que quelques-uns veulent être le même que Ælius Spartianus, a écrit les vies de Commode, de Diadumène, d'Héliogabale et d'Alexandre Sévère.

. 6°. Julius Capitolinus (sous Dioclétien et Constantin le Grand). Il a écrit les vies de dix empereurs, à commencer de Antonin le Pieux; il est des manuscrits qui en attribuent quelques-unes à Spartianus.

Q. Septimius (sous Dioclétien), auteur de l'ouvrage *de Bello trojano* ou *Ephemeris Belli trojani*, traduction d'un ouvrage du même genre qui fut composé et présenté à Néron par un Crétois nommé Praxis ou Eupraxides, qui l'attribuait à Dictys de Crète, reconnu pour descendant d'Idoménée.

Sextus Aurelius Victor (sous Julien et Théodose le Grand), auteur de *Origo Gentis romanæ*, *de Viris illustribus Romæ*, *de Cæsaribus*, *de Vita et Moribus Imperatorum romanorum Épitome*. Une partie de cet ouvrage est attribuée à Victor Junior, ou Victorinus, qui vécut sous Honorius et Arcadius. Quelques-uns contestent aussi à Aurelius Victor une partie des autres ouvrages.

Eutropius (sous Julien et Valens), auteur de *Breviarium historiæ romanæ*, en dix livres, depuis la fondation de Rome jusqu'à Valens. Son ouvrage a été traduit en grec par Capito Lycius (sous Justinien); cette traduction a été perdue. Il en existe encore une en grec, d'un certain Pacanius.

Sextus Rufus, ou Festus Rufus, ou probablement Sextus Rufus Festus, mais qu'il faut distinguer du poète Festus Rufus Avienus. D'après l'ordre de l'empereur Valens, il écrivit *Breviarium rerum gestarum populi romani*; on lui doit aussi *de Regionibus urbis Romæ*, ouvrage du même genre que celui que Publius Victor a donné sous le même titre, et qu'un troisième, *Libellus provinciarum romanarum,* dont l'auteur, qui vivait sous Théodose, est inconnu. Ce *Libellus* n'est qu'une nomenclature des provinces et des diverses parties du territoire de l'empire.

Ammianus Marcellinus (sous Valens et Valentinien), Grec d'origine. Son ouvrage, *Rerum gestarum Libri XXXI,* comprend depuis Nerva (91 ans après J.-C.) jusqu'à la mort de Valens (378 ans après J.-C.). Il nous en manque les treize premiers livres. Dans plusieurs de ses éditions on trouve *Excerpta vetera de Constantio Chloro, Constantio Magno et aliis Imperatoribus,* et *Excerpta ex libris Chronicorum de Odoacre et Theodorice, regibus Italiæ.* L'auteur de ces ouvrages est inconnu.

Orosius, prélat chrétien (qui vécut sous Arcadius et Honorius). D'après le conseil de saint Augustin, il a écrit *Historiarium libri VII adversus Paganos,* ou, selon quelques manuscrits, *de Cladibus et Miseriis mundi,* ou *de totius mundi Calamitatibus,* ou *Hormesta,* ou mieux *Pauli Orosii Mœsta mundi, id est miseriarium christiani temporis.* Orosius a aussi donné quelques écrits sur la théologie.

Éloquence.

M. Cornelius Cethegus, et P. Sempronius Tuditanus. Tous deux consuls, l'an de Rome 548.

M. Porcius Cato, dont quelques discours existaient encore du temps de Cicéron.

Scipio Africanus Minor, et son ami C. Lælius.—Sergius Sulpicius Galba, consul en 609, orateur distingué.

C. Carbo.—Tiberius Gracchus.—Caius Gracchus.—Curio. —M. Antonius, surnommé Orator, consul en 654.

L. Licinius Crassus.—C. Julius Cæsar Strabo, qui, comme

Antonius, périt dans les troubles du temps de Marius. Les ouvrages de tous ces orateurs sont perdus.

Parmi les rhéteurs de la première époque on nomme L. Otacilius Pilitus.—Epidius.— Sextus Clodius.— C. Albutius Silus.—M. Porcius Latro.—M. Aurelius Fuscus.—C. Annius Cimber.—Q. Hortensius Ortalus, ami et rival de Cicéron. Nous ne possédons rien de ses nombreux discours, et bien peu de ceux de ses contemporains, dont les noms suivans nous sont parvenus.

C. Scribonius Curio, fils de l'historien.
C. Licinius Calvus.—Julius Cæsar.—M. Brutus.—M. Cælius.—T. Cassius Severus. — L. Torquatus.— L. Munatius Plancus.—M. Valerius Messala Corvinus.—C. Asinius Pollio, qui le premier amena l'usage des lectures en public, et donna ainsi lieu aux *declamationes*, que l'on trouve dans la période suivante.

M. Tullius Cicero. Nous avons perdu sa vie, qui avait été écrite par son affranchi Tiro, et celle dont Cornelius Nepos était auteur. Ce que nous savons de lui est tiré d'Aurelius Victor, de Plutarque, des écrits mêmes de Cicéron, et surtout de ses lettres. En 1544 on crut, d'après une inscription trouvée sur un tombeau dans l'île de Zante, que c'était le tombeau de Cicéron, qui aurait été inhumé là par ses esclaves; mais il s'est élevé bien des doutes sur l'identité de ce monument, d'autant plus que, selon Pline l'ancien, on est mieux fondé à croire qu'il a été inhumé dans sa terre de Puteolanum. Ses œuvres, que nous ne possédons pas en entier, se composent, 1° d'écrits sur la rhétorique; 2° de discours; 3° de lettres; 4° de sujets philosophiques; 5° d'essais poétiques; 6° d'ouvrages sur l'histoire.

Rhétorique.

Libri quatuor Rhetoricorum ad C. Herennium. Quelques-uns ont attribué cet ouvrage à Cornificius père, d'autres à Cornificius fils; ceux-ci, à Laurea Tullius ou à Tiro, tous deux affranchis de Cicéron; ceux-là le disent de Marcus, son fils, ou du rhéteur Gallio, ou de Virginius Rufus, ou de Timolaüs. Enfin Schutz avance que cet ouvrage est de M. Antonius Gripho, rhéteur, qui l'écrivit vers l'an de Rome 666.

Rhetorica ou *de Inventione rhetorica libri duo;* ouvrage que Cicéron écrivit vers 666, lorsqu'il n'avait qu'environ vingt ans. Nous ne possédons que deux des quatre livres qui devaient composer cet ouvrage; on croit que les deux autres n'ont pas été achevés.

De Oratore libri tres ad Quintum fratrem, écrit l'an 699.

Brutus, ou *de claris Oratoribus liber*, écrit en 705.

Orator, ou *de optimo Genere dicendi.*

Topica, ad C. Trebatium, écrit en 710. C'est une explication de points de droit fondamentaux, et une sorte d'extrait de l'ouvrage d'Aristote, intitulé *Topica*, ouvrage que Trebatius, ami de Cicéron, et célèbre jurisconsulte, n'avait encore pu lire dans l'auteur même, à cause de son obscurité.

De Partitione oratoria, ou *Partitiones oratoriæ*, écrit en 708. Dialogue entre Cicéron et son fils, qui lui avait demandé un tableau des préceptes de l'éloquence.

De optimo Genere oratorum. Sorte d'avant-propos précédant une traduction, qui a été perdue, des discours d'Eschine et de Démosthènes pour et contre Ctésiphon. Cicéron voulait, en faisant connaître ces deux orateurs athéniens, répondre à ceux qui lui reprochaient d'avoir une éloquence asiatique.

Discours.

1°. *Pro Quinctio*, en 673.

2°. *Pro S. Roscio amerino*, en 674.

3°. *Pro Quinto Roscio comœdo*, en 678.

4°. *In Cæcilium*, ou *Divinatio in Cæcilium*, en 684.

5°. *In Verrem*.

6°. *Pro M. Fonteio*, en 685.

7°. *Pro Cæcina*, en 685.

8°. *Pro lege Manilia*, en 688.

9°. *Pro A. Cluentio Avito*, en 688.

10°. *De lege agraria in Servilium Rullum orationes tres*, en 691.

11°. *Pro C. Rabirio*.

12°. *Quatuor orationes in Catilinam*, en 691.

13°. *Pro L. Murena*, en 691.

14°. *Pro L. Valerio Flacco*, en 695.

15°. *Pro C. Cornelio Sylla*.

16°. *Pro A. Licinio Archia*, en 693.

17°. *Post reditum ad Quirites; post reditum in senatu; pro domo sua ad pontifices; de haruspicum Responsis*, en 697 et 698.

18°. *Pro Cn. Plancio*.

19°. *Pro P. Sextio*.

20°. *In Vatinium et Interrogatio in Vaticinium*.

21°. *Pro M. Cœlio Rufo* , en 698.

22°. *De Provinciis consularibus* , en 698.

23°. *Pro L. Cornelio Balbo* , en 698.

24°. *In L. Calpurnium Pisonem* , en 699.

25°. *Pro T. Annio Milone* , en 702.

26°. *Pro L. Rabirio Posthumo* , en 700.

27°. *Pro Marcello* , en 707.

28°. *Pro Ligario* , en 707.

29°. *Pro Dejotaro* , *en* 708.

30°. *Orationes quatuordecim in M. Antonium* , nommées aussi *Philippicæ* à cause de leur analogie avec les discours de Démosthènes contre Philippe, roi de Macédoiue. Elles furent prononcées·en 710 et 711.

Nous ne possédons point les discours suivans : *pro L. Corvinio; in deponenda provincia; de L. Bestia ; in Gabinium; pro Crispo; pro Q. Mucio; de Lege agraria brevis,* ou *Edictum Lucii Racilii tribuni plebis.*

De l'ouvrage intitulé *Commentarii,* nous ne possédons que le treizième livre.

Asconius et Quintilien parlent aussi de *Commentarii defensionum* , sorte de brouillon ou de minute de ses plaidoyers. Il avait travaillé avec soin un de ces discours pour le publier.

Nous avons encore des fragmens des discours ·suivàns : *pro M. Tullio; pro L. Vareno, cum quæstor Lilybæo decederet; pro P. Oppio; pro C. Manilio ; pro M. Fundanio; pro C. Cornelio; in toga candida adversus competitores; pro Q. Gallio; de L. Othone; de proscriptorum liberis ; contra concionem Q. Metelli; de consulatu suo; in Clodium et Curionem; de rege Ptolemæo; pro P. Vatinio; pro M. Æmilio Scauro; pro A. Gabinio.*

Dans l'ouvrage publié à Milan en 1814 sous le titre *Trium Oratorum partes ineditæ*, Angelo Mai, d'après ses découvertes récentes, donne des fragmens, avec scolies, de deux discours jusqu'alors entièrement inconnus, *de ære alieno Milonis; de rege Alexandrino.*

Plus tard, Peyron a découvert (et publié à Stuttgart, en 1824) des fragmens des discours *pro Scauro; pro Tullio; in Clodium.*

On regarde Cicéron comme évidemment auteur des discours suivans : *Responsio ad invectivam C. Sallustii Crispi; Oratio ad populum et equites antequam iret in exsilium; Epistola, sive Declamatio ad Octavianum; Oratio de pace; Oratio adversus Valerium.*

Parmi les modernes qui ont fait des recherches sur Cicéron, l'on cite Leonardus Aretinus, mort en 1443, auteur de *Cicero novus.*

Angelo di Scarparia, auteur de *Narratio historica de vita et rebus gestis Ciceronis*, 1681.

Sebastianus Corradus, qui a publié *Sebastiani Corradi quæstura.* Basle, 1556.

Fr. Fabricius, auteur de *Vita Ciceronis per annos digesta.* Cologne, 1563.

Middleton *Life of Cicero. Dublin and London*, 1741. Mais il est encore sur ce point beaucoup d'autres ouvrages qu'il serait trop long de citer.

Q. Asconius Pedianus, le plus célèbre des anciens commentateurs des discours de Cicéron. Il écrivit 41 ans après J.-C., pour l'instruction de son fils, ce commentaire dont nous n'avons que des fragmens bien défigurés. Nous n'avons pas non plus son commentaire sur Virgile et sur une vie de Salluste.

Parmi les rhéteurs de cette époque on cite principalement le Grec Hermagoras. — Cestius Pius, de Smyrne. — Sextus Julius Gabinianus. — Cornificius. — Aurelius Cornelius Celsus. — Virginius Rufus. Ce dernier vécut sous Néron.

Rutilius Lupus, qui vécut sous Auguste et Tibère : nous possédons sous son nom *de Figuris sententiarum et elocutionis*, en deux livres, espèce d'extrait de l'ouvrage de Gorgias, rhéteur grec qu'il faut distinguer du célèbre sophiste Gorgias de Léontium, et qui est probablement celui dont le fils de Cicéron reçut avec fruit des leçons à Athènes.

M. Annæus Seneca (rhétor) (sous Auguste et Tibère). Il eut pour fils L. Annæus Seneca (le philosophe) et Annæus Mela, père de Lucain. De son ouvrage *Controversiarum libri decem*, nous ne possédons que les livres 1, 2, 7, 8, 10, en partie même mutilés; nous n'avons des autres que des fragmens. Nous n'avons probablement de même qu'une partie du *Suasoriarum liber*, espèce d'extrait des ouvrages des rhéteurs romains ou grecs. D'après un fragment récemment découvert, on croit qu'il a aussi écrit une histoire; mais il n'est pas l'auteur de quelques-unes des tragédies connues sous le nom de Sénèque.

M. Fabius Quintilianus, ou Quinctilianus. *Libri duodecim Institutionis oratoriæ.* Un manuscrit de cet ouvrage fut découvert à Saint-Gall en 1417 par le Florentin Poggi, et publié aussitôt.

Declamationes; recueil de discours attribué aussi à Quintilien. Il en renferme dix-huit grands et cent quarante-un petits : ces derniers ne sont en partie que des extraits. Ce sont les restes d'un recueil de trois cent quatre-vingt-huit déclamations. On croit que ces discours seraient avec plus de raison attribués ou au père de Quintilien, ou à un Posthumius Junior ; quelques manuscrits les donnent même à un M. Florus, qui n'est pas autrement connu. Les petits discours surtout paraissent évidemment l'ouvrage d'un rhéteur qui n'a vécu qu'après Quintilien. Il n'est pas non plus auteur du *Dialogus de causis corruptæ eloquentiæ;* mais on lui attribue deux livres de *Artis rhetoricæ* que nous n'avons point. Les cinquante-une petites *Declamationes* que P. Pithou a fait connaître sont de Calpurnius Flaccus, rhéteur, sous Adrien et Antonin le Pieux.

Dialogus de oratoribus, seu de Causis corruptæ eloquentiæ. Cet ouvrage avait été attribué à Tacite jusqu'à Rheinach (qui écrivit vers l'an 1515 sous le nom de Beatus Rhenanus). Depuis ce moment les uns l'attribuent à Quintilien ; d'autres à M. Valérius Messala, ou à Curatius Maternus, ou à Suétone, ou à Pline le Jeune, ou enfin à un auteur inconnu qui vécut probablement sous Domitien ou sous Nerva ou Trajan. On y trouve comme interlocuteurs Curatius Maternus, M. Aper, Julius Secundus, et Vispasianus Agrippa, orateurs de cette époque.

On doit ajouter les orateurs suivans, leurs contemporains : Alfius Flavus.—Argentarius.—Asinius Gallus. —Julius Bassus.—Clodius Turrinus.—Q. Haterius. — Claudius Marcellus Æserninus.—Votienus Montanius. —M. Æmilius Scaurus.—L. Vinicius.—Junius Gallio.

C. Plinius Cæcilius Secundus, né à Côme 62 ans après J.-C.; fils de L. Cæcilius et de la sœur de Pline l'Ancien. De ses nombreux discours nous ne possédons que le *Panegyricus* en l'honneur de Trajan. Nous n'avons de plus, de Pline le Jeune, qu'un recueil de lettres : tout le reste est perdu.

Julius Severianus, sous Adrien. On a de lui *Syntomata,* ou *Præcepta artis rhetoricæ.*

Calpurnius Flaccus, sous Adrien et les Antonins; regardé

aussi comme l'auteur du *Declamationes* publié par P. Pithou,

Cornelius Fronto, du même temps. Il ne nous reste presque rien de ses discours.

Appuleius, sous les Antonins ; auteur de *Apologia*, ou *Oratio de Magia*, par lequel il repoussa devant le proconsul d'Afrique l'accusation de magie intentée contre lui ; et de *Florida*, recueil d'extraits de discours ou de déclamations, prononcés suivant l'usage sur le premier sujet qui se présentait. Quelques-uns croient que ce dernier ouvrage est dû à un de ses élèves.

Q. Aurelius Symmachus. Ses discours sont en très grande partie perdus.

Panegyrici veteres; recueil de douze panégyriques, pour lesquels celui de Pline servit de modèle, et qui furent écrits près de deux siècles après lui. Peu estimables sous le rapport de l'éloquence, ils sont importans comme renfermant des documens historiques. Pour auteur de ces discours on nomme :

1°. Claudius Mamertinus, Gaulois d'origine, et qui vécut vers l'an 293 après J.-C. On lui attribue les discours I et II du recueil : le premier prononcé devant Maximien, sur les actions de cet empereur et de son collègue Dioclétien ; le second destiné à célébrer le jour de la naissance de Maximien.

2°. Eumenius, né à Autun, vécut jusqu'en 311 après J.-C. Il est l'auteur des discours :

III. *Pro restaurandis scholis augustodunensibus.*

IV. *Panegyricus Constantio Cæsari recepta Britannia dictus.*

VI. *Panegyricus Constantino Augusto dictus.*

VII. *Gratiarum actio Constantino Augusto Flaviensium nomine.*

3°. On ne connaît point l'auteur du *Panegyricus Maximiano et Constantino dictus*, vraisemblablement sur le mariage de l'empereur Constantin avec Fausta, fille de Maximien. On ignore également qui est l'auteur du *Panegyricus Constantino Augusto dictus*, prononcé devant Constantin lorsqu'il se portait vers le Rhin pour accabler Maxence. Ce discours contient une description de cette guerre, et est à ce titre précieux pour l'histoire.

4°. Nazarius, sous Constantin le Grand. Auteur du *Panegyricus* (IX) *Constantino Augusto dictus*.

5°. Mamertinus ; auteur du discours (X) *Pro consulatu gratiarum actio Juliano Augusto*. Il est difficile d'assurer si ce Mamertinus est le même que *Claudius Mamertinus*, cité ci-dessus comme un des auteurs compris dans ce recueil.

6°. Latinus Pacatus Drepanius, né à Bordeaux. Il est auteur du *Panegyricus Theodosio Augusto dictus*, pour féliciter cet empereur de sa victoire sur Maxime.

7°. Flavius Creconius Corrippus, auteur du *Panegyricus* (XII) (écrit en vers) *in laudem Justini Augusti minoris* (cité à l'article des poésies mythologiques).

On peut encore citer ici Ausonius comme auteur du *Panegyricus, seu gratiarum actio pro consulatu ad Gratianum Augustum*, prononcé en 379.

Magnus Felix Ennodius, évêque de Pavie, auteur du *Panegyricus regi Ostrogothorum Theodorico dictus*, l'an 507 ou 508. On y trouve des matériaux pour l'histoire de ce roi.

On nomme encore après l'époque des premiers empereurs les rhéteurs suivans : Aquila Romanus, sous les Antonins et avant Constantin, auteur d'un petit ouvrage sous ce titre : *de Figuris sententiarum et elocutionis liber.*

Julius Rufinianus, auteur d'un ouvrage du même genre et ayant le même titre que celui d'Aquila Romanus. On l'insère dans les éditions de Rutilius Lupus, rhéteur qui vécut sous Auguste et Tibère, et qui fit aussi un ouvrage ayant ce même titre.

Julius Frontinus.—Baevius Macrinus.—Julius Granianus, tous trois sous Alexandre-Sévère.

Titianus, sous Gratien et Théodose; ainsi que les pères de l'Église, Cyprianus, Arnobius, Lactantius, Hieronymus, Augustinus.

Fabius Marius Victorinus, né en Afrique, enseigna la rhétorique à Rome vers l'an 360 après J.-C. Il a traduit en latin les œuvres de Platon. Outre plusieurs écrits sur la grammaire et des ouvrages de théologie, on lui doit *Commentarius, seu Expositio in Ciceronis libros de Inventione*.

On ne connaît que de petits ouvrages qui soient des rhéteurs suivans: Curius Fortunatianus, auteur de *Rhetoricæ scholicæ libri III per quæstiones et responsiones.*

Sulpicius Victor, auteur de *Institutiones oratoriæ.*

Empoius, auteur de *de Ethopæia ac loco communi liber*, et de *Præcepta demonstrativæ materiæ et de specie deliberativa.*

Rufinus, auteur de *Versus de compositione et metris oratoriis*, etc.

Priscianus, auteur de *de Præexercitamentis rhetoricæ, ex Hermogene liber.*

Arusianus Messus, auteur de *Quadriga, seu Exempla elocutionum ex Virgilio, Sallustio, Terentio per litteras digesta*, sorte de dictionnaire composé de phrases tirées de ces auteurs. Angelo Mai pense que c'est un extrait d'un ouvrage de ce genre plus considérable, et dont l'auteur serait Cornelius Fronto.

Roman.

Petronius Arbiter; mort l'an 67 après J.-C. On lui attribue *Satiricon*. Nous ne possédons pas cet ouvrage en entier, mais en une suite de fragmens. En 1662 on trouva à Traun, en Dalmatie, un fragment jusqu'alors inconnu du *Satiricon* ; c'était la célèbre *Cœna Trimalchionis*. Plusieurs critiques ayant douté de l'authenticité de ce fragment, Petitus la prouva par de solides raisons; mais on ne peut accorder aucune confiance au prétendu *Satiricon* complet, trouvé, dit-on, à Belgrade en 1688, et publié par François Nodot en 1693, ni au fragment publié par Marchena en 1800, et qu'il prétend avoir découvert dans la bibliothèque de Saint-Gall.

Appuleius ou Apuleius, sous les Antonins. Plusieurs de ses ouvrages sont perdus : on lui a attribué sans fondement *Hermetis trismegisti Asclepius*, ou *de Natura Deorum dialogus*, et *de Herbis* : ce dernier ouvrage est d'un écrivain moins ancien. Nous avons encore de lui *Phœdo*, traduction en latin du dialogue de Platon; *Hermagoras*; *de Proverbiis*; *de Republica*; *Medicinalia*; *de Arboribus*; *de Re rustica*; *de Musica*; *Ludicra et convivales quæstiones* ; *Libri physici*; *Arithmetica*; plusieurs lettres et discours; enfin son principal ouvrage, *Metamorphoseon*, ou *de Asino aureo libri XI*, remarquable par la fable de l'Amour et de Psyché, où se trouve une description des mystères d'Isis. On pense que le fond de cet ouvrage est tiré de la mythologie de Lucius de Patras.

Épistolographie.

Cicero. Nous possédons quatre recueils de ses lettres.

1°. *Epistolarum ad diversos libri XVI*. Ce recueil nous

est connu d'après la copie que fit Pétrarque d'un manuscrit découvert à Verceil en 1345.

2°. *Epistolarum ad T. Pomponium Atticum libri XVI.* Ce recueil est aussi dû à Pétrarque, qui l'a tiré d'un manuscrit perdu depuis.

3°. *Epistolarum ad Quintum fratrem libri III.* Nous devons encore ces vingt-neuf lettres à Pétrarque, qui en a fait et publié la copie. Nous possédons de Quintus Cicero une longue lettre, ou mémoire, sous ce titre ; *de Petitione consulatus.* Ce sont des conseils que Quintus adresse à son frère Tullius, qui voulait obtenir le consulat.

4°. *Epistolarum ad Brutum liber.* Nous ne connaissons non plus que d'après une copie ce recueil de dix-huit lettres écrites après la mort de César, et parmi lesquelles il s'en trouve six de Brutus à Cicéron, et une de Brutus à Atticus.

On a trouvé plus tard en Allemagne huit lettres de Cicéron à Brutus et de Brutus à Cicéron et à Octavien. On croit qu'elles devaient faire partie d'un recueil plus considérable en huit livres; mais l'existence présumée de ce recueil est bien contestée; et Markland, en 1745, a avancé qu'il regardait ces huit lettres comme devant se rattacher à un ouvrage sur la rhétorique. Indépendamment des lettres qui ont été perdues dans ces quatre recueils, et même des recueils entiers qui n'existent plus, nous savons, d'après les auteurs anciens, que Cicéron a écrit une lettre à Titinius; deux livres de lettres à Cornelius Nepos; trois livres de lettres à C. César, et autant au jeune César; autant à Pansa; neuf livres de lettres à Hirtius; huit livres à Brutus; deux livres à son fils Marcus, et plusieurs autres livres à diverses personnes, par exemple à Caton, à L. Plancus, etc.; enfin une longue lettre à Pompée, qui commandait en Asie, sur la gloire de son consulat.

L. Annæus Seneca. Nous avons de lui une suite de cent

vingt-quatre lettres à son ami Lucilius. Elles ne traitent que de sujets philosophiques, et le fond devait en être probablement reproduit dans un ouvrage plus considérable.

Plinius (le Jeune). Ses lettres forment un recueil de dix livres, dont le dernier ne renferme que des lettres adressées à Trajan, avec quelques réponses de ce dernier. Comme Sidonius Apollinaris n'a parlé que de neuf livres de ces lettres, quelques-uns ont dit que ce n'était point Pline qui en avait publié le dixième; d'autres pensent que ce recueil a été augmenté après la mort de Pline qui ne l'avait formé que, de huit livres.

M. Cornelius Fronto, né en Afrique probablement sous Domitien ou Nerva, fut consul sous Antonin le Pieux, l'an de Rome 896, et mourut entre les années 165 et 169 après J.-C. Il devint si célèbre que ses nombreux amis et élèves étaient désignés par le nom de *Frontoniani*. Il enseigna à Romè l'éloquence avec beaucoup de succès sous Adrien, et donna même des leçons à M. Aurèle et à L. Verus. De ses nombreux ouvrages nous ne possédions qu'un petit ouvrage sur la grammaire, *de Differentiis vocabulorum;* mais Angelo Mai, d'après ses découvertes récentes, a publié divers ouvrages de Fronto, à Milan, 1815, et d'autres encore à Rome, 1823; en voici les titres :

1°. *Epistolarum ad Antoninum Pium liber unicus.*

2°. *Epistolarum ad Marcum Cæsarem libri I et II.*

3°. *Epistolæ ad L. Verum.*

4°. *Epistolarum ad amicos libri I et II.*

5°. *De Feriis Alsiensibus.* Correspondance entre Marc-Aurèle et Fronto au sujet du séjour de ce dernier auprès d'Alsium en Étrurie.

6°. *De Nepote amisso.*

7°. *Epistola de orationibus ad M. Antoninum Augustum.*

8°. *Epistola ad M. Cæsarem de eloquentia.*

Ces deux derniers ouvrages ont été retrouvés, avec des augmentations, dans le manuscrit découvert par Angelo Mai au Vatican.

9°. *Epistola ad Annium Verum.*

10°. *Epistolæ ad M. Antoninum Augustum libri I et II.*

Parmi les fragmens on cite :

Fragm. de bello Parthico ad M. Antoninum. Lettre de consolation, à ce que l'on croit, sur le revers dans la guerre des Parthes.

Ad M. Antoninum principia historiæ. Fragmens d'un ouvrage où Fronto met en parallèle les campagnes de Trajan et celles de Verus.

Laudes fumi et pulveris ; Laudes negligentiæ. Fragmens de lettres plaisantes à Marc-Aurèle.

Nous avons perdu, ou du moins nous ne connaissons pas encore de Fronto :

Panegyricus I Antonino Piodictus, sur la guerre que fit cet empereur contre les Bretons.

Panegyricus II. Il remercie Antonin le Pieux de ce qu'il l'a élevé au consulat.

Oratio pro Demonstrato Petiliano.—Oratio Bithyna.—Invectiva in Pelopem, etc.

Q. Aurelius Symmachus vers la fin du quatrième siècle après J.-C. Orateur le plus célèbre de son temps, mais dont les discours ont été perdus, à l'exception de ce qu'Angelo Mai en a retrouvé et publié avec des notes à Milan, 1815. Ce sont les fragmens de huit discours, dont un est adressé à Valentinien, deux à Gratien, un au sénat, et les autres à de simples particuliers. Nous possédons encore de lui un recueil de lettres en dix livres, qui furent mis en ordre par son fils, après sa mort.

Il ne faut pas confondre ce Q. Aurelius Symmachus, fils de L. Aurelius Avianus Symmachus, préfet de Rome, l'an 364 après J.-C., avec Symmachus qui a écrit une histoire dont Jornandès a publié un fragment.

Meropius Pontius Anicius Paullinus, évêque de Nôle, mort en 431. On a de lui cinquante-une lettres.

C. Sollius Apollinaris Modestus Sidonius, évêque de Clermont depuis 473 jusqu'à sa mort en 484. Il a laissé neuf livres de lettres importantes sous le rapport de l'histoire.

Magnus Aurelius Cassiodorus, au sixième siècle. Ses lettres, sous le titre de *Variarum libri XII*, renferment une collection d'actes et d'ordonnances qu'il publia au nom des rois ostrogoths.

Philosophie.

Ennius, cité à l'article *poésie* comme auteur d'un poème philosophique d'après le Grec Epicharmus.

Publius Nigidius Figulus, pythagoricien célèbre du temps de Cicéron; nous n'avons aucun de ses ouvrages.

Comme sectateurs de la nouvelle Académie, on cite Lucullus.—Brutus.—M. Terentius Varro.—M. Piso; desquels nous n'avons aucun ouvrage sur la philosophie.

Comme sectateurs de l'école d'Épicure, C. Velleius Torquatus, dont on ne cite rien.

Lucretius.—L. Amafinius. Nous n'avons rien de ce dernier.

Comme sectateurs de Zénon et de Chrysippe, on nomme
Q. Mucius Scævola.—Servius Sulpicius Rufus.—Tubero.—
Panætius, qui eut pour amis et pour élèves Scipion et Lælius,
ainsi que Furius et beaucoup d'autres. On nomme enfin
M. Porcius Cato Uticensis.

Cicero. Voici les titres de ses ouvrages philosophiques :
1°. *De Republica libri sex ad Atticum,* écrit vers l'an de
Rome 700. Angelo Mai en a presque complété le premier et le
deuxième livre, et a fait aux autres d'importantes additions.

2°. *De Legibus libri tres.* On croit que Cicéron a eu devant
les yeux pour cet ouvrage celui de Chrysippe, qui a été
perdu, et qui avait pour titre περὶ Νόμων (*de Legibus*).

3°. *Academica,* ou *Academicæ Quæstiones,* ou *Disputatio-
nes,* écrit vers l'an de Rome 709.

4°. *De Finibus bonorum et malorum libri V.* On pense que
Cicéron a puisé, pour le premier livre, dans les écrits d'Épicure ; pour le second et le troisième, dans ceux de Chrysippe,
περὶ Τέλων (*de Finibus*), et ceux de Diogène; pour le quatrième,
dans les écrits de Carnéades et de Philon; et pour le cinquième, dans ceux d'Antiochus d'Ascalon.

5°. *Tusculanarum disputationum libri V,* écrit vers l'an 710,
en grande partie d'après les ouvrages des philosophes grecs,
surtout d'après ceux de Chrysippe et d'autres stoïciens.

6°. *De Natura Deorum libri tres,* écrit en 710. On y reconnaît dans le premier livre le sens des écrits d'Épicure et de
Posidonius; dans le second, celui des écrits de Cléante, de
Chrysippe et de Posidonius; et dans le troisième, le sens des
écrits de Carnéades.

7°. *De Divinatione libri duo,* écrit en 710. Les principaux
guides de Cicéron paraissent avoir été, pour le premier livre,
Chrysippe, Diogène, Posidonius, et d'autres stoïciens; pour

le second, Carnéades; il paraît aussi avoir consulté un ouvrage particulier de Panætius sur ce sujet.

8°. *De Fato,* écrit en 710. Cet ouvrage est comme la conclusion des deux précédens ; il a été bien altéré par les copistes, et il y manque le commencement et la fin. On pense toujours que Cicéron a puisé, pour cet ouvrage, aux sources de la philosophie grecque.

9°. *Cato Major, seu de Senectute,* écrit à peu près dans le même temps que le traité *de Natura Deorum.* Il y en a une traduction en grec par Théodore Gaza.

10°. *Lælius, seu de Amicitia.* Cicéron a encore dans cet ouvrage profité de la doctrine grecque. Il a été traduit en grec par Dion. Petavius. (Paris 1652.)

11°. *De Officiis libri tres,* écrit en 710, après la mort de César, à son fils Marcus, qui étudiait alors à Athènes. Cet ouvrage, auquel Cicéron a cependant aussi mis du sien, renferme beaucoup de choses tirées des écrits des stoïciens, et surtout de Panætius, que Cicéron a toujours devant les yeux dans les deux premiers livres.

12°. *Paradoxa stoïcorum sex,* écrit bientôt après le *de Officiis,* et après la seconde philippique, sur quelques propositions particulières à la philosophie stoïcienne.

Parmi les écrits philosophiques de Cicéron qui ont été perdus, on compte :

1°. Le Commentaire latin sur le platonicien Timæus : nous en avons encore un fragment, *Timæus, seu de Universo Fragmentum.*

2°. *De Gloria libri duo ad Atticum,* écrit après les offices en 710. Pétrarque doit encore avoir eu de cet ouvrage un manuscrit qui a passé ensuite dans les mains du Vénitien Bernard Giustiniani, et qui depuis a disparu. La perte en est attribuée à Peter Alcyonius, qui y avait pris plusieurs choses qu'il avait insérées dans son ouvrage *de Exilio*. Reproche dont son éditeur Mencke a tâché de le défendre.

3°. *Æconomicorum libri tres*, d'après un ouvrage du même genre de Xénophon.

4°. *Protagoras.* Traduction du platonicien Protagoras.

5°. *Laus Catonis.* Panégyrique de Caton, aussitôt après sa mort à Utique en 708. Le succès de cet écrit excita César à y répondre par l'écrit *Anticatones*.

Porcia, fille de Caton, publia aussi alors *Laudatio Porciæ*, lorsque Cicéron donna *les Tusculanes*.

6°. *De Philosophia liber, seu Hortensius*, écrit en 708, peu de temps avant les *Academica*. Ce fut la lecture de cet ouvrage qui poussa saint Augustin à l'étude de la philosophie.

7°. *Consolatio de luctu minuendo*, dissertation que Cicéron écrivit après la mort de sa chère Tullia. Il a suivi un écrit sur le même sujet, de Crantor. Cet ouvrage, très-estimé, a subi bien des altérations. Celui qui a paru à Venise en 1583, sous ce titre *Consolatio Ciceronis*, est évidemment supposé; l'auteur en est probablement Franc, Vianellus, ou C. Sigonius.

On attribue encore à Cicéron les ouvrages suivans : *De Jure civili in artem redigendo; Liber de suis Consiliis; de Auguriis; de Virtutibus; Chorographia*, et quelques autres. Mais on lui donne sans fondement les ouvrages suivans : *Liber de Synonymis; de Re militari; Orpheus, seu de Adolescente studioso; de Memoria*, et quelques autres.

Philosophes stoïciens sous Auguste et immédiatement après lui.

Athenodorus de Tarse, ami d'Auguste, et instituteur de l'empereur Claude.

Annæus Cornutus, ami intime de Perse.

C. Musonius Rufus.—Chæremon. Nous ne possédons rien de leurs ouvrages.

L. Annæus Seneca, fils du rhéteur. Voici les titres de ses ouvrages :

1°. *De Ira,* en trois livres, d'après les principes des stoïciens. Il paraît qu'une partie en a été perdue.

2°. *De Consolatione ad Helviam matrem liber,* pour la consoler de l'exil qu'il subissait en Corse.

3°. *De Consolatione ad Polybium liber,* adressé de l'île de Corse, la troisième année de son exil, à Polybius, affranchi puissant de l'empereur Claude. Sénèque voulait consoler Polybius de la mort de son frère. Ruhkop et Diderot doutent que cet ouvrage soit de Sénèque.

4°. *Liber de Consolatione ad Marciam,* adressé pendant son exil à une amie qu'il veut consoler de la perte de son fils.

5°. *De Providentia liber, seu quare bonis viris mala accidant, cum sit Providentia?* Cette question est traitée d'après les principes des stoïciens. On n'a pas encore décidé si cet écrit ne faisait point partie d'un ouvrage plus considérable.

6°. *De animi Tranquillitate,* adressé à Serenus son ami, aussitôt qu'il eut été appelé, après son exil, pour instruire Néron.

7°. *De Constantia sapientis, seu quod in sapientem non cadit injuria;* écrit fondé aussi sur les principes des stoïciens.

8°. *De Clementia ad Neronem Cæsarem libri,* écrit la seconde année du règne de Néron; il lui propose Auguste pour modèle. Il ne nous en reste que le premier livre, et une partie du second.

9°. *De Brevitate vitæ ad Paulinum liber unus;* conseils sur le bon emploi du temps. On ne sait pas dans quelle année il fut publié.

10°. *De Vita beata ad Gallionem;* défense de la doctrine des stoïciens.

11°. *De Otio aut Secessu sapientis,* écrit dans le même sens que l'ouvrage ci-dessus, auquel on le trouve souvent joint; mais il ne nous est pas parvenu en entier.

12°. *De Beneficiis libri VII,* écrit vers les dernières années de sa vie.

13°. *Epistolæ ad Lucilium.* Ce sont cent vingt-quatre lettres écrites sur toutes sortes de sujets philosophiqués, six ou sept ans avant sa mort.

14°. *Apocolocyntosis,* ou *Ludus de morte Cæsaris;* satire sur l'empereur Claude en forme d'apothéose.

15°. *Quæstionum naturalium libri VII.* Dans le premier livre il traite du feu ; dans le deuxième de l'éclair et du tonnerre ; le troisième de l'eau ; le quatrième de la grêle, de la neige, de la glace ; le cinquième des vents ; le sixième des tremblemens de terre et de leurs causes, des sources du nil ; le septième des comètes.

On attribue encore à Sénèque des poèmes, des discours, des lettres, que nous ne possédons plus: dans ce cas sont les ouvrages suivans : *De terræ Motu. — De Matrimoniis. — De Superstitione. — Moralium libri. — Exhortationum libri. — De Fortuitis, seu de Remediis fortuitorum, ad Gallionem fratrem. — De immatura Morte. — De Natura rerum.*

Niebuhr a publié à Rome, en 1820, des fragmens, qu'il a trouvés au Vatican, d'un ouvrage de Sénèque sur l'amitié, ainsi que le commencement d'un autre intitulé *de Vita patris*.

On ne peut assurer qu'il ait écrit une histoire, et encore moins qu'il soit l'auteur de l'abrégé connu sous le nom de Florus.

On lui attribue sans fondement *Liber de virtutibus cardinalibus.— De Moribus.— De Paupertate.— Proverbia*, et quelques autres, et en particulier les huit lettres de Sénèque à l'apôtre saint Paul, et les six lettres de saint Paul à Sénéque, recueil dont on n'a aucun moyen de réfuter l'authenticité.

C. Plinius Secundus (major), né 23 ans après J.-C., à Côme ou à Vérone.

Historia naturalis, en trente-sept livres; ouvrage encyclopédique, extrait de plus de deux mille ouvrages, pour la plupart perdus. Le premier livre renferme des considérations générales; les quatre suivans traitent en grande partie des mathématiques, de la cosmographie et de la géographie : de VI à X inclusivément, de l'histoire naturelle et de la zoologie; de XI à XIX inclusivement, du règne végétal; de XX à XXXII inclusivement, des médicamens tirés du règne végétal et du règne animal; les cinq derniers, de XXXII à XXXVII, des métaux, de la sculpture, de la peinture, des principaux artistes de l'antiquité, de leurs ouvrages, etc.

C. Julius Solinus, né, à ce que l'on croit, en Égypte, grammairien, que quelques-uns disent avoir été du siècle d'Auguste, et que d'autres placent vers l'an 238 après J.-C. Il n'est connu que par une sorte d'extrait de l'histoire naturelle de Pline, extrait qui parut d'abord sous le titre de *Collectanea rerum memorabilium*, et qui est parvenu jusqu'à nous sous le titre de *Polyhistor*. Quelques-uns lui attribuent aussi le fragment d'une histoire, *Fragmentum Ponticon*.

28*

Julius Obsequens. On ne connaît ni son siècle ni sa personne. Nous ne possédons qu'une faible partie de son ouvrage, *Prodigiorum liber*, qui contenait par ordre chronologique les phénomènes ou choses extraordinaires qui avaient eu lieu à Rome. Nous possédons ce qui regarde le temps depuis l'an de Rome 563 jusqu'à 742 ; mais il s'y trouve bien des altérations.

Appuleius. 1°. *De Deo Socratis*, avec la fausse addition *de Natura Deorum*, ou *de Dæmonio Socratis*. On croit que nous n'avons qu'une partie de cet ouvrage.

2°. *De Dogmate Platonis libri III*, ou, selon le titre qui y avait été mis à tort antérieurement, *de Habitudine, Doctrina et Nativitate Platonis philosophi*; sorte d'introduction à l'étude de la philosophie de Platon.

3°. *De Mundo liber*; traduction ou plutôt paraphrase de l'écrit περὶ Κοσμοῦ, dont l'auteur est connu sous le nom de Pseudo Aristoteles.

Censorinus, grammairien, vers l'an 238 après J.-C., auteur de *de Die natali*, ou sur le moment de la naissance, sur l'influence des génies et des astres. Carrio en a séparé la dernière partie depuis le vingt-quatrième chapitre, et l'a publiée, comme un fragment d'un auteur inconnu, sous ce titre : *De naturali Institutione*. On attribue aussi à Censorinus *de Accentibus*, ouvrage perdu, et *de Metris*, que nous possédons.

Parmi les pères de l'Église d'Occident qui nous ont laissé des écrits philosophiques on cite Arnobius, Lactantius, Augustinus, enfin Anicius Manlius Torquatus Severus Boethius. Le principal ouvrage de ce dernier a pour titre *de Consolatione philosophiæ*; il est en prose mêlée de vers. Parmi ses autres ouvrages philosophiques on a compris *de Disciplina scholarium*, dont l'auteur est Thomas Brabantinus-Cantipratanus, moine du treizième siècle.

Mathématiques. — Architecture.— Art militaire.

L'an de Rome 491 M. Valerius Messala Maximus posa dans le forum le premier cadran solaire qui ait été connu dans la ville : il avait été apporté de Catane.

L'an 590 Q. Marcius Philippus y traça pour la première fois un cadran d'après le méridien de Rome.

L'an 595 P. Cornelius Scipio Nasica Corculum y apporta le premier clepsydre pour la nuit.

Des dépouilles de Syracuse Marcellus rapporta une sphère montée, et en plaça dans le temple de la Vertu une seconde, qui était l'ouvrage d'Archimède.

L'an 586 C. Sulpicius Gallus annonça aux Romains étonnés une éclipse de lune.

P. Nigidius Figulus, du temps de Cicéron. Ses écrits sont perdus ; on lui attribuait *de Sphæra barbarica et græcanica.* — *De Animalibus.* — *De Auguriis.* — *De Ventis.* — *De Extis.* — *Commentarii grammatici.*

A cette époque on peut probablement aussi placer Tarutius Firmanus, nommé par Cicéron et par d'autres.

M. Vitruvius Pollio (sous César et Auguste). De son ouvrage *de Architectura,* en dix livres, nous n'avons que les sept premiers et quelques chapitres du neuvième ; les plans et les dessins en sont perdus. De cet ouvrage, qui a été pour la première fois trouvé à Saint-Gall par le Florentin Poggi, nous avons un extrait sous ce titre : *Epitome Vitruvii,* dont il y a plusieurs éditions.

Sextus Julius Frontinus, qui, après avoir été préteur et deux fois consul, mourut vers l'an 106 après J.-C. Il a laissé : 1°. *De aquæ Ductibus urbis Romæ libri II.* 2°. *Strategeticon libri IV*. On croit qu'il composa ce dernier ouvrage après son retour de la Bretagne, où il avait fait de glorieuses campagnes. On lui attribue l'ouvrage *de Scientia militari*, qui a été perdu, et un autre, *de Tactica Homeri*. On a supposé comme étant de lui *de Re agraria*, ou *de agrorum Qualitate; de Limitibus*, et *de Coloniis*.

Hyginus, surnommé Gromaticus (sous Trajan et Adrien), et qu'il faut distinguer de l'historien et du grammairien et fabuliste. On lui doit *de Castrametatione liber*.

Il y a aussi *de Rebus bellicis*, et *Modesti libellus de Vocabulis rei militaris ad Tacitum Augustum*, dont l'auteur est inconnu.

Flavius Vegetius Renatus. Il a adressé à Valentinien II, vers l'an 375 après J.-C., son ouvrage intitulé *Epitome Institutionum rei militaris,* en cinq livres.

Nous possédons des anciens une suite de livres nommés *Gromatici*, sur l'arpentage et la législation relative à la géodésie. Rigaltius en a publié un recueil, Paris, 1584, et un autre écrit sur le même sujet, Paris, 1614; et, d'après lui, Wilhelm de Goens, à Amsterdam, 1674. Parmi ces écrivains on cite : Siculus Flaccus (probablement sous Domitien et Nerva). — Julius Frontinus.—Aggenus Urbicus.—Hyginus. — Innocentius. — Marcus Baro. Mais il y a des contestations sur l'authenticité des ouvrages attribués à quelques-uns de ces auteurs.

Julius Firmicus Maternus, de Sicile (sous Constantin le Grand), auteur de *de Errore profanarum religionum* et de *Mathesors libri VIII*, que quelques-uns cependant disent être d'un autre auteur qui avait le même nom. Le reste de ses écrits ne nous est pas parvenu.

Boethius. Son *Arithmetica*, en deux livres, est une imitation de l'ouvrage en grec de Nicomachus; et elle contient aussi une introduction à la théorie de la musique et à celle de la géométrie. Il a donné aussi *de Musica*, en cinq livres; *de Geometria*, en deux.

Géographie.

Sous César, un sénatus-consulte avait ordonné que l'on mesurerait tout le territoire romain; il ne le fut que sous Auguste, par les soins de Vipsanius Agrippa: il en résulta une espèce de carte qui fut déposée dans les archives de l'état.

Une entreprise plus vaste, probablement sous Alexandre Sévère (peut-être l'an 230), produisit une carte qui a été copiée par un moine du treizième siècle, mais qui depuis a subi quelques additions inexactes. Elle est aujourd'hui à Vienne, dans la bibliothèque impériale. Elle a été publiée à Vienne par Scheyb en 1753, et plus récemment par l'Académie de Munich. Elle porte le nom de *Tabula Peutingeriana*, d'après celui de son premier possesseur.

Juba, fils du roi maure du même nom. Ses ouvrages sur la Libye et la Mauritanie sont perdus. Il est souvent cité par Pline l'ancien, que l'on peut nommer aussi, pour quelques parties relatives à la géographie, dans son histoire naturelle.

Pomponius Mela, né en Espagne, et qui a vécu sous Claude. Son ouvrage *de Situ orbis*, en trois livres; nous est parvenu en entier, mais altéré par les copistes.

Tacitus. *Germania, seu de situ, moribus et populis Germaniæ libellus*, en trois parties.

Julianus Titianus, au commencement du troisième siècle, avait fait la description des provinces de l'empire: son ouvrage ne nous est point parvenu.

. Solinus, cité ci-dessus après Plinius Secundus (major).

Itineraria Antonini Augusti. Ce sont deux ouvrages qui donnent simplement les distances des lieux, l'un sur terre, l'autre par mer : ce dernier a été altéré par des additions. On ne peut les attribuer ni à Jules César, ni à Antonin le Pieux, ni à Caracalla, ni à Amien Marcellin; on pense qu'ils n'ont pu être faits avant l'an 364 après J.-C. Dans ce doute, on les a attribués, ou à Julius Honorius, dont nous avons encore quelques fragmens peu importans sous ce titre *Excerpta quæ ad cosmographiam pertinent;* ou à Æthicus Ister, chrétien du quatrième siècle, qui est auteur de *Cosmographia,* nomenclature étendue des parties et lieux remarquables de l'ancien monde.

Itinerarium Hierosolymitanum. L'auteur en est inconnu : il était né à Bordeaux, et a vécu dans le quatrième siècle. L'ouvrage contient l'itinéraire de Bordeaux à Jérusalem, et celui d'Héraclée à Milan par Rome.

Itinerarium Alexandri, découvert et publié à Milan, par Angelo Mai, en 1817. L'auteur en est inconnu. C'est un abrégé de la route d'Alexandre le Grand à travers la Perse; il avait été fait pour Constantin II, qui voulait s'en servir dans sa guerre contre les Perses.

Vibius Sequester a écrit, selon les uns vers l'an 389, et selon les autres dans le cinquième ou sixième siècle, peut-être même plus tard. Il a laissé à son fils Virgilianus une simple nomenclature, *de fluminibus, fontibus, lacubus, nemoribus, paludibus, montibus, gentibus, quorum apud poetas mentio fit,* quelquefois utile à cause des noms qu'on ne trouve pas ailleurs.

Geographus Ravennas. Son ouvrage *de Geographia, seu Chorographia,* date du neuvième siècle.

Médecine.

Dans les premiers temps de Rome les prêtres étaient les seuls médecins; leurs remèdes étaient en grande partie magiques ou sympathiques. Lorsque la république se fut agrandie, on fit venir de la Grèce des esclaves ou des affranchis qui exercèrent cet art chez les principaux Romains. Le premier médecin grec qui s'établit à Rome fut Archagathus, environ 219 ans avant J.-C., ensuite Asclepiades, de Pruse en Bithynie, y jouit d'une grande réputation, vers l'an 110 avant J.-C. Il fut le fondateur d'une école célèbre dans l'antiquité, et d'où sortirent plusieurs médecins romains, tels que Titus Aufidius, Marcus Artorius, l'affranchi Antonius Musa, qui guérit Auguste d'une maladie dangereuse. Il n'est pas l'auteur de l'ouvrage *Libellus* (*de tuenda valetudine ad Mœcenatem*) *de herba betonica*, qu'on lui attribue. Ses nombreux ouvrages sur l'art de guérir sont perdus.

Aulus (ou Aurelius) Cornelius Celsus. On croit généralement qu'il a vécu sous Auguste et sous Tibère. Son ouvrage *de Artibus*, composé de vingt livres, a pour objets la philosophie, la jurisprudence, l'agriculture et la médecine; mais les huit livres (VI—XIV) qui traitent de la médecine nous sont parvenus comme un ouvrage particulier. On lui attribue à tort *Epistola ad Caium Julium Callistum*, et *Epistola ad Pullium notalem*.

Appuleius Celsus, de Sicile (sous Auguste, et peut-être aussi sous Tibère). Ses deux ouvrages, sur l'économie rurale et sur les plantes, sont perdus. Le *de Medicaminibus herbarum liber*, attribué, soit à lui, soit à L. Appuleius de Madaure, est un ouvrage du moyen âge.

Tiberius Claudius Menecrates (sous Tibère), fut, d'après

une inscription, médecin de cet empereur, et écrivit cent cinquante-cinq livres.

Scribonius Largus Designatianus accompagna Claude dans son expédition dans la Bretagne. Il a écrit, mais en fort mauvais latin, *de Compositione medicamentorum*.

Soranus, d'Ephèse, a vécu sous Trajan et Adrien. L'ouvrage *Isagoge in artem medendi*, qui lui est attribué, est du moyen âge.

Cælius Aurelianus, de Sida en Numidie; on ne sait de quelle époque. On a de lui : 1° *Celerum sive acutarum passionum libri tres;* 2° *Tardarum sive chronicarum passionum libri quinque.*

Marcellus Sidetes (sous les Antonins), de Sida en Pamphilie. Il écrivit en vers hexamètres quarante-deux livres dont nous avons un fragment, et un poème semblable sur les remèdes tirés des poissons, dont il ne reste qu'un fragment.

Serenus Samonicus (sous Sévère et Caracalla), et son fils (sous Gordien). Le poème *de Medicina* est attribué par les uns au père, par les autres au fils, mais avec moins de probabilité.

Vindicianus (sous Valentinien Ier). On lui avait attribué à tort un petit poème intitulé *de Medicina.*

Theodorus Priscianus, élève de Vindicianus, et auteur de *Euporiston* ou *Phænomenon Euporistos*, attribué faussement à Quintus Octavius Horatianus : on le croit aussi auteur de *Dicta*, *seu de rebus salubribus liber.*

Sextus Placitus Pàpyriensis, du même temps. On a de lui *de Medicamentis ex animalibus.*

Cn. Marcellus, surnommé Empiricus, de Bordeaux, médecin de l'empereur Théodose Ier. Il est auteur de *Medicamen-*

tórum liber, recueil tantôt altéré, tantôt changé par des additions.

C. Plinius Valerianus, auteur d'une compilation de Pline et de Dioscoride, sous ce titre : *De Re medica libri quinque*.

Publius Vegetius (Veterinarius). L'ouvrage qui lui est attribué avec ce titre : *Mulomedicina, seu de Arte veterinaria*, n'est, selon Sprengel, qu'une traduction d'un ouvrage grec de ce genre, faite par un moine italien, sans instruction, dans le douzième ou treizième siècle.

Agriculture.

M. Porcius Cato (surnommé Censorinus), vers l'an de Rome 519. Nous ne possédons plus de lui que l'ouvrage *de Re rustica*, et l'on regarde comme certain qu'il ne nous est parvenu qu'altéré. On cite de lui les ouvrages suivans qui sont perdus : *Origines* ; *de Re militari liber* ; *Libri Quæstionum epistolicarum* ; *Epistolæ* ; *de Oratore ad filium* ; *Orationes variæ* ; *de Liberis educandis* ; *Carmen de moribus* ; *Commentarius quo medetur filio*, etc. ; *Apophthegmata*.

M. Terentius Varro (Reatinus), né l'an de Rome 638, mort âgé de quatre-vingt-dix ans. On le dit auteur de quatre cent quatre-vingt-dix ouvrages. Nous ne possédons de lui, sur l'agriculture en particulier, que l'ouvrage intitulé : *De Re rustica*, qui n'a pas été autant altéré que celui de Caton.

Lucius Janius Moderatus Columella, de Cadix, probablement contemporain de Sénèque et de Celsus. Nous avons de lui *de Re rustica*, en douze livres. Le dixième livre, *de Cultu hortorum*, est écrit en vers hexamètres. Nous avons encore de lui un livre, *de Arboribus*, qui faisait partie d'un ouvrage en trois ou quatre livres, ce qui complète le nombre de seize livres que lui donne Cassiodore.

Palladius Rutulius Taurus Æmilianus, qui a écrit probablement vers l'an 395 après·J.-C. On a de lui *de Re rustica*, en quatorze livres; le quatorzième, écrit en vers et même en distiques, traite *de Insitione*.

Crescentius a écrit, vers la fin du treizième siècle et au commencement du quatorzième, l'ouvrage intitulé : *Commodorum ruralium libri XII*, tiré de Caton, de Varron et de Palladius.

Cælius Apicius. Sous ce nom nous avons *de Re culinaria, seu de opsoniis et condimentis*, partagé en dix livres ; mais on ne sait rien de positif sur l'auteur. Ce nom d'Apicius était celui de trois célèbres gourmands : l'un, Marcus, est nommé par Athénée comme contemporain du roi Nicomède; l'autre, Gavius, vécut sous Auguste et sous Tibère, et le troisième sous Trajan. Chacun des dix livres de l'ouvrage a pour titre un mot grec. Au total il n'en est pas moins très-incorrect et plein de barbarismes ; il donne d'ailleurs une assez triste idée de la cuisine des anciens Romains.

Grammaire.

Cratès, grammairien grec de l'Asie mineure, vint à Rome vers l'an 586. Après lui on cite : C. Octavius Lampadius.——Q. Vargonteius. — Q. Philocomus. — Les deux chevaliers romains L. Ælius Lanuvinus. — Servius Claudius. — Sævius Nicanor. — Aurelius Opilius. — M. Antonius Gnipho, Gaulois de naissance, qui est aussi nommé comme historien.

M. Pompilius Andronicus. — Orbilius Pupillus.— Atticus,

d'Athènes, surnommé Philologus, ami de Salluste et d'Asinius Pollio.

Valerius Cato. — Lenæus, affranchi de Pompée.

Verrius Flaccus, qu'Auguste chargea d'instruire son petit-fils. Son principal ouvrage, *de verborum Significátione*, est perdu.

Enfin C. Melissus, affranchi de Mécène, inventeur de la comédie nommée trabeata. On ne connaît point leurs ouvrages.

M. Terentius Varro. Des vingt-quatre livres de son ouvrage *de Lingua latina*, nous n'en avons que six, avec de faibles fragmens du reste.

C. Julius Hyginus. On a sous son nom: 1°. *Fabularum liber*, recueil de deux cent soixante-dix-sept fables mythologiques, puisées chez les divers peuples de l'antiquité, et surtout chez les Grecs. — 2°. *Poeticon Astronomicon*, en prose et en quatre livres. Mais l'opinion la plus générale est que ces ouvrages, qui portent le nom d'Hyginus, célèbre grammairien du siècle d'Auguste, sont d'un temps bien postérieur, et que ce sont probablement des traductions d'ouvrages grecs, faites par un grammairien peu versé dans cette langue.

M. Pomponius Marcellus. — Ateius Capito, tous deux sous Tibère.

Q. Rhemnius Fannius. — Palæmon Vicentinus (sous Claude). On lui attribue un ouvrage intitulé : *Ars grammatica.*

M. Valerius Probus (sous Néron), mais qu'il faut distinguer d'un grammairien du même nom qui vécut du temps d'Adrien. On lui attribue, mais avec quelques doutes : 1° *De interpretandis Notis Romanorum;* 2° *Grammaticarum Institutionum libri II.*

L. Annæus Cornutus, célèbre grammairien, et philosophe stoïcien. Nous n'avons aucun de ses ouvrages.

C. Terentianus Scaurus (sous Adrien). Nous avons seulement de lui *de Orthographia*.

Aulus-Gellius, qui mourut l'an 146 après J.-C. On a de lui *Noctes atticæ*, en vingt livres; il nous en manque une partie du sixième et tout le huitième.

Nonnius Marcellus, surnommé Peripateticus Tiburiensis. Les uns disent qu'il vécut vers la fin du deuxième siècle après J.-C.; d'autres dans le siècle de Constantin, vers l'an 337; quelques-uns enfin au commencement du cinquième siècle. Il a laissé à son fils un ouvrage en dix-neuf parties, sous le titre de *de compendiosa Doctrina per litteras*, ou *de Proprietate sermonis*.

Sextus Pompeius Festus, probablement vers l'an 398 après J.-C. Il a donné un extrait de l'ouvrage que Verrius Flaccus avait écrit sous ce titre : *De verborum Significatione*. Cependant cet extrait ne renferme pas les mots qui ont vieilli; Festus les a mis dans un ouvrage particulier sous ce titre : *Priscorum Verborum cum exemplis libri*.

Chalcidius, qui vécut au commencement du quatorzième siècle, est auteur 1° de *Interpretatio latina partis prioris Timæi (Platonicii)*; 2° de *Commentarius in eumdem*.

Ælius Donatus, vers l'an 354 après J.-C. On a de lui 1° *Ars, sive editio prima de litteris, syllabis, pedibus et tonis*; 2° *Editio secunda de octo partibus orationis*; 3° *de Barbarismo, Solœcismo, Schematibus et Tropis*. On a un extrait de son *Commentaire* sur cinq comédies de Térence. Il faut bien le distinguer de Tiberius Claudius Donatus, grammairien, qui a écrit la *Vie de Virgile* et un *Commentaire* sur ses ouvrages.

Fabius Marius Victorinus, rhéteur et poète, qui mourut

vers l'an 370 après J.-C., a laissé de *Orthographia et ratione metrorum.*

Maximus Victorinus, que l'on distingue difficilement du précédent, est regardé comme auteur des petits ouvrages suivans : *De Re grammatica, sive de Orthographia ; de Carmine heroico ; de Ratione metrorum Commentarius.*

Flavius Mallius Theodorus (sous Arcadius). On a de lui un ouvrage intitulé *de Metris.* On lui attribue un manuscrit intitulé *de Rerum Natura.*

Julius Severus, de qui on a *de Pedibus Expositio*, est un grammairien inconnu.

Aurelius Macrobius Ambrosius Theodosius, vers l'an 410 après J.-C. probablement. On a de lui : 1° *Commentariorum in somnium Scipionis libri duo ;* 2° *Saturnalium conviviorum libri septem ;* 3° *de Differentiis et Societatibus græci latinique verbi.* Cet ouvrage n'existe que dans un extrait fait par Jean Scot du temps de Charles le Chauve.

Pompeii Commentum artis Donati : tel est le titre d'un ouvrage publié, en 1820, par Lindeman, à Leipsic, d'après un manuscrit.

Pompeii Commentariolus in librum Donati de Barbaris et Metaplasmis, en six parties; ouvrage également publié par Lindeman, ainsi que *Servii Ars grammatica super partes minores,* en onze parties.

Servius Maurus Honoratus, célèbre commentateur de Virgile, à qui nous devons, 1° *In secundam Donati editionem Interpretatio ;* 2° *de Ratione ultimarum syllabarum liber ad Aquilinum ; Ars de pedibus versuum, seu centum metris.*

Marius Sergius, que quelques-uns croient le même que le Servius ci-dessus. On lui attribue, 1° *In primam Donati editionem Commentarius ;* 2° *In secundam donati editionem.*

L'ouvrage du même genre intitulé *Ars Cledonii* est attribué à un grammairien de la même époque, qui vivait à Constantinople.

Flavius Sosipater Charisius, au commencement du cinquième siècle, ou peut-être beaucoup plus tard. On a de lui *Institutiones grammaticæ*, en cinq livres; mais nous n'en avons complets que le premier et le cinquième.

Diomedes, contemporain du précédent. On lui attribue l'ouvrage intitulé : *De Oratione, partibus orationis et vario rhetorum genere libri tres ad Athanasium.*

De Re grammatica, traité attribué sans fondement à saint Augustin.

Marcianus Mineus Felix Capella, vers l'an 470. Il était à Rome dans les derniers temps de sa vie. Il a écrit un ouvrage divisé en neuf livres, sous le titre de *Satira*, ou *Satiricon*, dans le genre de la *Varroniana*, ou *Menippea*. Les deux premiers livres forment un ouvrage particulier, avec ce titre : *De Nuptiis Philologiæ et Mercurii.*

Flavius Caper. On ne peut fixer le temps où il a vécu. Nous avons sous son nom, 1° *de Orthographia;* 2° *de Verbis dubiis.* Agroetius écrivit, comme complément du premier de ces ouvrages, un traité que nous possédons sous ce titre : *De Orthographia, Proprietate et Differentia sermonis.*

P. Consentius, vers le milieu du cinquième siècle. On avait de lui *de duobus orationis Partibus, nomine et verbo.* Cramer a découvert à Ratisbonne un autre ouvrage de lui, avec ce titre : *Ars, sive de barbaris et metaplasmis.* Il a été imprimé à Berlin en 1817.

Rufinus, au cinquième siècle. On a de lui *Commentarius in metra Terentiani.*

Cassiodorus. On a de lui, 1° *de Orthographia liber;* 2° *de Arte grammatica ad Donati mentem*, dont nous n'avons qu'un fragment; 3° *de Artibus ac Disciplinis liberalium litterarum.*

Priscianus, surnommé Cæsariensis, et qu'il faut bien distinguer du médecin Theodorus Priscianus. Son ouvrage, le plus complet que nous ayons en ce genre, a pour titre : *Commentariorum Grammaticorum libri XVIII ad Julianum*, ou *de octo Partibus orationis earumdemque constructione*, en dix-huit livres, dont les deux derniers traitent de la syntaxe. Nous avons encore de lui les ouvrages suivans, bien moins considérables: *Partitiones versuum XII principalium ; de Accentibus; de Declinatione nominum ; de Versibus comicis* (non achevé, à ce qu'il semble); *de Præexercitamentis rhetoricæ ; de Figuris et Nominibus numerorum et de Nummis ac ponderibus ad Symmachum liber.*

Atilius Fortunatianus, au sixième siècle. On a de lui un petit ouvrage, *Ars et de Metris horatianis.*

Marius Plotius, grammairien qui n'est connu que par un ouvrage du même genre, *de Metris.*

Ars Cæsii Bassi de Metris; ouvrage encore du même genre.

Eutyches, qui professa à Constantinople, a donné l'ouvrage *de discernendis Conjugationibus.*

Phocas, après Priscianus, nous a laissé, 1° *Ars*, ouvrage sur le nom et le verbe; 2° *de Aspiratione.* Il a écrit aussi une vie de Virgile en vers.

Asper, nommé Junior pour qu'il ne soit pas confondu avec Asper ou Æmilius Asper, commentateur de Térence, et qui est plus ancien, n'est connu que par son ouvrage intitulé *Ars.*

Velius Longus ne nous est non plus connu que par son

Fabius Planciades Fulgentius , au commencement du sixième siècle, et qu'il faut distinguer de Fulgentius, évêque espagnol, qui a vécu dans le septième. On lui attribue, 1° *Mythologicon*, *seu Mythologiarum libri tres*; 2° *Expositio sermonum antiquorum ad Chalcidium grammaticum*; 3° *de Epositione virgilianæ continentiæ*, *seu de Allegoria librorum Virgilii*.

Lactantius Placidus, grammairien qui n'est connu que par son ouvrage *Argumenta Metamorphoseon Ovidii*.

Albricus, Anglais, au treizième siècle, a donné *de Deorum Imaginibus libellus*, qui n'est qu'une sorte d'extrait de Fulgentius.

L. Cæcilius Minutianus Apuleius vécut probablement vers l'an 575 après J.-C. Son ouvrage *de Orthographia*, tiré d'un manuscrit par A. Maï, paraît devoir faire partie d'un ouvrage considérable.

Apuleius, qui ne paraît pas avoir vécu avant le dixième siècle, est auteur d'un ouvrage intitulé *de Nota aspirationis;* et d'un second, *de Diphthongis*.

Isidorus de Séville, mort l'an 636 après J.-C., a laissé, 1° *Originum*, *sive Etymologiarum libri XX*. C'est une sorte d'encyclopédie de toutes les sciences dont on s'occupait alors. — 2°. *De Differentiis*, *sive Proprietate verborum*, en trois livres; ouvrage emprunté en partie d'Agrætius et d'autres anciens grammairiens.— 3°. *Liber Glossarum*.

Beda Venerabilis, mort en 735. On lui doit, 1° *de Orthographia;* 2° *de metrica Ratione liber unus*.

Jurisprudence.

Nota. On ne fera mention ici que des principaux jurisconsultes, ou de ceux dont nous possédons encore effectivement des ouvrages.

Appius Claudius Cæcus ; consul en 447 et en 448, arrière-petit-fils du décemvir. Il a écrit deux ouvrages, *Actiones*, et *de Usucapionibus.*

P. Sempronius, surnommé le Sage, consul en 449.

Tiberius Coruncianus.—Sextus Ælius Pætus Cætus, vers 552, connu par le recueil qu'il composa, et qui fut nommé *Jus ælianum.*

Publius Ælius, son frère, consul en 553.

L. Acilius, à qui on attribue un commentaire sur les lois des douze tables.

L. Cincius Alimentus, préteur en 543. On lui attribue un ouvrage intitulé *de Officio jurisconsulti*, et de plus celui que l'on croit être de Cato Censorinus, sous le titre de *Commentarii juris civilis*, à moins qu'il ne soit de son fils M. Porcius Cato Licinianus, célèbre légiste, mort en 600, auquel on peut vraisemblablement attribuer aussi *Catoniana Regula.*

Man. Manilius. Ses ouvrages sont perdus.

M. Junius Brutus avait écrit sept livres sur le droit civil.

P. Mucius Scævola, consul en 621 : on croit qu'il a écrit dix livres sur le droit civil.

P. Licinius Crassus Mucianus, consul en 622.

Q. Mucius Scævola Augur, consul en 637.

P. Rutilius Rufus.—Q. Ælius Tubero.—Q. Mucius Scævola Pontifex, consul en 659. On retrouve son nom dans le titre de *Cautio muciana;* et on lui attribue *Libri de Jure civili; Liber singularis* ὅρων, le plus ancien ouvrage dont on retrouve des fragmens dans le *Digeste* de Justinien.

C. Aquilius Gallus, un de ses nombreux élèves, fut très-célèbre : on ne connaît pas même de nom ses écrits.

Tullius Cicero. On lui attribue l'ouvrage intitulé *de Jure civili in artem redigento.*

Servius Sulpicius Rufus, consul en 704. On nomme de lui cent huit livres, entre autres un commentaire sur les douze tables, et d'autres livres, *ad Edictum; de Sacris detestandis; de Dotibus,* etc.

C. Aulus Ofilius, ami de César, et élève du précédent, avait laissé un ouvrage détaillé sur l'édit, et beaucoup d'autres sur le droit civil.

L. Alfenus Varus, de Crémone, mais dont on ne connaît pas positivement l'époque. On le regarde comme auteur de *Digestorum libri XL,* dont on retrouve plusieurs fragmens dans le *Digeste.*

Trebatius Testa (sous Auguste). Nous connaissons les titres suivans de deux de ses ouvrages : 1° *de Religionibus;* 2° *de Jure civili.*

A. Cascellius, souvent aussi nommé dans le *Digeste.* Nous ne connaissons qu'un de ses ouvrages; il a pour titre *Liber Benedictorum.*

Q. Ælius Tubero, célèbre pour sa profonde connaissance du droit. On lui attribue, 1° *de Officio judicis;* 2° *Liber ad C. Oppium.*

Ælius Gallus, contemporain de Varron et de Cicéron. De

son ouvrage *de Verborum quæ ad jus civile pertinent Signi-ficatione*, on trouve un fragment dans le *Digeste*. Nous ne parlons pas de quelques autres écrits dont il est l'auteur, et qui ne sont guère connus que de nom.

Q. Antistius Labeo fut préteur sous Auguste. Il avait écrit quatre cents livres, dont on lisait encore la plus grande partie du temps de l'empereur Antonin le Pieux. De ces ouvrages on cite, 1° *Libri VIII* Πιθανῶν; 2° *Posteriorum libri XL*, desquels ouvrages on trouve des fragmens dans le *Digeste*. On lui attribue encore *Commentarii ad XII tabulas; Libri Prætoris urbani; Libri Prætoris peregrini; Libri Epistolarum; Commentarii de Jure pontificio*, etc.

C. Ateius Capito fut consul en 759, et mourut sous Tibère, l'an de Rome 775. On cite de lui l'ouvrage intitulé *Conjecta-nea*, et particulièrement le deux cent cinquante-neuvième livre de cet ouvrage; de plus *Libri de pontificio Jure*, etc. Ces deux légistes sont particulièrement remarquables comme ayant été les chefs de deux écoles opposées, qui dans la suite formèrent en quelque sorte deux divisions dans la science du droit. Dans celle dont Antistius Labeo fut le fondateur, les légistes, distingués par le nom de *Proculiani*, du nom du jurisconsulte Sempronius Proculus, s'attachaient principalement au fond; dans celle qui avait pour chef Ateius Capito, les légistes, distingués par le nom de *Sabiniani*, à cause du jurisconsulte Cælius Sabinus, s'attachaient de préférence à la lettre de la loi et aux formes.

Masurius Sabinus (sous Tibère et Néron). Son ouvrage, *Libri tres Juris civilis*, a donné lieu à de longs commentaires écrits par Aristo, Fufidius, Pomponius, Paulus et Ulpien, dont il sera fait mention.

M. Cocceius Nerva, consul l'an de Rome 735, grand-père de l'empereur et père du jurisconsulte du même nom. Il fut élève de Labeo, et a écrit *de Usucapionibus*. Il est souvent

nommé dans le *Digeste;* mais nous ne connaissons pas ses ouvrages.

Sempronius Proculus (sous Néron) donna son nom à l'école
dite des *Proculiani :* on lui attribue *Libri Epistolarum;* peut-
être aussi des notes à Labeo.

C. Cassius Longinus (sous Néron), et consul l'an de Rome
783. Il fut l'adversaire de Proculus; aussi les *Sabiniani* sont-
ils quelquefois nommés *Cassiani.* On cite de lui dans le *Digeste*
un ouvrage intitulé *de Jure civili.*

Cælius Sabinus, consul l'an 822, donna son nom, à ce que
croient plusieurs, aux *Sabiniani.*

Pegasus, de l'école de Proculus, eut pour antagoniste Sabinus. Le *senatus-consultum Pegasianum,* auquel il a donné
son nom, l'a rendu célèbre.

Celsus, contemporain de Pegasus, et de la même école.

Les noms de ces trois légistes sont souvent cités dans le
Digeste.

P. Juventius Celsus, fils du précédent, fut consul l'an 129
après J.-C. Il était de l'école des *Proculiani.* Il a écrit *Epistolarum libri Quæstionum ; Commentariorum ; XXXIX libri
Digestorum.* On trouve souvent des extraits de ses écrits dans
le recueil de Justinien. On lui attribue aussi : *Quæstio domi-
tiana.*

Neratius Priscus, son contemporain, fut consul, et en grand
honneur auprès de Trajan et d'Adrien. Il est aussi souvent
cité dans les ouvrages de droit.

Javolenus Priscus, dont Pline le jeune parle en différens
endroits. Ses écrits sont aussi cités dans le *Digeste.*

T. Aristo, loué aussi par Pline le jeune, paraît s'être distingué plutôt comme historien que comme jurisconsulte ; cependant il est fait mention dans le *Digeste* de plusieurs de ses ouvrages.

Salvius Julianus donna sous les auspices d'Adrien, l'an 132 après J.-C., l'*Edictum perpetuum*, qui établissait une nouvelle rédaction des anciens édits. Cet édit a été perdu, mais les fragmens qui en restent dans les nombreux écrits auxquels il a donné lieu font voir que son système a été la base du *Digeste* et du Code de Justinien. Cependant, d'après les témoignages historiques, la dissension entre les deux écoles dura jusque sous Justinien. Salvius Julianus fut l'aïeul maternel de l'empereur Didius Julianus, Ses ouvrages ont donné lieu à plusieurs écrits, et de celui auquel il a donné pour titre *Digestorum libri XC* on trouve jusqu'à trois cent soixante-seize fragmens dans le *Digeste*. On lui attribue encore quelques autres écrits.

· **Sextus Pomponius** (sous Antonin). On lui attribue, 1° *Enchiridii libri II* ; 2° *Enchiridii liber singularis*, précédé d'un abrégé de l'histoire du droit romain, abrégé qui a passé dans les *Pandectes* ; 3° *Variarum Lectionum libri XX epistolarum*, etc.

Gaius, mieux que Caius (sous les Antonins). Nous ne citerons ici que son principal ouvrage, *Libri Institutionum quatuor*. Ce modèle des *Institutions* de Justinien ne nous était connu que par un extrait mutilé de deux livres du *Breviarium* d'Alaric, roi des Goths d'Occident ; mais en 1816 Niebuhr a découvert dans un *Codex rescriptus* l'ouvrage original même, qui, après révision, a été publié par Goschen à Berlin en 1820. A ces institutions de Gaius est joint le fragment *de Jure Fisci*, qui est d'un ancien juriste.

L. Volusius Mœcianus. Il enseigna le droit à Marc-Aurèle. Outre les dix livres *Fideicommissorum*, etc., quelques manuscrits lui attribuent *Liber de Asse et ejus partibus* ; mais le style barbare de ce dernier ouvrage fait justement douter de son authenticité.

L. Ulpius Marcellus, Q. Cervidius Scævola, ont été tous deux célèbres par leurs écrits.

Æmilius Papinianus, élève de ce dernier et plus célèbre que lui, fut, sous l'empereur Sévère, *magister libellorum* et *præfectus Prætorio*; il fut décapité par l'ordre de Caracalla. D'après les citations faites dans le *Digeste*, il avait écrit: *XXXVII libri quæstionum; XIX libri responsorum*, etc.

Claudius Tryphoninus, du même temps, ainsi que Arrius Menander, qui a écrit *de Re militari*, en quatre livres, dont on trouve des citations dans le *Digeste*.

Tertullianus, peut-être l'auteur chrétien.

Q. Septimius Florens Tertullianus (sous Septime Sévère et Caracalla), mais qui n'a aucun rapport avec le précédent. Ses ouvrages annoncent une exacte connaissance du droit romain; mais la diversité dans le style peut faire douter de leur authenticité.

Domitius Ulpianus, né en Phénicie, vécut sous Septime Sévère et sous Alexandre Sévère. Il était de l'école des *Proculiani*. Il est de tous les juristes celui dont les ouvrages sont le plus cités dans le *Digeste*. On en désigne particulièrement un grand commentaire sur l'édit; *Libri LXXXIII ad Edictum; Libri II Institutionum; Libri XX ad leges Jul. et Pap.; Libri III de Officio consulis; Libri X de Officio proconsulis; Libri X Pandectarum; Libri VII Regularum; Libri LI ad Sabinum*, etc. Du *Liber singularis Regularum;* nous possédons une partie composée de vingt-neuf titres, et nommée dans le manuscrit *Tituli ex corpore Ulpiani*; elle est d'un grand intérêt pour l'histoire du droit privé romain. On a attribué à Ulpianus *Fragmentum de juris speciebus et manumissionibus;* mais c'est probablement une compilation qui nous a été transmise par *Dositheus*, grammairien grec.

Julius Paulus, né probablement à Padoue, fut du conseil de Septime Sévère, et préfet du Prétoire sous Alexandre Sévère. On le regarde comme l'écrivain le plus utile des jurisconsultes romains. De ses écrits, nous nommerons seulement ici : *LXXX libri ad Edictum ; XXVI libri Quæstionum ; XXIII libri Responsorum; XXIII brevium; XVIII ad Plautium ; X ad leges Jul. et Popp.; VII libri Regularum*, dont on trouve de nombreux fragmens dans les *Pandectes*. Nous possédons encore *Libri V. Sententiarum receptarum ad filium*, sur les élémens du droit; ouvrage d'un grand intérêt.

Callistratus (sous Septime Sévère et Caracalla). Nous ne connaissons plus de lui que ce qui est cité, dans le *Digeste*, des ouvrages suivans : *Libri VI de Cognitionibus; Libri IV de Jure Fisci; Libri VI edict. monit.*, etc.

Ælius Marciánus, dont les ouvrages, *Libri II de Appellationibus; Libri XVI Institutionum*, etc., ont aussi été utiles pour le *Digeste*.

Florentinus.—Licinius Rufinus. — Æmilius Macer.—Herensius Modestinus. A ce dernier finit la gloire des jurisconsultes de cette époque. Il se passa après lui plus de quatrevingts ans sans qu'il y en eût un qui se trouvât cité dans le *Digeste*. Quant à Herensius, on y compte trois cent quarante-cinq fragmens de ses ouvrages. Nous en nommerons seulement ceux-ci : *Libri IX Differentiarum ; Excusationum libri VI*, en grec; *Libri X Regularum ; Libri XIX Responsorum ; Libri XII Pandectarum.*

Gregorianus (et non Gregorius) (sous Constantin le Grand et ses fils) a laissé un recueil des constitutions de plusieurs empereurs, qui ne tarda pas à obtenir une sorte d'autorité publique, sous le nom de *Codex Gregorianus*.

Hermogenianus, contemporain de Gregorianus, a fait des ouvrages dont il se trouve des extraits dans le *Digeste*. Il avait aussi laissé un recueil des constitutions de plusieurs empereurs, qui devint également une autorité sous le nom de *Codex Hermogenianus*. Ces deux recueils sont perdus ; mais outre ce qui s'en trouve dans l'œuvre de Justinien, il est resté dans le *Breviarium* d'Alaric treize chapitres du premier de ces recueils, et deux du second.

Aurelius Arcadius Charisius (sous Constantin le Grand et ses fils).

Julius Aquila, son contemporain.

Innocentius, de la même époque. Nous avons quelques passages de son ouvrage *de Litteris notis juris*, qui avait quelque rapport à la mesure des terres.

Codex Theodosianus, rédigé par huit jurisconsultes, à la tête desquels était Antiochus, et promulgué en 428 par l'ordre de Théodose le Jeune. Il devait renfermer tous les édits et toutes les lois depuis Constantin. Malgré le soin avec lequel les Jos. Tilius (Paris, 1550) ; Ja. Cujacius (Paris, 1566 et 1686) et Gothofredus (Lips. 1736), ont rassemblé les diverses parties de ce *Codex*, nous n'en avions que par extrait, dans le *Breviarium* d'Alaric, les cinq premiers livres et le commencement du sixième ; mais Clossius et Peyron, d'après des manuscrits récemment découverts à Milan et à Turin, ont publié des parties de cet ouvrage qui étaient restées jusqu'alors inconnues. (Clossius, Tubingen, 1824.—Amad. Peyron, 1825.) Les constitutions que l'on a pu recueillir des divers empereurs ont été depuis long-temps réunies sous le nom de *Novellœ*, pour être jointes au *Codex Theodosianus*. Elles ont été imprimées, pour la dernière fois (*operâ J.-C. Amadutii, cum notis; Romœ* 1767).

Edictum Theodorici, promulgué l'an 500 par Théodoric, roi des Goths d'Orient pour ses peuples, et composé de cent cinquante sections. Il renferme, pour la plus grande partie, les dispositions du droit romain.

Breviarium Legum romanarum, promulgué l'an 5o6, chez les Goths d'Occident, par leur roi Alaric. Il avait été rédigé par Goaricus, son chancelier. C'est un code tiré des trois *Codex* dont nous avons parlé ci-dessus, des *Novellæ*, des institutions de Gaius, et de quelques autres ouvrages. Il est précédé d'une introduction intitulée *Commonitorium*. Il fut établi en France sous les Mérovingiens, avec le titre de *Lex Romana*, ou *Lex Theodosiana*, comme en Espagne, pour les Goths d'Occident, jusqu'à l'an 65o. Gondebauld, roi de Bourgogne, avait puisé aux mêmes sources, et avait promulgué un code qui, évidemment par une erreur de copiste, était intitulé : *Responsa Papiani*.

Notitia Dignitatum omnium tam civilium quam militarium in partibus Orientis et Occidentis ; ouvrage fort important, dont l'auteur est inconnu, et dont on place la date entre les années 425 et 452 après J.-C.

Collatio Legis Mosaïcæ et Romanæ, attribuée par Tilius et Cujacius au jurisconsulte Licinius Rufus, qui vivait sous Septime Sévère et Caracalla; mais d'après le texte on reconnaît que l'auteur a parfaitement connu les trois *Codex,* et qu'il était probablement de la fin du cinquième siècle.

Pariator Legum Mosaïcarum et Romanarum ; compilation de l'ouvrage ci-dessus. L'auteur en est inconnu; on y trouve quelques extraits qui manquaient dans ce que nous possédions des trois *Codex.*

Consultatio veteris Jurisconsulti de Pactis. L'auteur de cet ouvrage est inconnu : on pense que le *Breviarium* d'Alaric était déjà rédigé de son temps. Il a mis à profit les sentences de Paulus dans une édition plus complète que celle que nous en avons.

Angelo Maï a fait aussi sur plusieurs ouvrages de ce genre et de cette époque des découvertes qui ont été publiées à Rome et à Paris (1823).

Codex Justinianeus ; titre donné au recueil fait par l'ordre de Justinien de toutes les constitutions des empereurs depuis Adrien jusqu'à l'an 529, où ce recueil fut promulgué. Il fut fait par Tribonien, aidé de deux autres jurisconsultes. Il annula les trois recueils antérieurs du même genre.

Pandectæ ou *Digesta ;* compilation et recueil des écrits des anciens jurisconsultes. Ce travail, pour lequel on suivit, comme pour le *Codex Justinianeus,* l'ordre indiqué par l'*Edictum perpetuum* et les constitutions, fut fait par Tribonien et seize autres jurisconsultes. Il est divisé en sept parties, qui contiennent cinquante livres, quatre cent vingt-deux chapitres, et neuf mille cent vingt-trois lois, chacune avec le nom de son auteur. La publication de ce recueil eut lieu en 533, et tout ce qui n'y avait pas été compris fut abrogé. Parmi les manuscrits des *Pandectes,* celui de Florence paraît être le plus ancien et le plus correct.

Quinquaginta Decisiones, décisions de l'empereur sur des cas particuliers qui lui furent soumis. Elles sont comprises dans le *Codex repetitæ præelectionis,* dernier travail, promulgué en 534, et dont le but était de faire accorder avec les *Quinquaginta Decisiones* les lois portées depuis la confection du *Codex.*

Institutiones, en quatre livres, publiées à la fin de l'année 533. Cet ouvrage, pour lequel les institutions de Gaius servirent de modèle à Tribonien, Théophile et Dorothée, est destiné à guider dans l'étude du droit, et contient les élémens et les fondemens de la science.

Novellæ ou *Authenticæ* (νεαραὶ διδάξεις); suite de constitutions des empereurs, qui furent ajoutées, ainsi que les treize *edicta* qui ont rapport à des objets particuliers. Ces *Novellæ* sont en grande partie écrites en grec ; mais la traduction latine eut force de loi. Leur nombre se monte maintenant à cent soixante-huit, tandis que les anciens légistes n'en ont commenté que quatre-vingt-dix-sept, qu'ils ont partagées en neuf collations. Ces quatre-vingt-dix-sept *Novellæ* furent tirées d'une collection de cent trente-quatre, que nous avons connue par une traduction latine littérale qui a pour titre *Liber Authenticorum*. Quant au surplus, il a été ajouté, d'après divers manuscrits, par les savans modernes. Dans l'extrait de ces *Novellæ* fait par Julien, légiste à Constantinople, sous le titre de *Epitome Novellarum*, il ne s'en trouve que cent vingt-cinq.

Les divers ouvrages, que nous venons de détailler, avec le *Libri Feudorum*, qui a rapport au droit féodal chez les Lombards, forment l'ensemble que nous comprenons sous le titre de *Corpus Juris civilis*.

FIN.

TABLE DES MATIÈRES.

FIN DE LA TABLE.

Lightning Source UK Ltd.
Milton Keynes UK
UKHW012247110219
337137UK00006B/939/P

9 780260 921031